DIANLI YINGXIAO
JINENG JINGSAI
YIBENTONG

电力营销
技能竞赛 一本通
采集运维

杨晓国 编

中国电力出版社
CHINA ELECTRIC POWER PRESS

内 容 提 要

为了使电力营销人员快速掌握技能竞赛知识点，高效高质应对考试，编者依据国家电网公司历年技能竞赛实施方案，对其中涉及的法律法规、文件规程、企业文化进行全面梳理和归类，编撰完成了电力营销技能竞赛一本通丛书，分采集运维、客户服务、用电检查3个分册。

本书为采集运维分册，共7章，全书以法律法规为切入点，涵盖用电信息采集管理办法、电力用户用电信息采集系统技术规范、电力计量管理办法、电能计量技术规范、电力安全工作规程（配电部分）、企业文化及服务规范，题库类型分为填空题、不定项选择题、判断题、简答题和案例分析题，读者可以根据自身需要进行学习。

本书可供电力营销用电信息采集运维专业人员竞赛、调考以及技能培训使用，也可供电力营销其他专业培训参考阅读。

图书在版编目（CIP）数据

电力营销技能竞赛一本通 . 采集运维 / 杨晓国编 . —北京：中国电力出版社，2023.5
ISBN 978-7-5198-3473-9

Ⅰ .①电…　Ⅱ .①杨…　Ⅲ .①电力工业−市场营销学−中国−习题集　Ⅳ .① F426.61-44

中国版本图书馆 CIP 数据核字（2019）第 156439 号

出版发行：中国电力出版社
地　　址：北京市东城区北京站西街 19 号（邮政编码 100005）
网　　址：http://www.cepp.sgcc.com.cn
责任编辑：闫姣姣（010-63412433）
责任校对：黄　蓓　王海南
装帧设计：赵姗姗
责任印制：石　雷

印　　刷：三河市百盛印装有限公司
版　　次：2023 年 5 月第一版
印　　次：2023 年 5 月北京第一次印刷
开　　本：787 毫米 ×1092 毫米　16 开本
印　　张：14.5
字　　数：335 千字
印　　数：0001—1500 册
定　　价：72.00 元

前　言

为进一步激发电网营销人员学习业务的积极性，充分营造"尊重知识、尊重人才"的良好氛围，促进员工队伍素质不断提高，近年来，国家电网有限公司（简称国家电网公司）不断地开展营销各专业技能大比武。为了给电力营销人员学习专业技能知识提供一套很好的教材，编者依据国家电网公司历年技能竞赛实施方案中的竞赛内容和参考资料，按照模块化的方式，对电力法律法规、各专业技术规范、管理办法、政策文件，以及企业文化等内容进行全面梳理，编撰完成了电力营销技能竞赛一本通丛书。

本丛书按专业分为客户服务、采集运维和用电检查三个分册，各分册均以法律法规为切入点，涵盖电力法、供电营业规则、电力供应与使用条例等通用条例。每一分册中法律法规名称虽同，内容却根据各自专业方向各有侧重，各有不同。管理办法和细则是根据历年各专业竞赛内容，在对各专业重点内容全面梳理后编撰完成的。技术规范则紧扣各专业相关内容，例如采集运维分册包含了采集运维内容紧密联系的专变采集终端型式技术规范、集中抄表终端（集中器、采集器）故障处理标准化作业指导书、专变采集终端（非230M）故障处理标准化作业指导书、集中抄表终端（集中器、采集器）装拆标准化作业指导书、低压电力线宽带载波通信互联互通技术规范、电力用户用电信息采集系统通信单元技术规范等14个规程规范；用电检查分册包含了和用电检查专业息息相关的电能计量装置技术管理规程、供配电系统设计规范、20kV及以下变电所设计规范、低压配电设计规范、3~110kV高压配电装置设计规范等10个规程规范。企业文化等公用内容，更是紧密结合各专业考核重点编撰而完成。

本丛书的题型分别由填空题、不定项选择题、判断题、简答题、案例分析题组成，在突出系统性、实用性、通俗性的同时，全书各部分联系紧密，各理论试题均配套有答案，可供读者自查使用。本丛书便于全国电网营销人员参加技能大赛集训、调考复习使用，也可作为电力营销专业人员岗位知识考试及技术比武的参考资料。

由于编者水平有限，书中难免存在疏漏之处，敬请读者批评指正。

编者

2023 年 5 月

目　录
Contents

前　言

第一章 法律法规

第一节　中华人民共和国电力法

一、填空题

1. 《中华人民共和国电力法》规定，禁止任何单位和个人_____电力设施安全或者非法侵占、使用电能。

答案：危害

2. 《中华人民共和国电力法》规定，国家对电力供应和使用，实行_____、节约用电、计划用电的管理原则。

答案：安全用电

3. 《中华人民共和国电力法》规定，用户应当安装用电计量装置。用户使用的电力电量，以_____依法认可的用电计量装置的记录为准。

答案：计量检定机构

4. 《中华人民共和国电力法》规定，电力企业或者用户违反_____，给对方造成损失的，应当依法承担赔偿责任。

答案：供用电合同

5. 《中华人民共和国电力法》规定，电力运行事故由_____、_____原因造成的，电力企业不承担赔偿责任。

答案：不可抗力　　用户自身的过错

6. 《中华人民共和国电力法》规定，农业用电价格按照_____、_____的原则确定。

答案：保本　　微利

7. 《中华人民共和国电力法》规定，电力发展规划，应当体现合理利用能源、电源与电网配套发展、_____和_____的原则。

答案：提高经济效益　　有利于环境保护

8. 《中华人民共和国电力法》规定，国家实行_____电价和_____电价。

答案：分类　　分时

9. 《中华人民共和国电力法》规定，国家鼓励和支持利用_____和_____发电。

答案：可再生能源　　清洁能源

10. 《中华人民共和国电力法》规定，供电营业区的划分，应当考虑_____和_____等因素。

答案：电网的结构　　供电合理性

11.《中华人民共和国电力法》规定，供电企业应当保证供给用户的_____符合国家标准。

答案：供电质量

12.《中华人民共和国电力法》规定，电力事业投资，实行_____、_____的原则。

答案：谁投资　　谁收益

13.《中华人民共和国电力法》规定，电网调度管理办法，由_____依照本法的规定制定。

答案：国务院

二、不定项选择题

1.《中华人民共和国电力法》规定，电力生产与电网运行应当遵循（　　）的原则。

A. 安全　　　　　　　　　　B. 优质

C. 经济　　　　　　　　　　D. 高效

答案：ABC

2.《中华人民共和国电力法》规定，电网运行应当（　　），保证供电可靠性。

A. 安全　　　　　　　　　　B. 优质

C. 连续　　　　　　　　　　D. 稳定

答案：CD

3.《中华人民共和国电力法》规定，任何单位和个人不得非法占用（　　）。

A. 变电设施用地　　　　　　B. 供电设施用电

C. 输电线路走廊　　　　　　D. 电缆通道

答案：ACD

4.《中华人民共和国电力法》规定，国家帮助和扶持（　　）发展电力事业。

A. 少数民族地区　　　　　　B. 边远地区

C. 山区　　　　　　　　　　D. 贫困地区

答案：ABD

5.《中华人民共和国电力法》规定，（　　）依法实行自主经营、自负盈亏，并接受电力管理部门的监督。

A. 电力建设企业　　　　　　B. 电力生产企业

C. 电网经营企业　　　　　　D. 发电企业

答案：ABC

6.《中华人民共和国电力法》规定，电力发展规划，应当体现（　　）的原则。

A. 合理利用能源　　　　　　B. 电源与电网配套发展

C. 提高经济效益　　　　　　D. 有利于环境保护

答案：ABCD

7.《中华人民共和国电力法》规定，用户使用的电力电量，以（　　）的用电计量装置的记录为准。

  A. 计量检定机构依法认可　　　　B. 电力企业认可

  C. 用户认可　　　　　　　　　　D. 物业管理认可

  答案：A

  8.《中华人民共和国电力法》规定，用户（　　）的设计、施工安装和运行管理，应当符合国家标准或者电力行业标准。

  A. 计量装置　　　　　　　　　　B. 受电装置

  C. 采集终端　　　　　　　　　　D. 电能表

  答案：B

  9.《中华人民共和国电力法》规定，电力企业应当对电力设施定期进行（　　），保证其正常运行。

  A. 检查　　　　　　　　　　　　B. 检修

  C. 试验　　　　　　　　　　　　D. 维护

  答案：BD

  10.《中华人民共和国电力法》规定，（　　）等电网配套工程和环境保护工程，应当与发电工程项目同时设计、同时建设、同时验收、同时投入使用。

  A. 配网工程　　　　　　　　　　B. 输变电工程

  C. 调度通信自动化工程　　　　　D. 送变电工程

  答案：BC

  11.《中华人民共和国电力法》规定，发生（　　）行为，应当给予治安管理处罚，由公安机关依照治安管理处罚法的有关规定予以处罚；构成犯罪的，依法追究刑事责任。

  A. 窃电

  B. 违约用电

  C. 擅自接线

  D. 殴打、公然侮辱履行职务的查电人员或者抄表收费人员的

  答案：D

  12.《中华人民共和国电力法》规定，危害供电、用电安全或者扰乱供电、用电秩序的，由电力管理部门责令改正，给予警告；情节严重或者拒绝改正的，可以中止供电，可以并处（　　）的罚款。

  A. 15 万元以下　　　　　　　　　B. 5 万元以下

  C. 3 万元以下　　　　　　　　　 D. 1 万元以下

  答案：B

  13.《中华人民共和国电力法》规定，电网运行实行（　　）。

  A. 统一管理、分级调度　　　　　B. 统一调度、分级管理

  C. 统一调度、统一管理　　　　　D. 分级调度、分级管理

  答案：B

  14.《中华人民共和国电力法》规定，电力建设项目使用土地，应当依照有关法律、行政法规的规定办理；依法征用土地的，应当依法支付（　　），做好迁移居民的安置

工作。

    A. 土地补偿费   B. 青苗补偿费

    C. 安置补偿费   D. 占地补偿费

答案：AC

15. 《中华人民共和国电力法》规定，禁止任何单位和个人（　　）。

    A. 危害电力设施安全   B. 非法侵占电能

    C. 非法使用电能   D. 危害发电设施

答案：ABC

16. 《中华人民共和国电力法》规定，盗窃电能的，由电力管理部门责令停止违法行为，追缴电费并处应交电费（　　）倍以下的罚款；构成犯罪的，依照刑法有关规定追究刑事责任。

    A. 5   B. 4

    C. 3   D. 2

答案：A

三、判断题

1. 《中华人民共和国电力法》规定，因供电设施检修、依法限电或者用户违法用电等原因，需要中断供电时，供电企业应当按照国家有关规定事先通知用户。（　　）

答案：√

2. 《中华人民共和国电力法》规定，任何单位和个人不得在电力设施保护区内修建可能危及电力设施安全的建筑物、构筑物。（　　）

答案：×

3. 《中华人民共和国电力法》规定，并网双方应当按照统一调度、分级管理和平等自愿、协商一致的原则，签订并网协议，确定双方的权利和义务。（　　）

答案：×

4. 《中华人民共和国电力法》规定，用户对供电质量有特殊要求的，应当由用户自行解决。（　　）

答案：×

5. 《中华人民共和国电力法》规定，用户对供电企业中断供电有异议的，可以向电力管理部门投诉；受理投诉的电力管理部门应当与用户协商处理。（　　）

答案：×

四、简答题

1. 《中华人民共和国电力法》中所述的电价是指什么？

答案：电价是指电力生产企业的上网电价、电网间的互供电价、电网销售电价。

2. 《中华人民共和国电力法》规定，电力生产与电网运行应当遵循什么原则？

答案：电力生产与电网运行应当遵循安全、优质、经济的原则。

第二节 供电营业规则

一、填空题

1. 《供电营业规则》规定，供电企业和用户在进行_____与使用活动中，应遵守本规则的规定。

答案：电力供应

2. 《供电营业规则》规定，用户用电设备容量在_____kW 及以下或需用变压器容量在_____kVA 及以下者，可采用低压三相四线制供电，特殊情况也可采用高压供电。

答案：100   50

3. 《供电营业规则》规定，用户需要备用、保安电源时，供电企业应按其_____、_____和供电的可能性，与用户协商确定。

答案：负荷重要性   用电容量

4. 《供电营业规则》规定，用户申请新装或增加用电时，应向供电企业提供用电工程项目批准的文件及有关的用电资料，包括用电地点、电力用途、_____、_____、_____、保安电力、用电规划等，并依照供电企业规定的格式如实填写用电申请书及办理所需手续。

答案：用电性质   用电设备清单   用电负荷

5. 《供电营业规则》规定，10kV 及以下公用高压线路供电的，以用户厂界外或配电室前的第一断路器或第一支持物为分界点，第一断路器或第一支持物属_____。

答案：供电企业

6. 《供电营业规则》规定，供电企业应在用户每一个受电点内按_____，分别安装用电计量装置，每个受电点作为用户的一个计费单位。

答案：不同电价类别

7. 《供电营业规则》规定，用电计量装置包括计费电能表（有功、无功电能表及最大需量表）和_____及_____。

答案：电压、电流互感器   二次连接线导线

8. 《供电营业规则》规定，供电企业在_____、_____及现场校验后应对用电计量装置加封，并请用户在工作凭证上签章。

答案：新装   换装

9. 《供电营业规则》规定，计算电量的倍率或铭牌倍率与实际不符的，以实际倍率为基准，按正确与错误倍率的差值退补电量，退补时间以_____为准确定。

答案：抄表记录

10. 《供电营业规则》规定，因用户原因连续_____不能如期抄到计费电能表读数时，供电企业应通知该用户终止供电。

答案：6 个月

11. 《供电营业规则》规定，用户为满足内部核算的需要，可自行在其内部装设考核能耗用的电能表，但该表所示读数不得作为供电企业_____。

答案：计费依据

12. 《供电营业规则》规定，供电企业必须按规定的_____、_____计费电能表，并对计费电能表进行不定期检查。

答案：周期校验　　轮换

13. 《供电营业规则》规定，供电企业和用户应当遵守国家有关规定，服从_____统一调度，严格按_____供电和使用。

答案：电网　　指标

14. 《供电营业规则》规定，为加强供电营业管理，建立正常的_____，保障供用双方的_____，根据_____和国家有关规定，制定本规则。

答案：供电营业秩序　　合法权益　　电力供应与使用条例

15. 《供电营业规则》规定，用户应在提高用电自然功率因数的基础上，按有关标准设计和安装无功补偿设备，并做到随其_____和_____变动及时投入或切除，防止无功电力倒送。

答案：负荷　　电压

16. 《供电营业规则》规定，用户用电设备容量在 100kW 及以下或需用变压器容量在 50kVA 及以下者，可采用低压_____供电，特殊情况也可采用高压供电。

答案：三相四线制

17. 《供电营业规则》规定，供电企业供电的额定频率为_____。

答案：交流 50Hz

18. 根据《供电营业规则》规定，用电计量装置原则上应装在供电设施的_____。

答案：产权分界处

二、不定项选择题

1. 《供电营业规则》规定，若电力用户超过报装容量私自增加电气容量，称为（　　　）。

A. 窃电　　　　　　　　　　B. 违约用电
C. 正常增容　　　　　　　　D. 计划外用电

答案：B

2. 《供电营业规则》规定，在电力系统正常状况下，供电频率的允许偏差为：电网装机容量在 300 万 kW 及以上的，为（　　　）Hz。

A. ±0.2　　　　　　　　　　B. ±0.3
C. ±0.5　　　　　　　　　　D. ±1.0

答案：A

3. 《供电营业规则》规定，一台 0～150V 的电压表，说明书说明其引用误差限为 ±2%。说明该电压表的任意示值用绝对误差表示的最大允许误差为（　　　）。

A. ±3V   B. ±2%

C. ±2V   D. ±3%

答案：A

4.《供电营业规则》规定，用户在当地供电企业规定的电网高峰负荷时的功率因数，其他电力用户和大、中型电力排灌站、趸购转售电企业，功率因数为（　　）。

A. 0.8   B. 0.8 以上

C. 0.85   D. 0.85 以上

答案：D

5.《供电营业规则》规定，高压供电额定电压为（　　）kV。

A. 10   B. 35（63）

C. 110   D. 220

答案：ABCD

6.《供电营业规则》规定，私自迁移、更动和擅自操作供电企业的用电计量装置、电力负荷管理装置、供电设施及约定由供电企业调度的用户受电设备者，属于非居民用户的，应承担每次（　　）元的违约使用电费。

A. 2000   B. 3000

C. 4000   D. 5000

答案：D

7.《供电营业规则》规定，用户认为供电企业装设的计费电能表不准时，有权向供电企业提出校验申请，在用户交付验表费后，供电企业应在（　　）天内检验，并将检验结果通知用户。

A. 3   B. 5

C. 7   D. 10

答案：C

8.《供电营业规则》规定，高压供电方案的有效期为（　　），低压供电方案的有效期为（　　），逾期注销。

A. 6 个月，3 个月   B. 6 个月，1 个月

C. 1 年，6 个月   D. 1 年，3 个月

答案：D

9.《供电营业规则》规定，供电企业对申请用电的用户提供的供电方式，应从供用电的（　　）和便于管理出发，依据国家的有关政策和规定，电网的规划，用电需求及当地供电条件等因素，进行技术经济比较，与用户协商确定。

A. 安全   B. 经济

C. 优质   D. 合理

答案：ABD

10.《供电营业规则》规定，供电频率超出允许偏差，给用户造成损失的，供电企业应按用户每月在频率不合格的累计时间内所用的电量，乘以当月用电的平均电价的（　　）%给予赔偿。

A. 10   B. 20

C. 30   D. 40

答案：B

11.《供电营业规则》规定，供电企业应在用电营业场所公告办理各项用电业务的（　　）。

  A. 程序   B. 要求

  C. 制度   D. 收费标准

答案：ACD

12.《供电营业规则》规定，供电企业应在用户每一个受电点内按不同（　　），分别安装用电计量装置，每个受电点作为用户的一个计费单位。

  A. 电价类别   B. 接线方式

  C. 供电电压   D. 入户方式

答案：A

13.《供电营业规则》规定，用户重要负荷的保安电源（　　）。

  A. 可由供电企业提供   B. 必须由供电企业提供

  C. 可由用户自备   D. 必须由用户自备

答案：AC

14.《供电营业规则》规定，引起停电或限电的原因消除后，供电企业应在（　　）内恢复供电。

  A. 3 日   B. 3 个工作日

  C. 5 日   D. 5 个工作日

答案：A

15.《供电营业规则》规定，用电负荷密度较高的地区，经过技术经济比较，采用低压供电的技术经济性明显优于高压供电时，低压供电的容量界限可适当提高。具体容量界限由（　　）作出规定。

  A. 省电力管理部门   B. 省电网经营企业

  C. 电力管理部门   D. 供电企业

答案：B

16.《供电营业规则》规定，供用电设备计划检修时，对 35kV 及以上电压供电的用户的停电次数，每年不应超过（　　）次；对 10kV 供电的用户，每年不应超过（　　）次。

  A. 1，2   B. 1，3

  C. 2，1   D. 3，1

答案：B

17.《供电营业规则》规定，窃电行为包括（　　）。

  A. 在供电企业的供电设施上擅自接线用电

  B. 绕越供电企业用电计量装置用电

  C. 伪造或者开启供电企业加封的用电计量装置封印用电

D. 故意损坏供电企业用电计量装置

答案：ABCD

18.《供电营业规则》规定，供电企业不得委托（　　）用户向其他用户转供电。

A. 重要的国防军工　　　　　　　B. 民营企业

C. 双路电　　　　　　　　　　　D. 有自备发电机的

答案：A

19.《供电营业规则》规定，向被转供户供电的公用线路与变压器的损耗电量应由（　　）负担，不得摊入转供户用电量中。

A. 转供户　　　　　　　　　　　B. 被转供户

C. 用户　　　　　　　　　　　　D. 供电企业

答案：D

20.《供电营业规则》规定，有下列情形之一者，不经批准即可中止供电，但事后应报告本单位负责人（　　）。

A. 不可抗力　　　　　　　　　　B. 紧急避险

C. 确有窃电行为　　　　　　　　D. 违约用电

答案：ABC

三、判断题

1.《供电营业规则》应放置在供电企业的用电营业场所，供用户查阅。（　　）

答案：√

2.《供电营业规则》规定，用户重要负荷的保安电源，由供电企业提供，不可由用户自备。（　　）

答案：×

3.《供电营业规则》规定，在停电前1h，将停电时间再通知用户一次，方可在通知规定时间实施停电。（　　）

答案：×

4.《供电营业规则》规定，用户单相用电总容量超过10kW的应采用低压三相四线制供电。（　　）

答案：×

5.《供电营业规则》规定，供电企业不采用趸售方式供电，以减少中间环节。（　　）

答案：×

6.《供电营业规则》规定，供电企业可以对距离发电厂较近的用户，采用发电厂直配供电方式，也可以发电厂的厂用电源或变电站（所）的站用电源对用户供电。（　　）

答案：×

7.《供电营业规则》规定，用户为满足内部核算的需要，可自行在其内部装设考核能耗用的电能表，但该表所示读数可以作为供电企业计费依据。（　　）

答案：×

8.《供电营业规则》规定，承装、承修、承试受电工程的单位，必须经电力管理部门审核合格，并取得电力管理部门颁发的《承装（修）电力设施许可证》。（　　　　）

答案：√

四、简答题

1.《供电营业规则》规定，哪些用户采用低压单相供电？哪些用户采用低压三相四线制供电？

答案：用户单相用电总容量不足 10kW 的可采用低压 220V 供电。但有单台设备容量超过 1kW 的单相电焊机、换流设备时，用户必须采取有效的技术措施以消除对电能质量的影响，否则应改为其他方式供电。用户用电设备容量在 100kW 及以下或需用变压器容量在 50kVA 及以下者，可采用低压三相四线制供电，特殊情况也可采用高压供电。用电负荷密度较高的地区，经过技术经济比较，采用低压供电的技术经济性明显优于高压供电时，低压供电的容量界限可适当提高。具体容量界限由省电网经营企业作出规定。

2.《供电营业规则》规定，由于用电计量装置接线错误，使电能计量或计算出现差错时，供电企业应按如何退补相应电量的电费？

答案：计费计量装置接线错误的，以其实际记录的电量为基数，按正确与错误接线的差额率退补电量，退补时间从上次校验或换装投入之日起至接线错误更正之日止。退补电量未正式确定前，用户应先按正常月用电量交付电费。

3.《供电营业规则》规定，由于用电计量电压互感器保险熔断，使电能计量或计算出现差错时，供电企业应按如何退补相应电量的电费？

答案：电压互感器保险熔断的，按规定计算方法计算值补收相应电量的电费；无法计算的，以用户正常月份用电量为基准，按正常月与故障月的差额补收相应电量的电费，补收时间按抄表记录或按失压自动记录仪记录确定。退补电量未正式确定前，用户应先按正常月用电量交付电费。

五、案例分析题

1. 某日，供电公司抄表人员在某台区抄表过程中发现，某材料加工厂的一块三相四线电能表不在原安装位置。经核查确认，该客户因工厂规模扩大，增加新的生产厂房，客户并未办理用电变更手续，私自将表迁移到新建厂房。请对以上抄表过程中发现的违约用电行为进行分析。

答案：该客户行为违反了《供电营业规则》第一百条第五款规定，私自迁移、更动和擅自操作供电企业的用电计量装置、电力负荷管理装置、供电设施及约定由供电企业调度的用户受电设备者，属于居民用户的，应承担每次 500 元的违约使用电费；属于其他用户的，应承担每次 5000 元的违约使用电费。

2.2015 年 1 月 25 日，某居民客户反映自家新换的智能电表有问题，电量比之前增加许多。营业厅客户代表为其解答，告知智能电能表有灵敏度、精确度高等特点，很微小的电量都能准确计量，故较机械电表可能会出现电量高的情况。但该客户仍坚持电表有问题。客户代表受理后，计量室 2 月 15 日出具验表结果，鉴定该客户的电表一切正常。

该客户对该结果表示怀疑，客户代表很不耐烦，告知其如对校验结果有疑义，可向上一级计量鉴定机构反映，便急忙打发了该用户。假定 1 月 25 日至 2 月 15 日期间均为工作日，试分析该案例中工作人员违反了哪些规定，以及暴露问题及措施建议。

答案：违规条款如下：

（1）《供电营业规则》第七十九条：用户认为供电企业装设的计费电能表不准时，有权向供电企业提出校验申请，在用户交付验表费后，供电企业应在 7 天内检验，并将检验结果通知用户。用户在申请验表期间，其电费仍应按期交纳，验表结果确认后，再行退补电费。

（2）《国家电网公司供电服务十项承诺》第七项：受理客户计费电能表校验申请后，5 个工作日内出具检测结果。客户提出抄表数据异常后，7 个工作日内核实并答复。

（3）《国家电网公司员工服务十个不准》第五条：不准违反首问负责制，推诿、搪塞、怠慢客户。

暴露问题如下：

（1）工作人员业务不熟悉，专业技能有待提高。

（2）工作人员服务意识、责任意识不强，对待客户敷衍。

（3）电表校验及答复客户不及时。

措施建议如下：

（1）规范电能表校验流程，加强监督管理，对客户的诉求认真进行处理并回复。

（2）加强营业厅工作人员的责任意识、大局意识，严格首问负责制。

（3）加强工作人员的专业技能培训，努力提高工作技能和服务水平。

第三节　电力供应与使用条例

一、填空题

1.《电力供应与使用条例》规定，供电企业和用户应当根据_____、_____的原则签订供用电合同。

答案：平等自愿　　协商一致

2.《电力供应与使用条例》规定，用户专用的供电设施建成投产后，由用户_____或者委托供电企业维护管理。

答案：维护管理

3.《电力供应与使用条例》规定，供电企业应当按照国家有关规定实行_____、_____。

答案：分类电价　　分时电价

4.《电力供应与使用条例》规定，因供电设施计划检修需要停电时，供电企业应当提前_____天通知用户或者进行公告。

答案：7

5.《电力供应与使用条例》规定，因供电设施临时检修需要停止供电时，供电企业应当提前_____ h 通知重要用户。

答案：24

6.《电力供应与使用条例》规定，用户办理_____、_____、_____、_____和_____用电申请应当到当地供电企业办理手续。

答案：新装用电　　临时用电　　增加用电容量　　变更用电　　终止用电

7.《电力供应与使用条例》规定，用户对供电质量有特殊要求的，供电企业应当根据其_____和_____，提供相应的电力。

答案：必要性　　电网的可能

8.《电力供应与使用条例》规定，公用供电设施建成投产后，由_____统一维护管理。

答案：供电单位

9.《电力供应与使用条例》规定，违反本条例第三十一条规定，盗窃电能的，由电力管理部门责令停止违法行为，追缴电费并处应交电费_____倍以下的罚款；构成犯罪的，依法追究刑事责任。

答案：5

10.《电力供应与使用条例》规定，因抢险救灾需要紧急供电时，供电企业必须尽速安排供电。所需工程费用和应付电费由有关地方人民政府有关部门从抢险救灾经费中支出，但是抗旱用电应当由_____交付电费。

答案：用户

11.《电力供应与使用条例》规定，供电企业应当按照国家核准的_____和_____记录，向用户计收电费。

答案：电价　　用电计量装置

12.《电力供应与使用条例》规定，用电计量装置，应当安装在供电设施与受电设施的_____。

答案：产权分界处

二、不定项选择题

1.《电力供应与使用条例》规定，供电企业应当按照合同约定的（　　　），合理调度和安全供电。

A. 数量　　　　　　　　　　B. 条件
C. 质量　　　　　　　　　　D. 时间
E. 办法　　　　　　　　　　F. 方式

答案：ACDF

2.《电力供应与使用条例》规定，以下（　　　）违规行为，由电力管理部门责令改正，没收违法所得，并处违法所得 5 倍以下罚款。

A. 未按照规定取得《供电营业许可证》，从事电力供应业务的

B. 擅自伸入或者跨越供电营业区供电的

C. 擅自向外转供电的

D. 有窃电行为的

答案：ABC

3.《电力供应与使用条例》规定，公用供电设施建成投产后，由供电单位统一维护管理，经电力管理部门批准，供电企业可以（　　）该供电设施。

A. 新建　　　　　　　　　B. 改造

C. 使用　　　　　　　　　D. 扩建

答案：BCD

4. 根据《电力供应与使用条例》，用户不得擅自迁移、更动或者擅自操作供电企业的（　　）。

A. 用电计量装置　　　　　B. 电力负荷控制装置

C. 供电设施　　　　　　　D. 约定由供电企业调度的用户受电设备

答案：ABCD

5.《电力供应与使用条例》规定，自逾期之日起计算超过（　　）日，经催交仍未交付电费的，供电企业可以按照国家规定的程序停止供电。

A.10　　　　　　　　　　B.15

C.20　　　　　　　　　　D.30

答案：D

6.《电力供应与使用条例》规定，为使测量更准确，测量9V电压时，应选用以下（　　）量程的电压表。

A.10V　　　　　　　　　B.50V

C.20V　　　　　　　　　D.30V

答案：A

7.《电力供应与使用条例》自1996年（　　）起施行。

A.7月1日　　　　　　　B.4月1日

C.9月1日　　　　　　　D.10月1日

答案：C

8.《电力供应与使用条例》规定，供电方式应当按照（　　）、合理和便于管理的原则，由电力供应与使用双方根据国家有关规定以及电网规划、用电需求和当地供电条件等因素确定。

A. 安全　　　　　　　　　B. 可靠

C. 优质　　　　　　　　　D. 经济

答案：ABD

9.《电力供应与使用条例》规定，国家对电力供应和使用实行（　　）的管理原则。

A. 安全用电　　　　　　　B. 节约用电

C. 计划用电　　　　　　　D. 有序用电

答案：ABC

10.《电力供应与使用条例》规定，电力管理部门应当加强对（　　）的监督管理，禁止危害供用电安全和非法侵占电能的行为。

A. 电力供应　　　　　　　B. 电力使用

C. 供用电　　　　　　　　D. 电力建设

答案：C

11.《电力供应与使用条例》规定，供电企业和用户应当在供电前根据（　　）签订供用电合同。

A. 供电企业的供电计划　　B. 用户需要

C. 供电企业的供电可靠性　D. 供电企业的供电能力

答案：BD

12.《电力供应与使用条例》规定，用户用电容量超过其所在的供电营业区内供电企业供电能力的，由（　　）指定的其他供电企业供电。

A. 国务院电力管理部门　　B. 省级电力管理部门

C. 省级以上电力管理部门　D. 当地人民政府电力管理部门

答案：C

三、判断题

1. 违反《电力供应与使用条例》第二十七条规定，逾期未交付电费的，供电企业可以从逾期之日起，每日按照电费总额的 1‰~3‰ 加收违约金，具体比例由供用电双方在供用电合同中约定；自逾期之日起计算超过 30 日，经催交仍未付电费的，供电企业可以按照国家规定的程序停止供电。（　　）

答案：√

2.《电力供应与使用条例》规定，在用户受送电装置上作业的电工，必须经供电公司考核合格，取得供电公司颁发的《电工进网作业许可证》，方可上岗作业。（　　）

答案：×

3.《电力供应与使用条例》规定，安装在用户处的用电计量装置，由供电企业负责保护。（　　）

答案：×

4.《电力供应与使用条例》规定，非经供电企业委托，任何单位不得擅自向外供电。（　　）

答案：√

5.《电力供应与使用条例》规定，安装在用户处的用电计量装置，由用户负责保护。（　　）

答案：√

四、简答题

1.《电力供应与使用条例》规定，供用电合同应当具备哪些条款？

答案：（1）供电方式、供电质量和供电时间。

（2）用电容量和用电地址、用电性质。

（3）计量方式和电价、电费结算方式。

（4）供用电设施维护责任的划分。

（5）合同的有效期限。

（6）违约责任。

（7）双方共同认为应当约定的其他条款。

2.《电力供应与使用条例》第三十一条指出的窃电行为包括哪些？

答案：（1）在供电企业的供电设施上，擅自接线用电；

（2）绕越供电企业的用电计量装置用电；

（3）伪造或者开启法定的或者授权的计量检定机构加封的用电计量装置封印用电；

（4）故意损坏供电企业用电计量装置；

（5）故意使供电企业的用电计量装置不准或者失效；

（6）采用其他方法窃电。

3.《电力供应与使用条例》规定，用户危害供电、用电安全，扰乱正常供电，用电秩序的行为有哪些？

答案：（1）擅自改变用电类别；

（2）擅自超过合同约定的容量用电；

（3）擅自超过计划分配的用电指标的；

（4）擅自使用已经在供电企业办理暂停使用手续的电力设备，或者擅自启用已经被供电企业查封的电力设备；

（5）擅自迁移、更动或者擅自操作供电企业的用电计量装置、电力负荷控制装置、供电设施以及约定由供电企业调度的用户受电设备；

（6）未经供电企业许可，擅自引入、供出电源或者将自备电源擅自并网。

第四节　中华人民共和国计量法

一、填空题

1.《中华人民共和国计量法》规定，县级以上地方人民政府计量行政部门根据本地区的需要，建立社会公用计量标准器具，_____主持考核合格后使用。

答案：经上级人民政府计量行政部门

2.《中华人民共和国计量法》规定，县级以上人民政府计量行政部门对社会公用计量标准器具，部门和企业、事业单位使用的最高计量标准器具，以及用于_____、_____、医疗卫生、环境监测方面的列入强制检定目录的工作计量器具，实行强制检定。

答案：贸易结算　　安全防护

3.《中华人民共和国计量法》规定，计量检定工作应当按照_____的原则，_____进行。

答案：经济合理　　就地就近

4.《中华人民共和国计量法》规定，制造、销售＿＿＿＿＿＿＿的计量器具新产品的，责令停止制造、销售该种新产品，没收违法所得，可以并处罚款。

答案：未经考核合格

5.《中华人民共和国计量法》规定，使用计量器具不得＿＿＿＿＿＿＿，损害国家和消费者的利益。

答案：破坏其准确度

6.《中华人民共和国计量法》规定，＿＿＿＿＿＿＿和国家选定的其他计量单位，为国家法定计量单位。

答案：国际单位制计量单位

7.《中华人民共和国计量法》规定：＿＿＿＿＿＿＿、＿＿＿＿＿＿＿、＿＿＿＿＿＿＿的计量器具不合格的，没收违法所得，可以并处罚款。

答案：制造　　修理　　销售

8.《中华人民共和国计量法》规定，为了加强＿＿＿＿＿＿＿，保障＿＿＿＿＿＿＿和量值的准确可靠，有利于生产、贸易和科学技术的发展，适应社会主义现代化建设的需要，维护国家、人民的利益，制定《中华人民共和国计量法》。

答案：计量监督管理　　国家计量单位制的统一

9.《中华人民共和国计量法》规定，计量检定必须按照＿＿＿＿＿＿＿进行。计量检定必须执行＿＿＿＿＿＿＿。

答案：国家计量检定系统表　　计量检定规程

10.《中华人民共和国计量法》规定，国务院计量行政部门负责建立各种计量基准器具，作为统一全国＿＿＿＿＿＿＿的最高依据。

答案：量值

二、不定项选择题

1.《中华人民共和国计量法》规定，从计量法的角度理解计量一词的含义，比较准确的说法是（　　）。

A. 计量与测量是同义词。凡过去用测量二字的地方，改成计量就行了

B. 计量是指以技术和法制手段，保证单位统一、量值准确可靠的测量，它涉及整个测量领域

C. 计量兼有测试和检定的含义

D. 计量是测量领域的一部分

答案：B

2.《中华人民共和国计量法》规定，计量监督人员违法失职，情节严重的，依照（　　）有关规定追究（　　）；情节轻微的，给予（　　）。

A. 刑法，刑事责任，行政处分　　　　B. 计量法，法律责任，行政处分

C. 计量法，经济处罚，警告　　　　　D. 刑法，刑事责任，警告

答案：A

3.《中华人民共和国计量法》自（　　）起施行。

A. 1986 年 7 月 1 日　　　　　　　　　B. 2013 年 12 月 28 日

C. 2015 年 4 月 24 日　　　　　　　　　D. 2017 年 12 月 27 日

答案：A

4.《中华人民共和国计量法》规定，国家计量检定规程的统一代号是（　　）。

A. JJG　　　　　　　　　　　　　　　　B. JJF

C. GB　　　　　　　　　　　　　　　　 D. DL

答案：A

5.《中华人民共和国计量法》规定，个体工商户制造、修理计量器具的（　　）和（　　），由国务院计量行政部门制定。

A. 范围　　　　　　　　　　　　　　　　B. 基准

C. 管理办法　　　　　　　　　　　　　　D. 适用依据

答案：AC

6.《中华人民共和国计量法》规定，处理因计量器具准确度所引起的纠纷，以（　　）或者（　　）检定的数据为准。

A. 国家计量基准器具　　　　　　　　　　B. 企业最高标准器具

C. 社会公用计量标准器具　　　　　　　　D. 器具技术监督局计量

答案：AC

7.《中华人民共和国计量法》规定，实行强制检定的工作计量器具的目录和管理办法，由（　　）制定。

A. 国务院　　　　　　　　　　　　　　　B. 省级地方人民政府

C. 市级地方人民政府　　　　　　　　　　D. 县级地方人民政府

答案：A

8.《中华人民共和国计量法》规定，在中华人民共和国境内，建立（　　），进行计量检定，制造、修理、销售、使用计量器具，必须遵守《中华人民共和国计量法》。

A. 计量基准器具　　　　　　　　　　　　B. 计量标准器具

C. 工作计量器具　　　　　　　　　　　　D. 公用标准器具

答案：AB

9.《中华人民共和国计量法》规定，因计量器具（　　）所引起的纠纷，简称计量纠纷。

A. 精确度　　　　　　　　　　　　　　　B. 准确度

C. 精密度　　　　　　　　　　　　　　　D. 准备性

答案：B

10.《中华人民共和国计量法》规定，密度单位中文名称叙述正确的是（　　）。

A. 千克每立方米　　　　　　　　　　　　B. 千克每三次方米

C. 千克/立方米　　　　　　　　　　　　 D. 千克（米）

答案：A

11. 根据《中华人民共和国计量法》的规定，制造计量器具的企业、事业单位生产本单位未生产过的计量器具新产品，必须经（　　）以上人民政府计量行政部门对其样品的计量性能考核合格，方可投入生产。

A. 省级　　　　　　　　　　　　　B. 市级

C. 县级　　　　　　　　　　　　　D. 当地政府

答案：A

12.《中华人民共和国计量法》规定，计量标准的稳定性是指计量标准保持其（　　）随时间恒定的能力。

A. 示值　　　　　　　　　　　　　B. 复现值

C. 计量特性　　　　　　　　　　　D. 测量范围

答案：C

13.《中华人民共和国计量法》规定，任何单位和个人不得违反规定（　　）非法定计量单位的计量器具。

A. 制造　　　　　　　　　　　　　B. 销售

C. 进口　　　　　　　　　　　　　D. 修理

答案：ABC

14.《中华人民共和国计量法》规定，在中华人民共和国境内，建立计量基准器具、计量标准器具，进行计量检定，（　　）计量器具，必须遵守中华人民共和国计量法。

A. 制造　　　　　　　　　　　　　B. 修理

C. 销售　　　　　　　　　　　　　D. 使用

答案：ABCD

15.《中华人民共和国计量法》规定，《中华人民共和国计量法》于（　　）年9月6日第六届全国人民代表大会常务委员会第十二次会议通过。

A. 1988　　　　　　　　　　　　　B. 1985

C. 1984　　　　　　　　　　　　　D. 1982

答案：B

三、判断题

1.《中华人民共和国计量法》规定，国务院计量行政部门对全国计量工作实施统一监督管理。（　　）

答案：√

2.《中华人民共和国计量法》规定，实行强制检定的对象有用于贸易结算、安全防护、医疗卫生、环境监测方面的列入强制检定目录的工作计量器具均应实行强制检定。（　　）

答案：×

3.《中华人民共和国计量法》规定，个体工商户不得制造、修理简易的计量器具。（　　）

答案：×

4.《中华人民共和国计量法》规定，为社会提供公证数据的产品质量检验机构，必须经省级以上人民政府计量行政部门对其计量检定、测试的能力和可靠性考核合格。
（ ）

答案：√

5.《中华人民共和国计量法》规定，除检定人员外，任何单位或者个人不得破坏计量器具准确度，不得擅自改动、拆装计量器具，不得破坏铅（签）封，不得弄虚作假。（ ）

答案：×

6.《中华人民共和国计量法》规定，为社会提供公证数据的产品质量检验机构，必须经地（市）级以上人民政府计量行政部门对其计量检定、测试的能力和可靠性考核合格。（ ）

答案：×

7.《中华人民共和国计量法》规定，国家计量检定规程由国务院有关主管部门制定。（ ）

答案：×

8.《中华人民共和国计量法》规定，进口的计量器具，必须经市级以上人民政府计量行政部门检定合格后，方可销售。（ ）

答案：×

9.《中华人民共和国计量法》规定，使用计量器具不得破坏其准确度，损害国家和消费者的利益。（ ）

答案：√

四、简答题

1.《中华人民共和国计量法》规定，国务院计量行政部门和县级以上地方人民政府计量行政部门监督和贯彻实施计量法律、法规的职责是什么？

答案：（1）贯彻执行国家计量工作的方针、政策和规章制度，推行国家法定计量单位。

（2）制定和协调计量事业的发展规划，建立计量基准和社会公用计量标准，组织量值传递。

（3）对制造、修理、销售、使用计量器具实施监督。

（4）进行计量认证，组织仲裁检定，调解计量纠纷。

（5）监督检查计量法律、法规的实施情况，对违反计量法律、法规的行为，按照本细则的有关规定进行处理。

2.《中华人民共和国计量法》的立法宗旨是什么？

答案：计量立法的宗旨是加强计量监督管理，保障国家计量单位制的统一和量值的准确可靠，有利于生产、贸易和科学技术的发展，适应社会主义现代化建设的需要，维护国家、人民的利益。

第五节　中华人民共和国计量法实施细则

一、填空题

1.《中华人民共和国计量法实施细则》规定，使用实行强制检定的计量标准的单位和个人，应当向_____该项计量标准的有关人民政府计量行政部门申请周期检定。

答案：主持考核

2.《中华人民共和国计量法实施细则》规定，_____计量行政部门依法设置的计量检定机构，为国家法定计量检定机构。

答案：县级以上人民政府

3.《中华人民共和国计量法实施细则》属于_____法规。

答案：计量行政

4.《中华人民共和国计量法实施细则》规定，计量纠纷当事人对仲裁检定不服的，可以在接到仲裁检定通知书之日起_____日内向上一级人民政府计量行政部门申诉。上一级人民政府计量行政部门进行的仲裁检定为终局仲裁检定。

答案：15

5.《中华人民共和国计量法实施细则》规定，计量基准的量值应当与_____上的量值保持一致。

答案：国际

6.《中华人民共和国计量法实施细则》规定，社会公用计量标准对社会上实施_____具有公正作用。

答案：计量监督

二、不定项选择题

1.《中华人民共和国计量法实施细则》规定，在检定水银温度计时，温度标准装置的恒温槽示值为100℃，将被检温度计插入恒温槽后被检温度计的指示值为99℃，则被检温度计的示值误差为（　　）。

A. +1℃　　　　　　　　　　　　B. +1%

C. −1℃　　　　　　　　　　　　D. −2%

答案：C

2.《中华人民共和国计量法实施细则》规定，一只0.5级电能表的检定证书上，某一负载下的误差数据为0.30%，那么它的实测数据应在（　　）范围之内。

A. −0.34% ~0.29%　　　　　　　B. −0.325% ~0.275%

C. −0.324% ~0.251%　　　　　　D. −0.32% ~0.27%

答案：B

3.《中华人民共和国计量法实施细则》规定，对被测量进行了5次独立重复测量，得到以下测量值：0.31、0.32、0.30、0.35、0.32，计算被测量的最佳估计值，即得到的测量结果为（　　）。

    A. 0.31   B. 0.32

    C. 0.33   D. 0.34

    答案：B

4.《中华人民共和国计量法实施细则》规定，将 2.5499 修约为二位有效数字的正确写法是（　　）。

    A. 2.6   B. 2.55

    C. 2.5   D. 2.50

    答案：C

5.《中华人民共和国计量法实施细则》规定，未取得计量认证合格证书的产品质量检验机构，为社会提供公证数据的，责令其停止检验，可并处（　　）元以下的罚款。

    A. 500   B. 1000

    C. 2000   D. 3000

    答案：B

6.《中华人民共和国计量法实施细则》规定，违反《中华人民共和国计量法》第十四条规定，制造、销售和进口非法定计量单位的计量器具的，责令其停止制造、销售和进口，没收计量器具和全部违法所得，可并处相当其违法所得（　　）的罚款。

    A. 2%～5%   B. 5%～10%

    C. 10%～20%   D. 10%～50%

    答案：D

7.《中华人民共和国计量法实施细则》规定，测量误差按属性可分为系统误差和随机误差，按表达方式分为绝对误差、（　　）和引用误差 3 种。

    A. 粗大误差   B. 相对误差

    C. 修正值   D. 较大误差

    答案：B

8.《中华人民共和国计量法实施细则》规定，计量器具是指能用以直接或间接测出被测对象量值的装置、仪器仪表、量具和用于统一量值的标准物质，包括（　　）。

    A. 计量基准   B. 社会公用计量器具

    C. 计量标准   D. 工作计量器具

    答案：ACD

9.《中华人民共和国计量法实施细则》规定，全国量值最高依据的计量器具是（　　）。

    A. 计量基准器具   B. 强制检定的计量标准器具

    C. 社会公用计量标准器具   D. 计量标准器具

    答案：A

10.《中华人民共和国计量法实施细则》中提出了两个重要概念是（　　）。

    A. 计量监督   B. 强制检定

C. 计量检定   D. 强制监督

答案：AB

11.《中华人民共和国计量法实施细则》规定，县级以上人民政府计量行政部门负责计量纠纷的调解和仲裁检定，并可根据（　　　）或者其他单位的委托，指定有关计量检定机构进行仲裁检定。

A. 司法机关   B. 合同管理机关

C. 涉外仲裁机关   D. 政府机构

答案：ABC

12.《中华人民共和国计量法实施细则》规定，标准偏差估计值是（　　　）的表征量。

A. 随机误差统计平均值   B. 随机误差离散性

C. 测量误差统计平均值   D. 系统误差平均值

答案：B

13.《中华人民共和国计量法实施细则》规定，计量检定人员的下列（　　　）行为属违法行为。

A. 伪造检定数据者   B. 出具错误数据，给送检一方造成损失的

C. 依照计量检定规程进行计量检定的   D. 未取得计量检定证件执行计量检定的

答案：ABD

14.《中华人民共和国计量法实施细则》规定，在相同测量条件下，重复测量同一个被测量，测量仪器提供相近示值的能力称为测量仪器的（　　　）。

A. 稳定性   B. 重复性

C. 复现性   D. 示值变化

答案：B

15.《中华人民共和国计量法实施细则》规定，任何单位和个人不准在工作岗位上使用（　　　）的计量器具。在教学示范中使用计量器具不受此限。

A. 无检定合格、印证   B. 超过检定周期

C. 经检定不合格   D. 已使用拆回

答案：ABC

16.《中华人民共和国计量法实施细则》规定，部门和企业、事业单位的各项最高计量标准，未经有关人民政府计量行政部门考核合格而开展计量检定的，责令其停止使用，可并处（　　　）元以下的罚款。

A. 1000   B. 2000

C. 5000   D. 10000

答案：A

17.《中华人民共和国计量法实施细则》规定，判断仪器是否超差应以（　　　）的数据为准。

A. 原始   B. 修约后

C. 多次平均   D. 第一次

答案：B

18.《中华人民共和国计量法实施细则》规定，计量器具是指能用以（　　）测出被测对象量值的装置、仪器仪表、量具和用于统一量值的标准物质。

A. 直接
B. 间接
C. 直接或间接
D. 直接和间接

答案：C

三、判断题

1.《中华人民共和国计量法实施细则》规定，未取得计量检定证件执行计量检定的计量检定人员属违规行为。（　　）

答案：×

2.《中华人民共和国计量法实施细则》规定，为社会提供公证数据的产品质量检验机构，必须经省级以上人民政府计量行政部门计量认证。（　　）

答案：√

3.《中华人民共和国计量法实施细则》规定，已经取得计量认证合格证书的产品质量检验机构，需新增检验项目时，不必再申请单项计量认证。（　　）

答案：×

4.《中华人民共和国计量法实施细则》规定，依据中华人民共和国计量法实施细则的规定社会公用计量标准对社会上实施计量监督具有公证作用。（　　）

答案：√

5.《中华人民共和国计量法实施细则》规定，计量器具经检定不合格的，应在检定证书上注明不合格。（　　）

答案：×

6.《中华人民共和国计量法实施细则》规定，有故障的测量设备在故障被排除后就可以投入使用。（　　）

答案：×

7.《中华人民共和国计量法实施细则》规定，从测量误差的观点来看，电能表检定装置的准确度，反映了各类误差的综合，包括装置的系统误差和随机误差。（　　）

答案：√

8.《中华人民共和国计量法实施细则》规定，当测量结果的不确定度很大时，其随机误差绝对值不一定很大。（　　）

答案：√

9.《中华人民共和国计量法实施细则》规定，企业、事业单位建立本单位各项最高计量标准，须向与其主管部门同级的人民政府计量行政部门申请考核。（　　）

答案：√

四、简答题

1.《中华人民共和国计量法实施细则》规定，计量标准器具（简称计量标准）的使用，必须具备哪些条件？

答案：（1）经计量检定合格；

（2）具有正常工作所需要的环境条件；

（3）具有称职的保存、维护、使用人员；

（4）具有完善的管理制度。

2.《中华人民共和国计量法实施细则》规定，计量检定人员不得有哪些行为？

答案：计量检定人员有下列行为之一的，给予行政处分；构成犯罪的，依法追究刑事责任。

（1）伪造检定数据的；

（2）出具错误数据，给送检一方造成损失的；

（3）违反计量检定规程进行计量检定的；

（4）使用未经考核合格的计量标准开展检定的；

（5）未经考核合格执行计量检定的。

3.《中华人民共和国计量法实施细则》规定，计量基准器具（简称计量基准）的使用必须具备哪些条件？

答案：（1）经国家鉴定合格；

（2）具有正常工作所需要的环境条件；

（3）具有称职的保存、维护、使用人员；

（4）具有完善的管理制度。符合上述条件的，经国务院计量行政部门审批并颁发计量基准证书后，方可使用。

五、案例分析题

一天早晨，某省电力公司检定人员老张在检定一件计量器具之前，对需要使用的计量标准器具进行例行检查时发现标准器具有些量程有超差现象，而标准器具有效期内的检定结果是合格的。他打开该计量标准器具的使用记录，未见最近的使用记录和设备状态的记载。老张记得昨天见过本组的小李曾使用过这台设备，于是向小李询问。小李说他没注意标准器具是否失准，不过感觉最近被检计量器具不合格率增高。小李是刚到本单位一个月的新职工，还未受过系统的培训，由于最近工作量很大，组里人手不够，很多检定工作，组长就叫小李去做了。请说明案例中哪些行为不符合国家电网公司计量工作管理的相关规定？接下来该单位应做些什么？

答案：依据国家电网公司计量工作管理的相关规定，用于量值传递的计量标准器具，其使用必须具备以下条件：

（1）经计量检定合格，并具有有效合格证。

（2）具有符合计量检定规程规定的环境条件。

（3）具有有效执业资格证书的计量人员。

（4）具有完善的管理制度。

案例中单位疏于监督管理，未能执行公司规定，新职工小李未经过系统培训也未取得有效执业资格证书，不能承担检定任务。

接下来该单位应该采取以下措施：

（1）检定人员老张发现标准器具有些量程超差，应立即向单位领导报告，并对该计量标准器具进行标识，记录故障发生的时间、地点、起因和详细经过，相关数据信息形成运行分析报告纳入计量标准文件集。

（2）对经确认的计量标准器具故障，计量标准使用单位组织故障调查，查清事故原因，形成书面分析报告及考核处理意见，并按照故障计量标准实施处理。对计量性能可能受到影响的计量标准，应立即停用并进行量值溯源，确认计量标准计量性能未受到影响方可继续开展工作。故障期间检定计量器具按程序文件追回重新检定。

（3）应根据标准使用情况和标准器具溯源周期，制订计量标准器具期间核查计划，采用科学合理的期间核查方法。

（4）每年应开展计量标准运行分析，分析标准稳定性、准确性、可靠性等指标，相关数据形成运行分析报告纳入计量标准文件集，供后期计量标准考核使用。

（5）加强人员培训和体系管理，每次检定工作前做好计量标准器具的使用记录和状态记载。

第二章 用电信息采集管理办法

第一节　用电信息采集故障现象甄别和处置手册

一、填空题

1. 《国网营销部关于印发〈用电信息采集故障现象甄别和处置手册〉的通知》（营销计量〔2015〕33 号）规定，当发生数据采集失败的故障时，首先透抄电能表实时数据，内容包括电能表总电量、分时电量等数据，根据电能表数据透抄情况将故障分为_____和_____两种情况。

答案：数据采集失败，但透抄电能表实时数据成功　　数据采集失败，且透抄电能表实时数据失败

2. 《国网营销部关于印发〈用电信息采集故障现象甄别和处置手册〉的通知》规定，发现故障现象时，优先从主站侧分析查找原因，提升主站_____，降低现场工作难度和工作量。

答案：排除故障能力

3. 《国网营销部关于印发〈用电信息采集故障现象甄别和处置手册〉的通知》规定，用电信息采集系统其安全可靠运行直接关系到智能电网_____、_____、_____发展水平。

答案：信息化　　自动化　　互动化

4. 《国网营销部关于印发〈用电信息采集故障现象甄别和处置手册〉的通知》规定，造成数据采集失败的常见原因之一是采集终端软件_____不兼容、_____缺陷等。

答案：通信协议　　自身程序

5. 《国网营销部关于印发〈用电信息采集故障现象甄别和处置手册〉的通知》规定，造成数据采集时有时无的常见原因之一是_____，导致电能表与集中器通信距离过远，载波或微功率信号衰减严重。

答案：台区供电半径过大

6. 《国网营销部关于印发〈用电信息采集故障现象甄别和处置手册〉的通知》规定，_____是指终端无法正常登录采集系统主站的现象。

答案：终端离线

7. 《国网营销部关于印发〈用电信息采集故障现象甄别和处置手册〉的通知》规定，判断终端通信参数是否正确，可通过_____或_____，如主站 IP、端口号、APN、终端地址等参数。

答案：终端面板按键　　掌机检查

二、不定项选择题

1. 《国网营销部关于印发〈用电信息采集故障现象甄别和处置手册〉的通知》规定，在现场分析终端频繁登录主站，发现信号强度弱或不稳定时，可采取以下（　　）措施。

A. 加装外延天线
B. 加装信号放大器
C. 更换其他运营商通信模块
D. 联系运营商处理

答案：ABD

2. 《国网营销部关于印发〈用电信息采集故障现象甄别和处置手册〉的通知》规定，用电信息采集故障是指由（　　）失去或降低其规定功能造成数据采集异常的现象。

A. 主站
B. 通信信道
C. 采集终端
D. 电能表

答案：ABCD

3. 《国网营销部关于印发〈用电信息采集故障现象甄别和处置手册〉的通知》规定，检查采集终端远程通信模块接口输出的电压值，应在（　　）V范围内。

A. 3.8 ~ 4.2
B. 3.8 ~ 6.0
C. 3.0 ~ 4.2
D. 3.8 ~ 5

答案：A

4. 《国网营销部关于印发〈用电信息采集故障现象甄别和处置手册〉的通知》规定，用电信息采集典型故障可归纳为（　　）大类常见故障现象。

A. 6
B. 7
C. 8
D. 9

答案：A

5. 《国网营销部关于印发〈用电信息采集故障现象甄别和处置手册〉的通知》规定，对于数据采集失败，且透抄电能表实时数据失败的故障，按照以下步骤进行故障分析及处理，即现场检查终端电源线是否（　　）。

A. 单相
B. 三相
C. 缺相
D. 虚接

答案：CD

6. 《国网营销部关于印发〈用电信息采集故障现象甄别和处置手册〉的通知》规定，检查终端任务是否正确下发，低压采集点通常配置电能表日冻结任务，公、专变采集点还应配置（　　）曲线等任务。

A. 电压
B. 电流
C. 功率
D. 功率因数

答案：ABC

7. 《国网营销部关于印发〈用电信息采集故障现象甄别和处置手册〉的通知》规定，为提高各省公司故障处理能力，国网营销部不断加强采集系统各环节管理，积极开展用电信息（　　）现象甄别、原因分析和处置方法等相关内容研究。

A. 各子系统
B. 采集终端

C. 采集故障   D. 终端故障

答案：C

8.《国网营销部关于印发〈用电信息采集故障现象甄别和处置手册〉的通知》规定，由于采集系统组成（   ）众多、现场环境多变、设备供应商技术水平参差不齐，从而给采集系统日常调试运维工作带来巨大挑战。

A. 结构紧凑   B. 层级

C. 结构复杂   D. 通信方式

答案：CD

9.《国网营销部关于印发〈用电信息采集故障现象甄别和处置手册〉的通知》规定，为早日实现公司范围内电力客户的全覆盖（   ），亟需加强采集系统的故障分析和处理能力。

A. 全预付费   B. 自动终端缴费

C. 全采集   D. 全费控

答案：CD

三、判断题

1.《国网营销部关于印发〈用电信息采集故障现象甄别和处置手册〉的通知》规定，采集终端发生停电或复电时，应及时向主站上报停电和复电报文，报文内停复电时间须准确无误。停复电时间错报，是采集终端软件存在缺陷造成的。采集终端电池电压低、电池接触不良等，不会造成停复电事件异常上报。（   ）

答案：×

2.《国网营销部关于印发〈用电信息采集故障现象甄别和处置手册〉的通知》规定，终端时钟错误，成功校时后中断终端电源，时钟仍然出现偏差，判断为时钟电池失效。（   ）

答案：√

3.《国网营销部关于印发〈用电信息采集故障现象甄别和处置手册〉的通知》规定，采集系统主站运维工作由省公司营销部负责。（   ）

答案：×

4.《国网营销部关于印发〈用电信息采集故障现象甄别和处置手册〉的通知》规定，终端频繁登录主站是指采集终端有规律切换在线离线状态的现象。（   ）

答案：×

5.《国网营销部关于印发〈用电信息采集故障现象甄别和处置手册〉的通知》规定，事件上报异常是指采集终端出现漏报、错报或频繁上报重要事件的现象。（   ）

答案：√

6.《国网营销部关于印发〈用电信息采集故障现象甄别和处置手册〉的通知》规定，数据采集失败是指采集数据与实际数据不一致的现象。（   ）

答案：×

7.《国网营销部关于印发〈用电信息采集故障现象甄别和处置手册〉的通知》规定，

造成终端离线的常见原因之一是由于远程通信模块故障、采集终端故障等原因致使终端无法正常登录主站系统。（　　）

答案：√

8.《国网营销部关于印发〈用电信息采集故障现象甄别和处置手册〉的通知》规定，造成终端频繁登录主站的常见原因之一是采集终端载波模块出现故障。（　　）

答案：×

9.《国网营销部关于印发〈用电信息采集故障现象甄别和处置手册〉的通知》规定，造成数据采集时有时无的常见原因之一是采集终端参数设置错误。（　　）

答案：×

10.《国网营销部关于印发〈用电信息采集故障现象甄别和处置手册〉的通知》规定，造成数据采集时有时无的常见原因之一是采集终端天线安装位置处无线信号强度较弱，无法与主站正常通信。（　　）

答案：×

11.《国网营销部关于印发〈用电信息采集故障现象甄别和处置手册〉的通知》规定，造成数据采集失败的常见原因之一是采集器、电能表故障。（　　）

答案：×

12.《国网营销部关于印发〈用电信息采集故障现象甄别和处置手册〉的通知》规定，主站侧分析终端离线的方法、处置步骤其中之一是判断终端获取的信号是否有信号。（　　）

答案：×

四、简答题

1.《国网营销部关于印发〈用电信息采集故障现象甄别和处置手册〉的通知》规定，用电信息采集故障现象甄别和处置原则是什么？

答案：（1）优先排查主站。发现故障现象时，优先从主站侧分析查找原因，提升主站排除故障能力，降低现场工作难度和工作量。

（2）逐级分析定位。综合考虑用电信息采集各环节实际情况，从系统主站、远程信道、采集终端、智能电能表等维度分段分析、排查问题，实现故障快速、准确定位和处理。

（3）批量优先处理。遇到多起故障时，综合考虑各故障影响范围、恢复时间及抢修难度，优先处理影响用户多、修复难度小的故障。

（4）一次处置到位。对于同一区域/台区发现的不同故障，尽量一次派工同步进行排查、处理。根据可能的故障原因，提前备好物料，力争一次性做好故障处置。

2.《国网营销部关于印发用电信息采集故障现象甄别和处置手册的通知》规定，用电信息采集系统透抄电能表实时数据失败，应检查哪些方面？

答案：（1）主站侧检查终端参数是否正确设置并下发。

（2）主站侧检查终端任务是否正确下发。

（3）现场检查终端电源线是否缺相。

（4）现场检查终端载波模块是否故障，现场检查 RS－485 接线是否正常或现场检查终端微功率无线模块是否故障。

（5）现场检查终端是否故障。

（6）现场检查电能表是否故障。

（7）现场检查终端和电能表 RS－485 端口是否损坏。

（8）现场检查终端、电能表是否故障。

3.《国网营销部关于印发〈用电信息采集故障现象甄别和处置手册〉的通知》规定，集中器不能抄读部分载波表的原因有哪些？

答案：（1）路由器的运行模式，失败表的表端载波芯片不能兼容。

（2）台区划分不明确，抄不到的表不属于该集中器抄读的台区。

（3）抄不到的表与能抄到的电能表之间距离太远，无法建立中继。

（4）抄不到的表与能抄到的电能表之间存在大衰减点。

4.《国网营销部关于印发〈用电信息采集故障现象甄别和处置手册〉的通知》规定，GPRS 终端能获得 IP 但无法与主站连接的原因有哪些？

答案：（1）移动通道故障。

（2）路由器故障或路由器未配置相应 IP 地址段的路由。

（3）主站通信设备故障。

（4）终端通信参数（主站 IP、端口号、APN 节点）配置错误。

五、案例分析题

1. 某台区采用集中器＋采集器＋485 电能表方式，调试人员发现一采集器下 16 块电能表所有数据全部抄不到，调试人员更换经测试正常的采集器，仍不能解决问题，则应从哪些方面进行分析？

答案：（1）在主站查看档案和集中器中相应测量点参数，如集中器中测量点端口号（台区居民应为 31）、表类型、表规约、表地址配置是否正常。

（2）检查所有 485 电能表是否通电。

（3）核查户变关系。

（4）查看 485 接线是否正常，是否有虚接及螺钉拧在 485 线绝缘皮上现象，重点检查 RS－485 线有无短接现象及采集终端到电表 RS－485A、B 接线端是否对应正确。

（5）检查电表或采集器 RS－485 接口是否损坏，RS－485－A 与 B 之间的电压是否正常。

（6）采集器接线是否正确，电压是否正常。

（7）采集信道是否通畅。

（8）采集器与集中器载波模块是否匹配。

2. 某供电公司文化路 100 号院 5 号箱变（金属箱体）在进行集中器数据召测时，有时召测到完整数据，有时召测到一部分数据，另一部分用户提示终端无回码无法抄到数据，运维人员到现场按要求打开箱变门进行检查：参数设置正确、内置天线已安装、信号基本符合要求，电话联系主站人员进行数据召测，能召测到完整数据，于是按要求关闭箱变门，此工作结束。但是刚离开该小区就接到主站人员电话：问题依旧。经过这样多次反复运维，一直没有解决问题。

（1）用电信息采集系统数据召测时提示终端无回码表示什么？

（2）本案例为何运维人员一离开现场故障现象就复现？重点应检查哪些内容？

（3）根据本案例背景你准备如何解决这个问题？

答案：（1）用电信息采集系统数据召测时提示终端无回码说明此时主站与终端通信信号微弱。

（2）本案例中运维人员在现场时箱变门是打开状态，此时信号基本满足，离开后箱变门是关闭状态，金属箱体屏蔽了 GPRS 信号，所以问题就会复现。

重点应检查 SIM 卡运行状况、天线。

（3）根据背景情况，准备按以下步骤进行处理：更换大增益天线按要求工艺施工，并使天线放置金属箱体外部。按要求关闭箱变门并联系主站进行测试。

3. 对于数据采集失败，但透抄电能表实时数据成功的故障，应按照哪些步骤进行故障分析及处理？

答案：（1）主站侧检查终端任务是否正确下发。故障分析：检查终端任务是否正确下发，低压采集点通常配置电能表日冻结任务，公用变压器、专用变压器采集点还应配置电压、电流、功率曲线等任务。故障处理：若终端任务设置错误或未下发，则正确设置并重新下发。

（2）主站侧检查终端、电能表时钟是否正确。故障分析：终端、电能表时钟与主站时钟偏差会造成日冻结数据采集失败，通过主站召测终端、电能表时钟，核对时钟是否正确。故障处理：通过主站对时钟偏差在 5min 内的电能表进行远程校时，对时钟偏差超过 5min 的电能表可进行现场校时。若校时仍不成功，则更换电能表，终端时钟偏差可通过主站远程校时。

（3）现场检查终端是否故障。故障分析：检查终端所接入的其他电能表数据是否采集成功，若成功则表明终端正常，反之，则通过升级、更换终端后观察故障是否消除。若故障消除，则表明终端发生故障。故障处理：若终端故障，则升级或更换终端。

（4）现场检查电能表是否无法冻结数据。故障分析：通过掌机确认电能表冻结数据是否正常。故障处理：更换电能表。

4. ××供电公司家属院共 620 块电能表，由两个相邻的变压器分别供电。1 号变压器下带 320 块电能表。2 号变压器下带 300 块电能表，2017 年 1 月 10 日进行载波表改造，并分别建立了档案，参数下发，抄表正常。2017 年 1 月 20 日 1 号变集中器因黑屏被拆掉维修，但是 2017 年 1 月 23 日通过 2 号变集中器查到了 1 号变下载波表的数据（没有人对 2 号变集中器下发 1 号变的电表信息），请问这是什么原因？

答案：根据《电力用户用电信息采集系统技术规范》电能表在集中器之间的选择和切换的规定，使用低压电力线载波通信时，如果存在载波信号的窜扰，采集器和电能表宜优先注册到同台区的集中器下。除此之外，采集器和电能表宜注册到通信情况较好的集中器下，具体情况为，采集器和电能表与所属的电能表最后一次通信的 24h 内，该采集器和电能表不注册到另外一个集中器上；若连续超过 24h 与原属集中器通信不成功，如果有集中器可供注册，则注册到新的集中器上。

5. 某载波采集模式台区，集中器下全部电表日冻结数据采集失败，透抄电能表实时数据失败，主站侧召测终端参数、任务、终端时钟均全部正确，采集终端交流采样回路电压正常，请分析故障原因？

答案：电能表采集不到可能有如下几种情况：

（1）档案问题，如集中器内无电能表档案，户变关系不一致。

（2）参数设置错误。

（3）集中器载波模块故障，电能表载波模块故障，集中器载波模块与电能表载波模块不是同一个载波方案，集中器载波模块与户表载波模块是同一个载波方案，但是载波模块软件新老不兼容。

（4）现场环境干扰，在集中器或电表安装点附近有强干扰源，导致载波信号衰减。

（5）电表侧停电，导致集中器抄不到电表。

（6）电能表时钟偏差，或电能表出现电池欠压。

（7）接线问题，集中器用地线当中性线用，集中器中性线未接。

（8）集中器软件问题。

6. 在采集系统运维过程中发现某采集台区用户数 352 户，多层房型结构一梯三户、一梯四户，采用半载波方式组网，采集成功率在 85% ~ 99.3% 范围内徘徊，采集成功率不稳定。请综合分析该台区可能导致采集不稳定的原因及解决方法？

答案：（1）集中器 GPRS 信号弱，导致采集数据上传不全。解决方法：加强 GPRS 信号，延长天线等。

（2）部分采集器载波信号不稳定，导致采集不稳定。解决方法：更换采集设备、同相安装等。

（3）台区关联关系不正确，因载波信号跨台区穿越，穿越部分载波信号不稳定。解决方法：梳理户变关系，更改档案并下发。

（4）部分采集器元器件老化，接收、发送信号能力下降，导致采集数据不稳定。解决方法：更换采集器。

（5）采集器下接的电表 RS‑485 通信不稳定，导致采集数据不稳定。解决方法：更换采集器，加装匹配电阻，加装采集器、拆分采集器带电表数量等。

7. 某市供电公司 AAA 台区位于郊区，该台区采用全载波采集模式，在用电采集系统建设时仅轮换了表计，未进行线路改造，线路比较老化，另外部分表计离集中器较远，导致采集成功率只有85%左右，其他失败用户均提示终端有回码但数据无效。系统提示终端有回码但数据无效表示什么？终端有回码但数据无效问题的处理步骤是什么？

答案：系统提示终端有回码但数据无效表示终端未采集到电表的冻结示数。

终端有回码但数据无效问题的处理步骤如下：

（1）检查测量点参数等信息是否正确。

（2）召测终端的参数是否正确，若不一致应重新下发。

（3）现场核查是否出现接线错误或模块松动等现场及设备问题，对于离变压器较远的应适当加装载波放大器。

第二节 用电信息密钥管理办法

一、填空题

1. 《国家电网公司用电信息密钥管理办法》［国网（营销/4）280—2014］规定，系统机房应安装门禁和安防监控设备，安防监控信息至少应保存_____以上。

答案：半年

2. 《国家电网公司用电信息密钥管理办法》规定，密管系统所用密钥应在_____内使用硬件随机数发生器产生，生成密钥的随机数应符合随机性检测规范。

答案：密码机

3. 《国家电网公司用电信息密钥管理办法》规定，密钥存储须采用专用密码设备，确保密钥的机密性，防止未授权密钥的泄露和替换。严禁将密钥导入_____中。

答案：其他非指定的设备及载体

4. 《国家电网公司用电信息密钥管理办法》规定，密管系统和密码生产、应用系统均应按照职责权限设置_____、_____、_____，系统三员必须具有对党忠诚、严守机密、遵守纪律的公司在编正式员工，填写《密码工作管理人员登记表》。

答案：系统管理员　　系统安全员　　系统审计员

5. 《国家电网公司用电信息密钥管理办法》规定，将密钥的密级确定为核心商密，密钥管理办法的密级确定为普通商密，保密期限为_____。

答案：长期

6. 根据《国家电网公司用电信息密钥管理办法》规定，投入使用的密码设备须经_____安全性测试，满足密管系统及相关业务系统使用要求，方可投入使用。

答案：国网计量中心

7. 《国家电网公司用电信息密钥管理办法》规定，用电信息采集终端中密钥泄露属于_____级安全事件。

答案：二

8. 《国家电网公司用电信息密钥管理办法》规定，密钥管理坚持_____、_____的原则。

答案：预防为主　　强化管理

9. 《国家电网公司用电信息密钥管理办法》规定，密码是将可识别信息转变为无法识别信息的一种混淆技术，包括_____、_____等。

答案：密码算法　　密码协议

10. 《国家电网公司用电信息密钥管理办法》规定：执行根密钥的_____、_____、_____等操作时，必须对根密钥进行完全备份。

答案：生成　　删除　　更新

11. 《国家电网公司用电信息密钥管理办法》规定：_____、_____或

_____的密钥应及时使用专业的设备，按规定方法删除或销毁。

答案：失效　　作废　　泄露

二、不定项选择题

1. 《国家电网公司用电信息密钥管理办法》规定，国网信通部履行以下职责（　　）。

A. 负责审查用电信息密钥、密管系统和密码生产、应用系统的安全防护方案

B. 负责组织用电信息密钥、密管系统、安全芯片的信息安全评测工作

C. 负责密管系统和密码生产、应用系统密钥应用方案的制定与技术评估

D. 负责用电信息密钥应用的信息安全督察及信息安全事件的调查处理工作

E. 配合公司密码办对用电信息密钥应用方案及应用算法的合规性审查工作

答案：ABDE

2. 《国家电网公司用电信息密钥管理办法》规定，以下（　　）属于密管系统二级安全事件。

A. 系统遭受入侵，机密数据外泄　　B. 系统管理员、安全员、审计员 USB – KEY 丢失

C. 涉密文档及资料丢失　　　　　　D. 携带密钥的密码机丢失

答案：B

3. 《国家电网公司用电信息密钥管理办法》规定，（　　）负责定期对系统管理员、系统安全员及其他操作人员的操作行为进行安全审计和监督检查，及时发现违规行为等。

A. 系统管理员　　　　　　　　　　B. 系统安全员

C. 系统审计员　　　　　　　　　　D. 系统维护员

答案：C

4. 《国家电网公司用电信息密钥管理办法》规定，（　　）负责系统安全策略的制定与配置。

A. 系统管理员　　　　　　　　　　B. 系统安全员

C. 系统审计员　　　　　　　　　　D. 系统维护员

答案：B

5. 《国家电网公司用电信息密钥管理办法》规定，（　　）负责系统的日常运行维护、角色管理、系统升级与备份等工作；负责密码机开机 KEY 的管理，负责对业务操作员和系统维护员等其他涉密人员的管理。

A. 系统管理员　　　　　　　　　　B. 系统安全员

C. 系统审计员　　　　　　　　　　D. 系统维护员

答案：A

6. 《国家电网公司用电信息密钥管理办法》规定，以下（　　）不属于密钥管理中省公司计量中心的职责。

A. 制订与实施本省公司的密钥安全防护方案

B. 制订本单位密钥管理实施方案

C. 负责协调本单位相关机房、信息设备和网络管理工作

D. 负责本单位密码机丢失事件的调查处理

答案：C

7.《国家电网公司用电信息密钥管理办法》规定，国网级密管系统机房应根据《处理涉密信息的电磁屏蔽室的技术要求和测试方法》（　　）级标准要求建设电磁屏蔽机房。

A. A　　　　　　　　　　　　B. B

C. C　　　　　　　　　　　　D. D

答案：C

8.《国家电网公司用电信息密钥管理办法》规定，密管系统机房建设应满足分区管理、分域访问的要求，机房类型和等级应符合《信息安全技术－信息系统安全等级保护基本要求》（GB/T 22239—2008）第（　　）级的基本要求。

A. 一　　　　　　　　　　　　B. 二

C. 三　　　　　　　　　　　　D. 四

答案：C

9.《国家电网公司用电信息密钥管理办法》规定，根据密钥安全事件的性质和所造成后果的严重程度将安全事件等级划分为三级。三级安全事件是指部分数据损坏或丢失，对系统局部安全有轻微影响的事件。（　　）属于三级安全事件。

A. 参数预置卡丢失　　　　　　B. 增加电量卡丢失

C. 用电信息采集终端中密钥泄漏　D. 电表、用户卡中密钥泄漏

E. 涉密文档及资料丢失

答案：ABDE

10.《国家电网公司用电信息密钥管理办法》规定，密管系统机房建设应满足（　　）的要求。

A. 分区管理　　　　　　　　　B. 分区建设

C. 分域访问　　　　　　　　　D. 分等级访问

答案：AC

11.《国家电网公司用电信息密钥管理办法》规定，根据密钥安全事件的性质和所造成后果的严重程度将安全事件等级划分为三级。一级安全事件是指发生重大故障或灾难性事故，对系统安全造成重大影响的事件。（　　）属于一级安全事件。

A. 根密钥泄露、被攻破或丢失　　B. 有 3 段或 3 段以上密钥明文被盗、丢失或损坏

C. 携带密钥的密码机丢失　　　　D. 密钥备份卡丢失 2 张及以上

E. 系统遭受入侵，机密数据外泄

答案：ACE

12.《国家电网公司用电信息密钥管理办法》规定，密钥管理坚持预防为主、强化管理的原则，做到（　　），切实保障密钥安全。

A. 考核到位　　　　　　　　　B. 制度齐全

C. 职责清晰　　　　　　　　　D. 流程规范

答案：BCD

13.《国家电网公司用电信息密钥管理办法》规定，电能表采集终端检测人员根据操

作权限对电能表、采集终端进行密钥下装和（　　）操作。

  A. 密钥更新   B. 密钥恢复

  C. 密钥删除   D. 密钥更改

  答案：B

三、判断题

  1. 《国家电网公司用电信息密钥管理办法》规定，密码机仅允许系统服务器访问，其他设备均不允许访问。（　　）

  答案：√

  2. 根据《国家电网公司用电信息密钥管理办法》规定，携带密钥的现场服务终端丢失属于一级安全事件。（　　）

  答案：×

  3. 《国家电网公司用电信息密钥管理办法》规定，密管系统和密码生产、应用系统在运行过程中出现三级安全事件时，责任单位应立即上报各省计量中心。（　　）

  答案：×

  4. 《国家电网公司用电信息密钥管理办法》规定，系统安全员负责系统的日常运行维护、角色管理、系统升级与备份等工作；负责密码机开机 KEY 的管理，负责对业务操作员和系统维护员等其他涉密人员的管理。（　　）

  答案：×

  5. 《国家电网公司用电信息密钥管理办法》规定，密钥更新或重置前应经国网营销部、国网信通部和公司密码办会签审批。审批通过后，对该密钥及由该密钥保护的密钥进行更新或重置；旧密钥应立即采用专用设备销毁。（　　）

  答案：×

  6. 《国家电网公司用电信息密钥管理办法》规定，省、地市级密钥管理系统不要求建设电磁屏蔽机房。（　　）

  答案：√

  7. 《国家电网公司用电信息密钥管理办法》规定，密码机仅允许系统服务器访问，其他设备均不允许访问；系统部署在信息内网，不允许通过任何方式将密码机直接或间接地与信息外网连接。（　　）

  答案：√

四、简答题

  1. 《国家电网公司用电信息密钥管理办法》规定，安全芯片生产发行单位和国网计量中心签订的安全承诺书包括哪些内容？

  答案：安全芯片生产发行单位安全承诺书包括国网级安全芯片生产发行系统的机房管理、安全管理、人员管理、密码设备管理、安全事件和应急事件的处理。

  2. 《国家电网公司用电信息密钥管理办法》规定了密钥管理的哪些内容？

  答案：《国家电网公司用电信息密钥管理办法》规定了密钥管理的职责分工、密钥体系安全性要求、密码设备管理、系统建设与运行维护管理、人员管理、风险管理、安全事件报告及处理、检查与考核等内容。

第三节　用电信息采集系统时钟管理办法

一、填空题

1. 《国家电网公司用电信息采集系统时钟管理办法》［国网（营销/4）384－2014］规定，以_____、_____为单元编制主站每月时钟巡检计划，时钟巡视周期原则上为 7 天。

答案：台区　　线路

2. 《国家电网公司用电信息采集系统时钟管理办法》规定，用电信息采集系统时钟是指采集系统的主站、_____、采集终端检定（测）装置和_____的时钟。

答案：电能表　　计量生产调度平台

3. 《国家电网公司用电信息采集系统时钟管理办法》规定，对时钟偏差大于_____的电能表，用现场维护终端对其现场校时前，应先用标准时钟源对_____校时，再对电能表校时。

答案：5min　　现场维护终端

4. 《国家电网公司用电信息采集系统时钟管理办法》规定，在_____环节，用检定（测）装置时钟对电能表进行校时，校时与_____同步进行。

答案：检验　　检测

5. 《国家电网公司用电信息采集系统时钟管理办法》规定，省计量中心应严格管控电能表和采集终端计时单元质量，在电能表和采集终端供货前和_____环节，认真比对时钟单元设计电路、时钟芯片和时钟电池的制造商、型号及规格等技术参数，防止供应商擅自更改设计或使用劣质元器件。

答案：到货后样品比对

6. 《国家电网公司用电信息采集系统时钟管理办法》规定，省计量中心和地市（县）供电企业应在检定（测）业务开展前，使用计量生产调度平台时钟对检定（测）装置时钟进行校时，确保检定（测）装置的时钟误差小于_____ s/天。

答案：0.1

7. 《国家电网公司用电信息采集系统时钟管理办法》规定，定期用标准时钟源校准采集系统主站的时钟，校准周期最长为日，同步精度优于 ±_____ μs，保证采集系统主站时钟误差小于_____ s/天。

答案：0.2　　0.1

8. 《国家电网公司用电信息采集系统时钟管理办法》规定，时钟管理检查与考核工作应遵循的原则有_____、_____。

答案：分级管理　　逐级考核

二、不定项选择题

1.《国家电网公司用电信息采集系统时钟管理办法》规定，当终端时钟误差超过允许值后，主站启动（　　），终端生成对时事件，可由主站召测或终端主动上报对时是否成功。

A. 主站对时　　　　　　　　B. 电能表对时

C. 采集终端对时　　　　　　D. 卫星对时

答案：C

2.《国家电网公司用电信息采集系统时钟管理办法》规定，一月内连续（　　）次校时后，时钟偏差仍大于5min的采集终端或电能表视为存在故障，立即进行处理。

A. 1　　　　　　　　　　　　B. 2

C. 3　　　　　　　　　　　　D. 14

答案：B

3.《国家电网公司用电信息采集系统时钟管理办法》规定，采集终端时钟校时在运行环节，采集系统主站对偏差大于1min但小于（　　）min的采集终端直接进行远程校时。

A. 1　　　　　　　　　　　　B. 3

C. 5　　　　　　　　　　　　D. 10

答案：C

4.《国家电网公司用电信息采集系统时钟管理办法》规定，标准时钟源对采集系统主站的时钟校准周期最长为（　　）。

A. 日　　　　　　　　　　　　B. 周

C. 小时　　　　　　　　　　　D. 月

答案：A

5.《国家电网公司用电信息采集系统时钟管理办法》规定，选择（　　）源之一作为标准时钟源，省公司应选用同一种时钟源。

A. 北斗卫星导航系统　　　　　B. GPS全球卫星定位系统

C. NTP网络时钟　　　　　　　D. 北京时间

答案：ABC

6.《国家电网公司用电信息采集系统时钟管理办法》规定，采集系统主站时钟运行管理应监测分析电能表和采集终端（　　）等异常事件，自动提示异常信息。

A. 时钟超差　　　　　　　　　B. 电池欠压

C. 停电　　　　　　　　　　　D. 参数变更

答案：AB

7.《国家电网公司用电信息采集系统时钟管理办法》规定，按照时钟巡视周期（原则上为7天），以（　　）为单元编制主站每月时钟巡检计划。

A. 台区　　　　　　　　　　　B. 街道

C. 线路　　　　　　　　　　　D. 楼宇

答案：AC

8. 《国家电网公司用电信息采集系统时钟管理办法》规定，在校验环节，用检定装置时钟对采集终端进行校时，校时与检测的顺序是（　　）。

A. 先校时后检测　　　　　　　　B. 先检测后校时

C. 同步进行　　　　　　　　　　D. 没有顺序

答案：C

9. 《国家电网公司用电信息采集系统时钟管理办法》规定，时钟校时是指将（　　）的时钟及计量生产调度平台的时钟和上一级时钟源比对后，对超出误差范围的时钟进行校对的过程。

A. 现场维护终端　　　　　　　　B. 采集系统的主站

C. 电能表　　　　　　　　　　　D. 采集终端

答案：BCD

10. 《国家电网公司用电信息采集系统时钟管理办法》规定，国网计量中心开展电能表和采集终端全性能试验中的时钟检测工作，对检测合格的电能表和采集终端制作时钟芯片元器件比对清单、（　　）等比对资料，并按时将比对资料发送给省计量中心。

A. 硬件电路　　　　　　　　　　B. 时钟电池

C. PCB 相片　　　　　　　　　　D. 参数配置

答案：C

三、判断题

1. 《国家电网公司用电信息采集系统时钟管理办法》规定，招标（含物资和设计、施工、监理等服务）采购过程应按照公司物资集约化管理要求，由公司总部或省公司统一组织实施；对单项投资达到 5000 万元以上的采集项目必须实施监理管理。（　　）

答案：×

2. 《国家电网公司用电信息采集系统时钟管理办法》规定，采集终端安装质量验收标准中对接线的要求为，二次回路的连接导线应采用铜质绝缘导线，电压二次回路至少应不小于 4mm^2，电流二次回路至少应不小于 2.5mm^2。（　　）

答案：×

3. 《国家电网公司用电信息采集系统时钟管理办法》规定，单项工程验收是对施工单位完成的最小综合体的验收，一般以台区划分。验收内容以工程质量和工程量核查为主。（　　）

答案：×

4. 《国家电网公司用电信息采集系统时钟管理办法》规定，采集系统建设应符合坚强智能电网统一规划、统一标准、统一建设的要求，严格执行公司用电信息采集系统、智能电能表、采集系统主站软件标准化设计等技术标准和安全防护相关规定。（　　）

答案：√

5. 《国家电网公司用电信息采集系统时钟管理办法》规定，综合验收是由建设管理单位对其完成的年度采集项目进行的全面验收与评价。（　　）

答案：×

6. 《国家电网公司用电信息采集系统时钟管理办法》规定，抽样坚守试验应在15个工作日内完成。（　　）

答案：×

7. 《国家电网公司用电信息采集系统时钟管理办法》规定，全覆盖指采集系统覆盖公司经营区域内包括结算关口、大型专变用户、中小型专变用户、一般工商业用户、居民用户的全部电力用户计量点和公用配变考核计量点。（　　）

答案：√

8. 《国家电网公司用电信息采集系统时钟管理办法》规定，国网营销部负责组织开展电能表和采集终端集中招标采购，负责组织开展产品供货履约和质量问题的协调处理。（　　）

答案：×

9. 《国家电网公司用电信息采集系统时钟管理办法》规定，全费控指采集系统在功能设计、设备选型中应满足费控和负控业务要求，全面支持远程、本地控制。（　　）

答案：√

10. 《国家电网公司用电信息采集系统时钟管理办法》规定，采集终端时钟运行准确率，采集终端时钟运行正常的电能表数量/运行电能表总数量，考核指标统计周期是按日统计。（　　）

答案：×

11. 《国家电网公司用电信息采集系统时钟管理办法》规定，在运行环节，使用采集主站或采集终端对时钟偏差在 6～10min 范围内的电能表进行远程校时。（　　）

答案：×

12. 《国家电网公司用电信息采集系统时钟管理办法》规定，省公司计量中心负责统计分析省公司时钟运行质量问题，对出现时钟质量问题的电能表和采集终端进行故障分析。（　　）

答案：√

13. 《国家电网公司用电信息采集系统时钟管理办法》规定，用电信息采集系统要求主站校时时刻应避免在每日零点、整点时刻附近，避免影响电能表数据冻结。（　　）

答案：√

14. 《国家电网公司用电信息采集系统时钟管理办法》规定，在采集系统主站和计量生产调度平台配置标准时钟源。（　　）

答案：√

四、简答题

1. 《国家电网公司用电信息采集系统时钟管理办法》规定，什么是时钟校时？

答案：时钟校时是指将采集系统的主站、电能表、采集终端的时钟及计量生产调度平台的时钟和上一级时钟源比对后，对超出误差范围的时钟进行校对的过程。

2. 《国家电网公司用电信息采集系统时钟管理办法》规定，采集终端时钟校时有哪些要求？

答案：（1）在检验环节，用检定（测）装置时钟对采集终端进行校时，校时与检测同步进行。

（2）在运行环节，采集系统主站对偏差大于1min但小于5min的采集终端直接进行远程校时。

（3）对时钟偏差大于5min的采集终端，用现场维护终端对其现场校时前，应先用标准时钟源对现场维护终端校时，再对采集终端校时。

3.《国家电网公司用电信息采集系统时钟管理办法》规定，用电信息采集系统时钟管理中有哪些相关考核指标？

答案：电能表检测环节校时完成率、采集设备检测环节校时完成率、电能表运行环节校时完成率、采集设备运行环节校时完成率、电能表时钟运行准确率、采集终端时钟运行准确率。

第四节　用电信息采集系统建设管理办法

一、填空题

1.《国家电网公司用电信息采集系统建设管理办法》［国网（营销/4）383—2014］规定，_____是采集项目全过程管理中的重点内控环节，应在完成单项工程竣工验收的基础上开展。

答案：项目审计

2.《国家电网公司用电信息采集系统建设管理办法》规定，单项工程验收是由建设管理单位对施工单位组织完成的若干单元工程的整体验收，一般以_____划分。

答案：标包

3.《国家电网公司用电信息采集系统建设管理办法》规定，国网计量中心负责采集系统建设过程中的_____和_____的质量技术监督工作，协助国网营销部开展采集系统建设管控工作。

答案：计量装置　　采集设备

4.《国家电网公司用电信息采集系统建设管理办法》规定，采集系统建设的总体目标是实现对公司经营区域内电力用户的全覆盖、全采集、_____。

答案：全费控

5.《国家电网公司用电信息采集系统建设管理办法》规定，采集系统建设应符合坚强智能电网_____、_____、_____的要求。

答案：统一规划　　统一标准　　统一建设

6.《国家电网公司用电信息采集系统建设管理办法》规定，各级营销部门应建立常态化的检查机制，通过_____、_____、报表材料、暗访等多种形式监督检查各单位采集系统建设情况，检查结果将定期公布并纳入各级业绩考核中。

答案：系统核查　　现场检查

7.《国家电网公司用电信息采集系统建设管理办法》规定，_____是国网公司采集系统建设的归口管理部门。

答案：国网营销部

8.《国家电网公司用电信息采集系统建设管理办法》规定，各级建设单位应加强工程退料和废旧物资的监督管理，防止虚列工程和_____的违规行为发生。

答案：私自变卖废旧物资

9.《国家电网公司用电信息采集系统建设管理办法》规定，全面落实现场安全责任，严格执行两票三制、双签发双许可规定，强化作业前_____、_____、挂地线流程和计量标准化作业指导书执行。

答案：停电　　验电

10.《国家电网公司用电信息采集系统建设管理办法》规定，建立完善过程管控机制，准确掌握施工情况，科学组织施工力量，对建设过程中的_____、_____、进度、物资供应等问题进行定期分析和协调，提高项目管理效率。

答案：安全　　质量

11.《国家电网公司用电信息采集系统建设管理办法》规定，单元工程验收是由建设管理单位或监理单位对施工单位组织完成的最小综合体的验收，一般以_____划分。

答案：台区

12.《国家电网公司用电信息采集系统建设管理办法》规定，终端二次回路的连接导线应采用铜质绝缘导线，电压二次回路至少应不小于_____ mm^2，电流二次回路至少应不小于_____ mm^2。

答案：2.5　　4

13.《国家电网公司用电信息采集系统建设管理办法》规定，各级建设单位应加强工程退料和废旧物资回收管理。对工程_____应如实填写退料单并_____。

答案：剩余物资　　及时退料

14.《国家电网公司用电信息采集系统建设管理办法》规定，营销专项计划，由各级_____归口管理，其他相关部门按照职责分工予以配合。

答案：营销部门

二、不定项选择题

1.《国家电网公司用电信息采集系统建设管理办法》规定，遵循（　　）的原则，开展台区采集安装标准化验收。

A. 安装一片 　　　　　　　　B. 调试一片

C. 保证一片 　　　　　　　　D. 应用一片

答案：ABD

2.《国家电网公司用电信息采集系统建设管理办法》规定，采集系统建设应符合坚强智能电网统一规划、统一标准、统一建设的要求，严格执行公司（　　）软件标准化设计等技术标准和安全防护相关规定。

A. 用电信息采集系统 　　　　B. 智能电能表

C. 专变采集终端
D. 集中器、采集器

E. 采集系统主站

答案：ABE

3. 《国家电网公司用电信息采集系统建设管理办法》规定，采集系统建设工程项目由公司总部或省公司统一组织实施招标，对单项投资达到（   ）万元以上的采集项目必须实施监理管理。

A. 1000
B. 2000

C. 3000
D. 5000

答案：C

4. 《国家电网公司用电信息采集系统建设管理办法》规定，相邻单相电能表，垂直中心距应不小于（   ）mm，水平中心距应不小于150mm或侧面水平距离应不小于30mm；电能表外侧距箱壁不小于60mm。

A. 150
B. 250

C. 350
D. 400

答案：B

5. 《国家电网公司用电信息采集系统建设管理办法》规定，电能计量箱门的开闭应灵活，开启角度不小于（   ）。

A. 30°
B. 60°

C. 90°
D. 120°

答案：C

6. 《国家电网公司用电信息采集系统建设管理办法》规定，对用电信息采集工程建设资料应在完成采集工程决算，并且系统运行稳定（   ）年后，由工程管理部门移交纸质记录。

A. 半
B. 1

C. 2
D. 3

答案：A

7. 《国家电网公司用电信息采集系统建设管理办法》规定，验收可分为（   ）。

A. 单元工程验收
B. 单项工程验收

C. 台区验收
D. 综合验收

答案：ABD

8. 《国家电网公司用电信息采集系统建设管理办法》规定，全覆盖指采集系统覆盖公司经营区域内包括结算关口、大型专变用户、中小型专变用户、（   ）的全部电力用户计量点和公用配变考核计量点。

A. 公用配变用户
B. 一般工商业用户

C. 居民用户
D. 军工计量关口

答案：BC

9. 《国家电网公司用电信息采集系统建设管理办法》规定，严格执行质量事故责任追溯制度，（   ）等参与建设单位的有关人员应履行相应的签字手续，承担相应的质量管理责任。

    A. 规划   B. 设计

    C. 施工   D. 监理

    答案：BCD

10.《国家电网公司用电信息采集系统建设管理办法》规定，作业现场全面落实现场安全责任，严格执行（　　）规定，强化作业前停电、验电、挂地线流程和计量标准化作业指导书执行。

    A. 3 种人   B. 两票三制

    C. 双签发双许可   D. 客户侧安全制度

    答案：BC

11.《国家电网公司用电信息采集系统建设管理办法》规定，项目审计应重点审查项目（　　）情况。

    A. 结算   B. 决算

    C. 资金管理   D. 招标采购

    答案：ABCD

三、判断题

1.《国家电网公司用电信息采集系统建设管理办法》规定，省公司应依据本单位电力用户规模和坚强智能电网建设规划编制本单位采集系统建设中长期建设规划或方案，并经由国网公司营销部组织审查与批复。（　　）

    答案：√

2.《国家电网公司用电信息采集系统建设管理办法》规定，各级建设单位应组织各施工单位在开工前履行完整的开工手续，编制施工方案和工程开工报告，其中保证安全的组织措施和技术措施应符合公司安全工作规程要求，经省公司营销部通过后方可组织现场施工。（　　）

    答案：×

3.《国家电网公司用电信息采集系统建设管理办法》规定，在项目竣工验收投运后 2 个月内编制完成竣工结算报告、5 个月内编制完成竣工决算报告，涉及固定资产的应及时办理资产登记手续，实施全寿命周期管理。（　　）

    答案：×

4.《国家电网公司用电信息采集系统建设管理办法》规定，省公司应根据已批复的采集系统建设规划或方案，逐年进行分解，并列入本年度营销储备项目。未履行项目储备的采集系统建设项目原则上不得列入年度综合计划和年度预算。（　　）

    答案：×

5.《国家电网公司用电信息采集系统建设管理办法》规定，专变采集终端整点在线率以周为考核周期。（　　）

    答案：×

6.《国家电网公司用电信息采集系统建设管理办法》规定，综合验收是采集项目结

（决）算的必要条件。综合验收原则上应在单元工程验收后开展。（　　）

答案：×

7.《国家电网公司用电信息采集系统建设管理办法》规定，施工准备包括方案设计、招标采购、合同签订、检测验收、物资领用、开工手续办理等工作。（　　）

答案：√

8.《国家电网公司用电信息采集系统建设管理办法》规定，检查考核应涵盖规划、计划、设计、施工、验收等全过程，内容包括但不限于资金计划完成情况、建设进度、施工质量、优质服务、安全管理等方面。（　　）

答案：√

四、简答题

1.《国家电网公司用电信息采集系统建设管理办法》规定，采集终端安装质量验收标准有哪些？

答案：（1）安装位置应不影响生产检修，便于日常维护。

（2）采集终端应安装在计量箱（柜、屏）指定位置。

（3）采集终端应垂直安装，安装应牢固、稳定、可靠。

（4）采集终端的端钮盖应加封完备。

2.《国家电网公司用电信息采集系统建设管理办法》规定，集终端电源回路接线要求的标准是什么？

答案：满足《电能计量装置技术管理规程》相关要求，二次回路的连接导线应采用铜质绝缘导线，电压二次回路至少应不小于 2.5mm^2，电流二次回路至少应不小于 4mm^2。二次回路导线外皮颜色宜采用：A 相为黄色；B 相为绿色；C 相为红色；中性线为黑色；接地线为黄绿双色。

3.《国家电网公司用电信息采集系统建设管理办法》规定，各级单位应如何加强采集建设的现场施工管理？

答案：加强现场服务质量管理，确保表计换装公告、用户旧表底度确认到户；加强杜绝装表串户的质量管理，建立安装完后必须现场核对户表对应的工作程序；加强档案核查质量管理，营业与计量人员要协同开展台区、终端、户表等档案清理核对工作；加强外包施工队伍管理，实施安全、质量、服务的同质化管理和评价。

第五节　用电信息采集系统通信单元质量监督管理办法

一、填空题

1.《国家电网公司用电信息采集系统通信单元质量监督管理办法》〔国网（营销/4）867—2017〕规定，应根据质量监督结果，准确划定＿＿＿＿＿＿＿，按规定进行相应处理，影响通信单元供货和应用时，应采取应急供应措施。

答案：各类质量问题的评价结论

2.《国家电网公司用电信息采集系统通信单元质量监督管理办法》规定，通信单元到货后样品比对。比对内容应包括芯片供应商及版本型号、通信单元型式、结构、工艺、所用元器件等，从通信单元到货产品中随机抽取_____只，与供货前样品进行比对，样品比对工作应在_____个工作日内完成。

答案：1~2　　2

3.《国家电网公司用电信息采集系统通信单元质量监督管理办法》规定，国网通信单元质量监督工作的归口管理部门是_____。

答案：国网营销部

4.《国家电网公司用电信息采集系统通信单元质量监督管理办法》规定，国网通信单元质量监督工作的技术支撑部门_____。

答案：国网计量中心

5.《国家电网公司用电信息采集系统通信单元质量监督管理办法》规定，对满足互联互通技术标准（涵盖物理层、链路层、应用层协议）要求的通信单元开展主芯片标识管理、主芯片版本备案、主芯片版本比对的国网责任单位是_____。

答案：国网计量中心

6.《国家电网公司用电信息采集系统通信单元质量监督管理办法》规定，通信单元质量监督工作的具体实施部门是_____。

答案：省计量中心

7.《国家电网公司用电信息采集系统通信单元质量监督管理办法》规定，负责对辖区内通信单元及时统计、分析、编报质量监督报表和报告的责任单位是_____。

答案：地市（县）供电企业营销部（客户服务中心）

8.《国家电网公司用电信息采集系统通信单元质量监督管理办法》规定，通信单元招标前全性能试验完成后，应对每个供应商送检合格的通信单元样品每次留样_____只，制作样品资料光盘。

答案：1

9.《国家电网公司用电信息采集系统通信单元质量监督管理办法》规定，通信单元运行状态下的质量监督包括_____等。

答案：通信单元故障分析及处理

10.《国家电网公司用电信息采集系统通信单元质量监督管理办法》规定，通信单元质量故障原因的分析和鉴定结果应录入_____和_____，完善故障数据库信息。

答案：省级计量生产调度平台（MDS系统）　　用电信息采集系统

11.《国家电网公司用电信息采集系统通信单元质量监督管理办法》规定，通信单元质量监督评价结论分为_____类质量问题。

答案：4

12.《国家电网公司用电信息采集系统通信单元质量监督管理办法》规定，通信单元到货批次不合格率大于或等于_____%，定为三类质量问题。

答案：20

13. 《国家电网公司用电信息采集系统通信单元质量监督管理办法》规定，通信单元到货后抽样验收出现样品不合格，即判定该到货批次不合格，定为一类质量问题，限期_____天整改，整改延期或整改后再次抽样验收试验仍不合格，定为二类质题。

答案：30

14. 《国家电网公司用电信息采集系统通信单元质量监督管理办法》规定，省计量中心负责通信单元质量问题调查和_____。

答案：技术诊断

二、不定项选择题

1. 《国家电网公司用电信息采集系统通信单元质量监督管理办法》规定，通信单元招标前全性能试验应在（   ）个工作日内完成。

A. 10 B. 20

C. 30 D. 40

答案：D

2. 《国家电网公司用电信息采集系统通信单元质量监督管理办法》规定，每次中标结果正式发布后的（   ）个工作日内，将样品资料光盘发至相应省公司。

A. 3 B. 5

C. 10 D. 20

答案：B

3. 《国家电网公司用电信息采集系统通信单元质量监督管理办法》规定，通信单元招标前全性能试验，按照公司技术标准规定的试验项目和要求实施检测，全性能试验每次送检样品数量为（   ）只。

A. 3 B. 5

C. 10 D. 20

答案：B

4. 《国家电网公司用电信息采集系统通信单元质量监督管理办法》规定，通信单元质量监督应遵循（   ）工作原则。

A. 标准统一 B. 内容完整

C. 流程规范 D. 方法一致

答案：ABCD

5. 《国家电网公司用电信息采集系统通信单元质量监督管理办法》规定，运行 5 年及以内的通信单元分批故障率大于或等于规定值（   ），定为三类质量问题。

A. 1~2 年为 4% B. 3~4 年为 8%

C. 5 年为 10% D. 5 年以上为 20%

答案：ABC

6. 《国家电网公司用电信息采集系统通信单元质量监督管理办法》规定，芯片级实验室互联互通测试应在（   ）个工作日内完成。

A. 7 B. 10

C. 20 D. 30

答案：D

7.《国家电网公司用电信息采集系统通信单元质量监督管理办法》规定，通信单元某一到货批次全检验收试验合格率大于或等于（　　）%，即评定为该批次合格，并更换不合格产品。

A. 99. 5 B. 98. 5

C. 97. 5 D. 96. 5

答案：B

8.《国家电网公司用电信息采集系统通信单元质量监督管理办法》规定，用电信息采集系统通信单元包括（　　）。

A. GPRS 通信单元 B. 本地通信单元

C. 远程通信单元 D. 载波通信单元

答案：BC

9.《国家电网公司用电信息采集系统通信单元质量监督管理办法》规定，到货后样品比对内容应包括芯片供应商及（　　）、工艺、所用元器件等。

A. 版本型号 B. 型式规范

C. 通信单元型式 D. 结构

答案：ACD

10.《国家电网公司用电信息采集系统通信单元质量监督管理办法》规定，以下（　　）属于通信单元到货验收质量监督的内容。

A. 供货前技术联络会 B. 到货后样品比对

C. 全检验收试验 D. 抽样验收试验

答案：BCD

11.《国家电网公司用电信息采集系统通信单元质量监督管理办法》规定，供应商质量监督内容应包括对供应商的（　　）、运行业绩、产能等方面的综合评价。

A. 经营实力 B. 质量管理水平

C. 研发生产能力 D. 履约服务能力

答案：ABCD

三、判断题

1.《国家电网公司用电信息采集系统通信单元质量监督管理办法》规定，国网计量中心负责对满足互联互通技术标准（涵盖物理层、链路层、应用层协议）要求的通信单元开展主芯片标识管理、主芯片版本备案、主芯片版本比对。（　　）

答案：√

2.《国家电网公司用电信息采集系统通信单元质量监督管理办法》规定，供货前全性能试验应从供应商已生产的小批量（单相表通信单元 1000 只以上，最大不超过该中标批次的 3%；三相表及采集终端通信单元 100 只以上，最大不超过该中标批次的 3%）产品中抽取 8 只作为全性能试验样本（其中 2 只用于样品比对），抽样试验样品应进行封样处理。（　　）

答案：√

3.《国家电网公司用电信息采集系统通信单元质量监督管理办法》规定，中标批次合格率低于90%，定为三类质量问题。（　　）

答案：√

4.《国家电网公司用电信息采集系统通信单元质量监督管理办法》规定，到货批次不合格率大于或等于20%，定为三类质量问题；大于或等于30%，定为四类质量问题。（　　）

答案：×

5.《国家电网公司用电信息采集系统通信单元质量监督管理办法》规定，省计量中心负责将技术联络函发送至各供应商，督促其对照所列举的质量风险隐患点，进行认真排查和全面整改。（　　）

答案：×

6.《国家电网公司用电信息采集系统通信单元质量监督管理办法》规定，物资部门负责监督供应商召回发生批次质量问题或存在批次质量隐患的通信单元。（　　）

答案：√

四、简答题

1.《国家电网公司用电信息采集系统通信单元质量监督管理办法》规定，通信单元质量监督工作涵盖哪些环节？

答案：通信单元质量监督工作涵盖供应商质量监督、招标前质量监督、供货前质量监督、到货验收质量监督、运行中质量监督等内容。

2.《国家电网公司用电信息采集系统通信单元质量监督管理办法》规定，用电信息采集系统通信单元供货前质量监督指对中标供应商在供货前产品生产期间的质量监督，包括哪些方面？

答案：供货前技术联络会、产品巡视（监造）、生产前适应性检查、供货前样品比对、供货前全性能试验检测工作。

3.《国家电网公司用电信息采集系统通信单元质量监督管理办法》规定，芯片标识管理有哪些要求？

答案：对通过实验室互联互通测试的通信芯片产品实施唯一标识管理，仅许可合法、有效通信芯片产品接入采集系统，防止非认证产品恶意侵入系统。

第六节　用电信息采集系统运行维护管理办法

一、填空题

1.《国家电网公司用电信息采集系统运行维护管理办法》〔国网（营销/4）278—2017〕规定，采集系统运行监控是对采集系统整体运行情况进行监督管控，主要任务包括：采集系统主站运行性能监控、_____、采集数据质量监控、_____、_____、各项业务应用情况监控等。

答案：采集系统运行指标监控　　采集系统故障监控　　计量在线监测

2. 《国家电网公司用电信息采集系统运行维护管理办法》规定，采集系统应用管理的内容包括_____、费控功能应用管理、线损监测功能应用管理、_____、有序用电功能应用管理、主站与其他系统之间的接口管理、新增应用需求的管理等。

答案：抄表数据应用管理　　计量在线监测功能应用管理

3. 《国家电网公司用电信息采集系统运行维护管理办法》规定，计量在线监测主要对_____进行监控分析，监控各类系统预警事件信息。

答案：计量设备异常

4. 《国家电网公司用电信息采集系统运行维护管理办法》规定，当发现单个专变用户、公变考核表连续一天以上、低压用户连续_____天以上采集异常时，地市、县供电企业运行监控人员应进行故障分析，应于_____h内派发工单。

答案：3　　8

5. 《国家电网公司用电信息采集系统运行维护管理办法》规定，当发现终端在线率低于_____、采集成功率低于_____、用电信息采集系统主站故障等大范围采集异常时应立即分析，并将故障现象逐级上报至省计量中心。

答案：85%　　90%

6. 《国家电网公司用电信息采集系统运行维护管理办法》规定，用电信息采集系统主站数据应每天进行增量备份，至少每_____进行全备份、数据备份至少维持_____个月，至少保留2个可用的备份集。

答案：周　　1

7. 《国家电网公司用电信息采集系统运行维护管理办法》规定，对于影响用电信息采集系统正常运行超过_____h的故障，立即上报，必要时启动应急预案。

答案：2

8. 《国家电网公司用电信息采集系统运行维护管理办法》规定，用电信息采集系统的运行维护管理遵循_____、_____的原则。

答案：集中管控　　分级维护

二、不定项选择题

1. 《国家电网公司用电信息采集系统运行维护管理办法》规定，现场设备巡视包括（　　　）。

A. 终端、箱门的封印是否完整

B. 采集终端的线头是否松动或有灼烧痕迹

C. 抄表数据是否正确

D. 电能表、采集设备是否有报警、异常等情况发生

答案：ABD

2. 《国家电网公司用电信息采集系统运行维护管理办法》规定，用电信息采集系统运行维护对象，主要包括（　　　）。

A. 采集档案   B. 采集系统主站

C. 通信信道   D. 现场设备

答案：BCD

3. 《国家电网公司用电信息采集系统运行维护管理办法》规定，国网营销部是公司采集系统运行维护工作的归口管理部门，负责采集系统相关指标的（   ）和考核工作。

A. 统计   B. 排名

C. 分析   D. 评价

答案：ACD

4. 《国家电网公司用电信息采集系统运行维护管理办法》规定，采集系统运行监控是对采集系统整体运行情况进行监督管控，主要任务包括（   ）。

A. 采集系统主站运行性能监控   B. 采集系统运行指标监控

C. 采集数据质量监控   D. 采集系统故障监控、计量在线监测

答案：ABCD

5. 《国家电网公司用电信息采集系统运行维护管理办法》规定，采集系统主站日常巡视、检查主要包括检查采集系统软硬件设备、采集系统相关加密设备的运行状况，查看（   ），定时任务的执行情况。

A. 操作系统   B. 数据库

C. 中间件   D. 备份日志

答案：ABCD

6. 《国家电网公司用电信息采集系统运行维护管理办法》规定，计量在线监测主要对计量设备异常进行监控分析，判断计量设备是否存在（   ），并对异常问题派发处理工单。

A. 电量异常、电压电流异常   B. 费控异常、停电事件异常

C. 异常用电、负荷异常   D. 时钟异常、接线异常

答案：ABCD

7. 《国家电网公司用电信息采集系统运行维护管理办法》规定，对于采集系统（   ）等操作，各级供电企业应加强操作权限的管理，根据相关的管理规定严格履行系统内、外部各环节的审批流程，确保操作的规范性，实现闭环管理。

A. 费控管理   B. 有序用电管理

C. 远程参数设置   D. 主站任务设置

答案：ABC

8. 《国家电网公司用电信息采集系统运行维护管理办法》规定，对于高压及台区考核电能表采集失败，运维人员到达现场应对设备（   ）进行检查，发现问题及时进行维护或更换。

A. 供电状态   B. 运行状态

C. 通信模块   D. 接线

答案：ABCD

9. 《国家电网公司用电信息采集系统运行维护管理办法》规定，采集系统运行维护

闭环管理流程包括（　　　）。

A. 故障分析　　　　　　　B. 派工

C. 处理　　　　　　　　　D. 评价

答案：ABCD

10.《国家电网公司用电信息采集系统运行维护管理办法》规定，远程通信信道运维对象包括（　　）等通信通道及相关设备。

A. 光纤　　　　　　　　　B. 无线公网

C. 有线公网　　　　　　　D. 230MHz 无线

答案：ABCD

11.《国家电网公司用电信息采集系统运行维护管理办法》规定，现场设备故障处理应根据故障影响的用户（　　　）等因素，综合安排现场工作计划。

A. 类型　　　　　　　　　B. 数量

C. 距离远近　　　　　　　D. 抄表结算日

答案：ABCD

12.《国家电网公司用电信息采集系统运行维护管理办法》规定，设备巡视周期不超过 12 个月的设备有（　　　）。

A. 农排费控终端　　　　　B. 通信模块

C. 低压电能表　　　　　　D. 计量箱

答案：BCD

13.《国家电网公司用电信息采集系统运行维护管理办法》规定，各级供电企业应定期开展采集系统运维人员（含外委人员）培训，培训合格后方可上岗。培训内容主要包括（　　）等方面的内容。

A. 企业文化　　　　　　　B. 业务技能

C. 安全　　　　　　　　　D. 优质服务

答案：BCD

14.《国家电网公司用电信息采集系统运行维护管理办法》规定，采集系统运行维护管理考核指标至少应包括（　　　）。

A. 网络信息安全问题发生情况　　B. 网络通信故障问题发生情况

C. 现场作业安全问题发生情况　　D. 硬件设备故障问题发生情况

答案：AC

三、判断题

1.《国家电网公司用电信息采集系统运行维护管理办法》规定，各省公司应建立省、市二级运行监控体系，设置相应班组（岗），分别负责所辖范围内采集系统运行情况的监控。（　　　）

答案：×

2.《国家电网公司用电信息采集系统运行维护管理办法》规定，通信接口转换器、通信模块、低压电能表、低压互感器、计量箱巡视周期不超过 6 个月。（　　　）

答案：×

3.《国家电网公司用电信息采集系统运行维护管理办法》规定，营销系统档案信息变更后，应于1个工作日内同步至采集系统，并同时下发基础信息参数至采集终端，避免采集数据不全或采集数据错误等情况发生。（　　）

答案：√

4.《国家电网公司用电信息采集系统运行维护管理办法》规定，对数据采集不完整、接口故障等影响其他业务应用的采集系统问题，应于24h内派发工单。（　　）

答案：×

5.《国家电网公司用电信息采集系统运行维护管理办法》规定，采集系统主站运行维护对象包括硬件设备、系统软件和应用软件。（　　）

答案：√

6.《国家电网公司用电信息采集系统运行维护管理办法》规定，按照逐级管理、分级考核、奖罚并重的原则，开展采集系统运行维护监督与考核。（　　）

答案：×

7.《国家电网公司用电信息采集系统运行维护管理办法》规定，省（自治区、直辖市）计量中心是本单位采集系统的运维单位和技术支持机构，负责编制采集系统升级、改造方案；负责所辖范围无线电频率的使用管理。（　　）

答案：×

8.《国家电网公司用电信息采集系统运行维护管理办法》规定，省公司营销部是本单位采集系统的归口管理部门，负责管理本单位采集系统运维工作；组织采集系统重大故障的调查、分析和处理；将采集系统升级改造和运行维护业务预算纳入年度预算草案并上报总部。（　　）

答案：×

9.《国家电网公司用电信息采集系统运行维护管理办法》规定，采集系统主站运行性能监控主要包括主站性能在线监测，监测主站负载是否在合理范围内、核心业务模块是否负载均衡，对操作系统、中间件、数据库、应用服务、安全防护等进行监控。对发现的异常问题进行初步分析，应于3h内派发工单。（　　）

答案：×

10.《国家电网公司用电信息采集系统运行维护管理办法》规定，对于采集器、通信接口转换器出现故障，运维人员接到工单后，应于1个工作日内到达现场，2个工作日内反馈结果。（　　）

答案：×

11.《国家电网公司用电信息采集系统运行维护管理办法》规定，严禁在非涉密计算机和互联网上存储和处理涉密信息。严禁涉密移动存储介质在涉密计算机和非涉密计算机及互联网上交叉使用。（　　）

答案：√

12.《国家电网公司用电信息采集系统运行维护管理办法》规定，抄表数据应定期进行现场复核，将现场抄表数据与采集数据进行比对。专变用户复核周期不超过6个月，低

压用户复核周期不超过 1 年。（　　　）

答案：√

四、简答题

1. 《国家电网公司用电信息采集系统运行维护管理办法》规定，用电信息采集系统现场设备运行巡视包括哪些内容？

答案：用电信息采集系统现场设备运行巡视包括以下内容：

（1）设备封印是否完好，计量箱、箱门及锁具是否有损坏。

（2）现场设备接线是否正常，接线端子是否松动或有灼烧痕迹。

（3）采集终端、回路状态巡检仪外置天线是否损坏，无线信道信号强度是否满足要求。

（4）现场设备环境是否满足现场安全工作要求，有无安全隐患。

（5）电能表、采集设备液晶显示屏是否清晰或正常，是否有报警、异常等情况发生。

2. 《国家电网公司用电信息采集系统运行维护管理办法》规定，采集业务应用情况监控主要包括每日跟踪采集业务应用情况及相关指标，并配合各业务应用部门对应用中的哪些问题进行处理？

答案：（1）对数据采集不完整、接口故障等影响其他业务应用的采集系统问题，应于 8h 内派发工单。

（2）对无法远程停复电、电费下发失败等情况进行监控，发现费控业务执行异常后，派发业务处理工单，并跟踪处理进度。复电及电费下发执行失败的任务，应于 2h 内派发业务处理工单。

（3）台区同期线损业务应用主要监控台区同期线损可监测率、台区同期线损达标率、同期线损在线监测率等，对台区同期线损指标异常的台区进行分析，派发异常处理业务工单。

（4）"多表合一"采集业务应用监控，根据公共事业相关单位数据采集周期的要求，监控采集设备运行情况、水/气/热表采集成功率等指标，分析采集失败的原因并派发工单。

3. 《国家电网公司用电信息采集系统运行维护管理办法》规定，用电信息采集系统主站运维内容包括哪些内容？

答案：采集系统主站运维内容包括系统主站设备的日常巡视、检查，主站检修、故障处理，主站安全管理、数据备份，软件的升级维护，主站运行情况评估等。

五、案例分析题

1. 某供电公司 5 月份产生采集运维闭环工单共 80 张，5 月 31 日完成闭环工单 75 张，6 月 1~3 日完成 5 月份闭环工单 4 张，5 月份该公司的闭环工单完成率是多少？根据《国家电网公司用电信息采集系统运行维护管理办法》的要求，该公司的闭环工单完成率是否达标？

答案：（1）闭环工单完成率 ＝（统计周期产生并完成工单完成数 ＋ 统计周期产生且

统计周期结束后 3 天完成的工单数）/工单总数 × 100%，即（75 + 4）/80 × 100% = 98.75%，则 5 月份该公司的闭环工单完成率是 98.75%。

（2）根据《国家电网公司用电信息采集系统运行维护管理办法》的要求，闭环工单完成率的目标为 98%，该公司的闭环工单完成率已达标。

2. 两个相邻低压台区改造前线损率正常，某日进行线路改造后，两台区线损异常，一台区线损率超大，另一台区线损率为负。咨询现场施工人员，有 3 处线路调整，但由于夜里紧急施工，具体情况已记不清楚。请根据已有条件，（1）试分析台区线损异常的具体原因？（2）给出处理方法？

答案：（1）两台区线损率异常，一正一负，且正线损台区损失电量与负线损台区多出电量基本相同，初步判断为户变关系错误。

（2）处理方法：现场核对台区用户对应关系、设备信息，排查台区是否实现全采集，对设备接线、电能表数据等方面进行检查，并在 PMS、营销系统、用电信息采集系统中进行信息调整。

第三章

电力用户用电信息采集系统技术规范

第一节　专变采集终端型式技术规范

一、填空题

1. Q/GDW 1375.1—2013《电力用户用电信息采集系统型式规范　第 1 部分：专变采集终端型式规范》规定，专变采集终端Ⅲ型应标配 1 个 RJ – 45 接口或光纤通信接口，RJ – 45 接口插拔寿命应不小于_____次。

答案：500

2. Q/GDW 1375.1—2013《电力用户用电信息采集系统型式规范　第 1 部分：专变采集终端型式规范》规定，专变采集终端的本地抄表接口应采用_____接口。

答案：RS – 485

3. Q/GDW 1375.1—2013《电力用户用电信息采集系统型式规范　第 1 部分：专变采集终端型式规范》规定，用电信息采集系统专变采集终端按照型式规范分为_____、_____、_____。

答案：专变Ⅰ型终端　　专变Ⅱ型终端　　专变Ⅲ型终端

4. Q/GDW 1375.1—2013《电力用户用电信息采集系统型式规范　第 1 部分：专变采集终端型式规范》规定，专变采集终端采用悬挂式安装方式，终端背部的安装孔间距约为_____ cm。

答案：22

5. Q/GDW 1375.1—2013《电力用户用电信息采集系统型式规范　第 1 部分：专变采集终端型式规范》规定，Ⅰ型专变采集终端的一轮～四轮状态指示灯红灯亮，表示终端相应轮次处于_____状态。

答案：允许合闸

6. Q/GDW 1375.1—2013《电力用户用电信息采集系统型式规范　第 1 部分：专变采集终端型式规范》规定，Ⅰ型专变采集终端电台处于通话状态时，通话最长时间为_____ min。

答案：10

7. Q/GDW 1375.1—2013《电力用户用电信息采集系统型式规范　第 1 部分：专变采集终端型式规范》规定，Ⅲ型专变采集终端控制模块与终端本体之间通信协议规定，CRC 校验域从起始字节（0×68）开始起共_____ B 止。

答案：4

8. Q/GDW 1375.1—2013《电力用户用电信息采集系统型式规范　第 1 部分：专变采

集终端型式规范》规定，FKWA82 - ××01 终端型号中的 FK 表示_____，W 表示_____，A 表示_____。

答案：专变采集终端（控制型）　　　230MHz　　　无线专网交流模拟量输入

9. Q/GDW 1375.1—2013《电力用户用电信息采集系统型式规范　第 1 部分：专变采集终端型式规范》规定，专变采集终端内所有器件均应_____、_____，内部连接线路应采用焊接方式或插接方式。

答案：防锈蚀　　　防氧化

10. Q/GDW 1375.1—2013《电力用户用电信息采集系统型式规范　第 1 部分：专变采集终端型式规范》规定，Ⅲ型专变终端的外形尺寸为_____。

答案：290mm×180mm×95mm

11. Q/GDW 1375.1—2013《电力用户用电信息采集系统型式规范　第 1 部分：专变采集终端型式规范》规定，Ⅲ型专变采集终端显示分为_____、_____、_____ 3 类。

答案：轮显模式　　　按键查询模式　　　按键设置模式

12. Q/GDW 1375.1—2013《电力用户用电信息采集系统型式规范　第 1 部分：专变采集终端型式规范》规定，专变采集终端所使用的电池在终端寿命周期内无需更换，断电后可维持内部时钟的正确性，工作时间累计不少于_____年。

答案：5

二、不定项选择题

1. Q/GDW 1375.1—2013《电力用户用电信息采集系统型式规范　第 1 部分：专变采集终端型式规范》规定，以下通信方式属于无线通信方式的是（　　　）。

A. GPRS　　　　　B. CDMA　　　　　C. PSTN　　　　　D. 230MHz

答案：ABD

2. Q/GDW 1375.1—2013《电力用户用电信息采集系统型式规范　第 1 部分：专变采集终端型式规范》规定，Ⅲ型专变采集终端 LCD 显示主画面，顶层状态显示通信方式指示正确的是（　　　）。

A. G 表示采用 GPRS 通信方式　　　　　B. S 表示采用 SMS（短消息）通信方式

C. C 表示 CDMA 通信方式　　　　　D. L 表示有线网络

答案：ABCD

3. Q/GDW 1375.1—2013《电力用户用电信息采集系统型式规范　第 1 部分：专变采集终端型式规范》规定，专变终端应在（　　　）内侧刻印接线端子、辅助接线端子等接线图，接线图应清晰、永久不脱落。

A. 端子盖　　　　　B. 翻盖　　　　　C. 终端上盖　　　　　D. 端子座

答案：A

4. Q/GDW 1375.1—2013《电力用户用电信息采集系统型式规范　第 1 部分：专变采集终端型式规范》规定，专变采集终端端子盖的要求有（　　　）。

A. 端子盖的材料和颜色应与上盖一致

B. 端子盖的材料和颜色应透明

C. 端子盖应耐腐蚀、抗老化、有足够的硬度，不应变形

D. 端子盖上应印有接线图

答案：ACD

5. Q/GDW 1375.1—2013《电力用户用电信息采集系统型式规范 第1部分：专变采集终端型式规范》规定，有关专变采集终端描述正确的是（　　）。

A. 金属外壳的接地端子的截面面积应不小于 20mm^2

B. 端子座电流接线应采用嵌入式双螺钉旋紧

C. 采用无线通信信道时，应保证在不打开终端端子盖的情况下使天线由终端上无法拔出或无法拆下

D. $250 < U \leqslant 380\text{V}$ 的最小电气间隙为 5mm

E. 强电端子和弱电端子分开排列

答案：ABCE

6. Q/GDW 1375.1—2013《电力用户用电信息采集系统型式规范 第1部分：专变采集终端型式规范》规定，专变采集终端Ⅲ型电控指示红灯亮，代表（　　）。

A. 控制故障报警　　　　　　　　　B. 终端购电控或月电控电量报警

C. 终端购电控或月电控投入　　　　D. 终端购电控或月电控解除

答案：C

7. Q/GDW 1375.1—2013《电力用户用电信息采集系统型式规范 第1部分：专变采集终端型式规范》规定，Ⅲ型专变采集终端控制模块与终端本体之间通信，命令帧分为（　　）。

A. 输出控制命令帧　　　　　　　　B. 输入控制命令帧

C. 读取控制状态命令帧　　　　　　D. 读取控制回路状态

答案：ACD

8. Q/GDW 1375.1—2013《电力用户用电信息采集系统型式规范 第1部分：专变采集终端型式规范》规定，某采集终端类型标志为 FKGA23，由此可知该终端（　　）。

A. 属Ⅰ型，有控制功能　　　　　　B. 属Ⅱ型，无控制功能

C. 属Ⅲ型，有控制功能　　　　　　D. 属Ⅲ型，无控制功能

答案：C

9. Q/GDW 1375.1—2013《电力用户用电信息采集系统型式规范 第1部分：专变采集终端型式规范》规定，Ⅲ型专变采集终端型号 FKGA22，则该终端（　　）。

A. 有控制功能　　　　　　　　　　B. 上行通信信道为 GPRS 无线公网

C. 2 路脉冲输入　　　　　　　　　D. 2 路控制输出

E. 小型壁挂式

答案：ABCDE

10. Q/GDW 1375.1—2013《电力用户用电信息采集系统型式规范 第1部分：专变采集终端型式规范》规定，Ⅱ型专变采集终端型号为 FKGB24，则该终端（　　）。

A. 有控制功能　　　　　　　　　　B. 上行通信信道为 GPRS 无线公网

C. 4 路脉冲输入　　　　　　　　　　　　　D. 2 路控制输出

E. 配置交流模拟量输入

答案：ABD

11. Q/GDW 1375.1—2013《电力用户用电信息采集系统型式规范　第 1 部分：专变采集终端型式规范》规定，Ⅰ型专变采集终端型号为 FKTA44，则该终端（　　　）。

A. 有控制功能　　　　　　　　　　　　　　B. 上行通信信道为其他方式

C. 4 路脉冲输入　　　　　　　　　　　　　D. 4 路控制输出

E. 配置交流模拟量输入

答案：ABCE

12. Q/GDW 1375.1—2013《电力用户用电信息采集系统型式规范　第 1 部分：专变采集终端型式规范》规定，当Ⅲ型专变采集终端处于按键设置显示模式下时，可设置（　　　）等参数。

A. 与主站通信参数　　　　　　　　　　　　B. 测量点运行参数

C. 密码　　　　　　　　　　　　　　　　　D. 时间

E. 控制参数

答案：ABCD

13. Q/GDW 1375.1—2013《电力用户用电信息采集系统型式规范　第 1 部分：专变采集终端型式规范》规定，专变采集终端翻盖在不打开封印的情况下，应无法插拔（　　　）。

A. 远程信道模块　　　　　　　　　　　　　B. 本地信道模块

C. SIM/UIM 卡　　　　　　　　　　　　　　D. 载波模块

答案：ABC

14. Q/GDW 1375.1—2013《电力用户用电信息采集系统型式规范　第 1 部分：专变采集终端型式规范》规定，专变采集终端标志所用文字应为规范中文，可以同时使用外文。（　　　）是终端上应有的标志。

A. 制造年份　　　　　　　　　　　　　　　B. 出厂编号

C. 资产条码　　　　　　　　　　　　　　　D. 名称及型号

E. 制造厂名称及注册商标　　　　　　　　　F. 本标准的编号

答案：ABCDEF

15. Q/GDW 1375.1—2013《电力用户用电信息采集系统型式规范　第 1 部分：专变采集终端型式规范》规定，专变采集终端与主站数据传输通道可采用的通信方式有（　　　）。

A. 专网 230MHz　　　　　　　　　　　　　B. 无线公网（GSM/GPRS/CDMA 等）

C. 以太网　　　　　　　　　　　　　　　　D. 光纤

答案：ABCD

16. Q/GDW 1375.1—2013《电力用户用电信息采集系统型式规范　第 1 部分：专变采集终端型式规范》规定，Ⅰ型专变采集终端的液晶显示应为（　　　）点阵，可视窗口尺寸不小于（　　　）。

A. 240×128，58mm×58mm　　　　B. 113×63，58mm×58mm

C. 240×128，113mm×63mm　　　　D. 160×160，113mm×63mm

答案：C

17. Q/GDW 1375.1—2013《电力用户用电信息采集系统型式规范　第1部分：专变采集终端型式规范》规定，不属于用电信息采集设备的有（　　）。

A. Ⅰ型专变终端　　　　　　　　B. 集中器

C. 电表　　　　　　　　　　　　D. 采集器

E. 互感器

答案：CE

18. Q/GDW 1375.1—2013《电力用户用电信息采集系统型式规范　第1部分：专变采集终端型式规范》规定，Ⅲ型专变的菜单界面包括（　　）。

A. 顶层显示状态栏　　　　　　　B. 主显示画面

C. 底层显示状态栏　　　　　　　D. 轮显菜单栏

E. 常显菜单栏

答案：ABC

19. Q/GDW 1375.1—2013《电力用户用电信息采集系统型式规范　第1部分：专变采集终端型式规范》规定，Ⅲ型专变终端的显示菜单中的电能表示数显示的内容有（　　）。

A. 局编号　　　　　　　　　　　B. 正向有功电量总峰平谷示数

C. 正反向无功示数　　　　　　　D. 月最大需量及时间

E. 终端抄表时间

答案：ABCD

三、判断题

1. Q/GDW 1375.1—2013《电力用户用电信息采集系统型式规范　第1部分：专变采集终端型式规范》规定，专变采集终端Ⅰ型，大型壁挂式，无控制功能，上行通信信道可选用230MHz专网、GPRS无线公网、CDMA无线公网、以太网，配置交流模拟量输入、4路遥信输入、4路脉冲输入、4路控制输出、2路RS－485，温度选用C2或C3级。（　　）

答案：×

2. Q/GDW 1375.1—2013《电力用户用电信息采集系统型式规范　第1部分：专变采集终端型式规范》规定，Ⅰ型专变采集终端通话红灯亮，表示终端电台处于通话状态，通话最长时间为10min，终端的电台为双工电台。（　　）

答案：×

3. Q/GDW 1375.1—2013《电力用户用电信息采集系统型式规范　第1部分：专变采集终端型式规范》规定，功控红灯灭，表示终端时段控、厂休控、营业报停控或当前功率下浮控至少有一种控制解除。（　　）

答案：×

4. Q/GDW 1375.1—2013《电力用户用电信息采集系统型式规范　第1部分：专变采集终端型式规范》规定，帧校验码 FCS 采用 CRC 校验方法，从帧头（包含帧头）至校验码前的数据都应该加入 CRC 校验。（　　　）

答案：√

5. Q/GDW 1375.1—2013《电力用户用电信息采集系统型式规范　第1部分：专变采集终端型式规范》规定，专变采集终端进入设置模式需要密码。菜单设置密码可修改，出厂默认为 ASCII 字符 000001。（　　　）

答案：×

6. Q/GDW 1375.1—2013《电力用户用电信息采集系统型式规范　第1部分：专变采集终端型式规范》规定，专变采集终端按外形结构和 I/O 配置分为Ⅰ型、Ⅱ型、Ⅲ型 3 种型式。（　　　）

答案：√

7. Q/GDW 1375.1—2013《电力用户用电信息采集系统型式规范　第1部分：专变采集终端型式规范》规定，专变采集终端的非金属外壳应有足够的强度，外物撞击造成的变形不应影响其正常的工作。（　　　）

答案：√

8. Q/GDW 1375.1—2013《电力用户用电信息采集系统型式规范　第1部分：专变采集终端型式规范》规定，应在专变采集终端的端子盖内侧粘贴接线端子、辅助接线端子等接线图，接线图应清晰。（　　　）

答案：×

9. Q/GDW 1375.1—2013《电力用户用电信息采集系统型式规范　第1部分：专变采集终端型式规范》规定，非金属外壳的专变采集终端如果需要接地，接地端子应能与 2.5mm² 导线良好配合接触。（　　　）

答案：×

10. Q/GDW 1375.1—2013《电力用户用电信息采集系统型式规范　第1部分：专变采集终端型式规范》规定，通过Ⅰ型专变采集终端的液晶显示，可查看前一日的电表冻结数据。（　　　）

答案：×

11. Q/GDW 1375.1—2013《电力用户用电信息采集系统型式规范　第1部分：专变采集终端型式规范》规定，Ⅰ型专变采集终端通话绿灯亮，表示终端电台处于接收状态。（　　　）

答案：×

12. Q/GDW 1375.1—2013《电力用户用电信息采集系统型式规范　第1部分：专变采集终端型式规范》规定，Ⅰ型专变采集终端电控绿灯亮，表示终端购电控解除。（　　　）

答案：×

13. Q/GDW 1375.1—2013《电力用户用电信息采集系统型式规范　第1部分：专变采集终端型式规范》规定，Ⅲ型专变采集终端远程通信模块采用 2×15 双排插针作为连

接件，终端接口板采用 2×15 双排插孔作为连接件。（　　）

答案：√

14. Q/GDW 1375.1—2013《电力用户用电信息采集系统型式规范　第 1 部分：专变采集终端型式规范》规定，Ⅲ型专变采集终端运行状态红色指示灯常亮表示终端主 CPU 正常运行，但未和主站建立连接，灯亮一秒灭一秒交替闪烁表示终端正常运行且和主站建立连接。（　　）

答案：√

15. Q/GDW 1375.1—2013《电力用户用电信息采集系统型式规范　第 1 部分：专变采集终端型式规范》规定，Ⅲ型专变采集终端 RS48 通信状态指示红灯闪烁，表示模块接收数据，绿灯闪烁表示模块发送数据。（　　）

答案：√

16. Q/GDW 1375.1—2013《电力用户用电信息采集系统型式规范　第 1 部分：专变采集终端型式规范》规定，Ⅲ型专变采集终端模块上电指示绿色灯亮表示模块上电，灯灭表示模块失电。（　　）

答案：×

17. Q/GDW 1375.1—2013《电力用户用电信息采集系统型式规范　第 1 部分：专变采集终端型式规范》规定，Ⅲ型专变采集终端控制模块轮次状态指示灯为红绿双色，红灯亮表示终端相应轮次处于拉闸状态，绿灯亮表示终端相应轮次的跳闸回路正常，具备跳闸条件，灯红 1s 绿 1s 交替闪烁表示控制回路开关接入异常，灯灭表示该轮次未投入控制。（　　）

答案：√

18. Q/GDW 1375.1—2013《电力用户用电信息采集系统型式规范　第 1 部分：专变采集终端型式规范》规定，Ⅲ型专变采集终端控制模块功控状态指示红色灯亮表示终端时段控、厂休控、营业报停控或当前功率下浮控至少一种控制投入，灯灭表示终端时段控、厂休控、营业报停控或当前功率下浮控都解除。（　　）

答案：×

四、简答题

1. Q/GDW 1375.1—2013《电力用户用电信息采集系统型式规范　第 1 部分：专变采集终端型式规范》规定，专变采集终端与主站数据传输通道可采用哪些方式？

答案：可采用专网 230MHz、无线公网（GPRS、CDMA 等）、公共交换电话网 PSTN、以太网、光纤等通信方式。

2. Q/GDW 1375.1—2013《电力用户用电信息采集系统型式规范　第 1 部分：专变采集终端型式规范》规定，低压宽带电力线载波通信单元应该具备哪些管理功能？

答案：低压宽带电力线载波通信单元应具有网络配置管理、故障管理、性能管理、安全管理等网络管理功能。

3. Q/GDW 1375.1—2013《电力用户用电信息采集系统型式规范　第 1 部分：专变采集终端型式规范》对本地通信有什么要求？

答案：（1）终端的本地抄表接口应采用 RS－485 接口。

（2）调试维护接口可采用调制红外、RS－232、USB 接口之一，调制红外接口通信速率 1200bit/s，RS－232 接口通信速率 9600bit/s，校验方式均为偶校验，数据位为 8 位，停止位为 1 位。

第二节　集中抄表终端（集中器、采集器）故障处理 标准化作业指导书

一、填空题

1. Q/GDW/ZY 1026—2013《集中抄表终端（集中器、采集器）故障处理标准化作业指导书》规定，集中器是指收集各＿＿＿＿＿或＿＿＿＿＿的数据，并进行处理储存，同时能和主站或手持设备进行数据交换的设备。

答案：采集器　　电能表

2. Q/GDW/ZY 1026—2013《集中抄表终端（集中器、采集器）故障处理标准化作业指导书》规定，采集器是用于采集＿＿＿＿＿或＿＿＿＿＿电能表的电能信息，并可与集中器交换数据的设备。

答案：多个　　单个

3. Q/GDW/ZY 1026—2013《集中抄表终端（集中器、采集器）故障处理标准化作业指导书》规定，集中抄表终端（集中器、采集器）故障处理时，计量柜（箱）核查作业内容是使用＿＿＿＿＿对表箱、采集器箱金属裸露部分进行验电，并检查表箱接地是否可靠。

答案：验电笔（器）

4. Q/GDW/ZY 1026—2013《集中抄表终端（集中器、采集器）故障处理标准化作业指导书》规定，本地信道检查检测作业内容中包括检查电能表与终端之间＿＿＿＿＿接线是否正确，接触是否良好，是否存在短路、断路。

答案：RS－485 通信线缆

5. Q/GDW/ZY 1026—2013《集中抄表终端（集中器、采集器）故障处理标准化作业指导书》规定，电能表故障、现场信息与系统不一致应通知＿＿＿＿＿及时解决。

答案：设备管理部门

6. Q/GDW/ZY 1026—2013《集中抄表终端（集中器、采集器）故障处理标准化作业指导书》规定，主站人员应配合集中抄表终端（集中器、采集器）现场故障处理人员，对用户所有接入的采集对象进行＿＿＿＿＿和＿＿＿＿＿，核对采回信息与现场信息，确保完全一致。

答案：功能调试　　试采集

7. Q/GDW/ZY 1026—2013《集中抄表终端（集中器、采集器）故障处理标准化作业指导书》规定，对电能表接线端钮盒盖、电能表箱、终端箱实施封印，并做好记录。封

印应_____，_____，封丝无松动。

答案：压实　　印模清晰

8. Q/GDW/ZY 1026—2013《集中抄表终端（集中器、采集器）故障处理标准化作业指导书》规定，如需在电能表、终端 RS – 485 口进行故障处理工作，工作前应先对电能表、终端 RS – 485 口进行_____。

答案：验电

9. Q/GDW/ZY 1026—2013《集中抄表终端（集中器、采集器）故障处理标准化作业指导书》规定，集中抄表终端（集中器、采集器）高处作业上下传递物品，_____，必须使用工具袋并通过绳索传递，防止从高空坠落发生事故。

答案：不得投掷

10. Q/GDW/ZY 1026—2013《集中抄表终端（集中器、采集器）故障处理标准化作业指导书》规定，集中抄表终端（集中器、采集器）远程信道检查检测时，用网络信号测试仪测试_____是否正常。

答案：无线公网信号

11. Q/GDW/ZY 1026—2013《集中抄表终端（集中器、采集器）故障处理标准化作业指导书》规定，集中抄表终端（集中器、采集器）远程信道检查检测时，使用仪器、系统，检测_____是否正常。

答案：光纤通道

12. Q/GDW/ZY 1026—2013《集中抄表终端（集中器、采集器）故障处理标准化作业指导书》规定，发现电能计量装置异常时（如无封印、疑似窃电、故障等）应保持现场，并通知相关部门处理，必要时对现场进行_____。

答案：照相取证

13. Q/GDW/ZY 1026—2013《集中抄表终端（集中器、采集器）故障处理标准化作业指导书》规定，电能表与集中器、采集器之间 RS – 485 通信线缆的连接如存在错接、_____、_____等现象，应进行重新连接。

答案：短路　　断路

14. Q/GDW/ZY 1026—2013《集中抄表终端（集中器、采集器）故障处理标准化作业指导书》规定，采集器依据功能可分为_____和_____。

答案：基本型采集器　　简易型采集器

15. Q/GDW/ZY 1026—2013《集中抄表终端（集中器、采集器）故障处理标准化作业指导书》规定，计量柜（箱）核查，使用验电笔（器）对表箱、采集器箱金属裸露部分进行验电，并检查表箱_____是否可靠。

答案：接地

16. Q/GDW/ZY 1026—2013《集中抄表终端（集中器、采集器）故障处理标准化作业指导书》规定，集中抄表终端是对低压用户用电信息进行采集的设备，包括_____、_____。

答案：集中器　　采集器

二、不定项选择题

1. Q/GDW/ZY 1026—2013《集中抄表终端（集中器、采集器）故障处理标准化作业指导书》规定，集中器、采集终端等装置安装高度应适当，在电能表房或电缆竖井内，如受位置局限，可适当降低安装高度，但底部离地面不得小于（　　）m。

A. 0.5　　　　　B. 0.6　　　　　C. 0.7　　　　　D. 0.8

答案：B

2. Q/GDW/ZY 1026—2013《集中抄表终端（集中器、采集器）故障处理标准化作业指导书》规定，手持设备（或称手持抄表终端）是指能够近距离直接与（　　）进行数据交换的设备。

A. 单台电能表　　B. 集中器　　　C. 采集器　　　D. 计算机设备

答案：ABCD

3. Q/GDW/ZY 1026—2013《集中抄表终端（集中器、采集器）故障处理标准化作业指导书》规定，集中抄表终端（集中器、采集器）故障处理误碰带电设备危险点预防控制措施：在高、低压设备上工作，应至少由（　　）人进行，并完成保证安全的组织措施和技术措施。

A. 4　　　　　　B. 1　　　　　　C. 2　　　　　　D. 3

答案：C

4. Q/GDW/ZY 1026—2013《集中抄表终端（集中器、采集器）故障处理标准化作业指导书》规定，集中抄表终端（集中器、采集器）故障处理人员要求：具备必要的（　　）。

A. 安全生产知识　　　　　　　　B. 学会紧急救护法

C. 特别要学会触电急救　　　　　D. 心肺复苏知识

答案：ABC

5. Q/GDW/ZY 1026—2013《集中抄表终端（集中器、采集器）故障处理标准化作业指导书》规定，集中抄表终端（集中器、采集器）故障处理误碰带电设备危险点预防控制措施：在电气设备上作业时，应将未经验电的设备视为（　　）设备。

A. 备用　　　　　B. 带电　　　　C. 运行　　　　D. 操作

答案：B

6. Q/GDW/ZY 1026—2013《集中抄表终端（集中器、采集器）故障处理标准化作业指导书》规定，集中抄表终端（集中器、采集器）故障处理低压断路器：用于控制采集器（　　）。

A. 电源　　　　　B. 通信线开关　　C. 电能表开关　　D. 设备开关

答案：A

7. Q/GDW/ZY 1026—2013《集中抄表终端（集中器、采集器）故障处理标准化作业指导书》规定，集中抄表终端故障处理，远程信道检查检测包含（　　）。

A. 检查低压载波线路是否故障

B. 用网络信号测试仪测试无线公网信号是否正常

C. 使用专用工具或其他手段对通信卡进行检测，确定参数配置等是否正确

D. 检查通信卡、通信模块接触情况

答案：BCD

8. Q/GDW/ZY 1026—2013《集中抄表终端（集中器、采集器）故障处理标准化作业指导书》规定，集中抄表终端（集中器、采集器）故障处理危险点预防控制措施：电压互感器二次侧开路危险点预防控制措施，加强监护，严禁电压互感器二次侧（   ）。

A. 解开　　　　　B. 闭合　　　　　C. 短路　　　　　D. 开路

答案：C

9. Q/GDW/ZY 1026—2013《集中抄表终端（集中器、采集器）故障处理标准化作业指导书》规定，集中抄表终端（集中器、采集器）故障处理故障初步分析：采集系统主站应对抄表失败用户进行逐一（   ）。

A. 排查　　　　　B. 分析　　　　　C. 解释　　　　　D. 排除

答案：AB

10. Q/GDW/ZY 1026—2013《集中抄表终端（集中器、采集器）故障处理标准化作业指导书》规定，以下（   ）属于采集终端检测中集中抄表终端的功能试验。

A. 数据通信　　　B. 参数配置　　　C. 控制功能　　　D. 电源电压

答案：ABC

11. Q/GDW/ZY 1026—2013《集中抄表终端（集中器、采集器）故障处理标准化作业指导书》规定，集中抄表终端（集中器、采集器）故障处理误碰带电设备危险点预防控制措施：高、低压设备应根据工作票所列安全要求，落实安全措施。涉及停电作业的应实施（   ）后方可工作。

A. 停电　　　　　B. 验电　　　　　C. 挂接地线　　　D. 悬挂标示牌

答案：ABCD

12. Q/GDW/ZY 1026—2013《集中抄表终端（集中器、采集器）故障处理标准化作业指导书》规定，电能表检查检测作业内容中包括检查电能表运行是否正常，有（   ）等现象；核对电能表信息（包括表内地址、通信规约等信息）与系统是否一致。

A. 无损坏　　　　B. 烧灼　　　　　C. 黑屏　　　　　D. 停走

答案：ABCD

13. Q/GDW/ZY 1026—2013《集中抄表终端（集中器、采集器）故障处理标准化作业指导书》规定，集中抄表终端（集中器、采集器）故障处理故障初步分析：通过系统参数核对、参数维护等手段解决（   ）。

A. 现场类的故障　　B. 排除　　　　　C. 剔除　　　　　D. 非现场类的故障

答案：CD

14. Q/GDW/ZY 1026—2013《集中抄表终端（集中器、采集器）故障处理标准化作业指导书》规定，集中抄表终端（集中器、采集器）故障处理短路或接地危险点预防控制措施：加强监护，防止操作时（   ）短路。

A. 相间　　　　　B. 相间或相对地　　C. 两相　　　　　D. 相对地

答案：B

15. Q/GDW/ZY 1026—2013《集中抄表终端（集中器、采集器）故障处理标准化作业指导书》规定，现场处理故障终端，使用单梯工作时，梯子与地面的斜角度为（　　）左右。

　　A. 40°　　　　　　　B. 50°　　　　　　　C. 60°　　　　　　　D. 70°

　　答案：C

16. Q/GDW/ZY 1026—2013《集中抄表终端（集中器、采集器）故障处理标准化作业指导书》规定，执行标准化作业指导书形成的报告和记录，如工作票保存时间，不少于（　　）年。

　　A. 1　　　　　　　　B. 2　　　　　　　　C. 3　　　　　　　　D 4

　　答案：A

17. Q/GDW/ZY 1026—2013《集中抄表终端（集中器、采集器）故障处理标准化作业指导书》规定，现场处理故障终端时，使用的梯子必须有（　　）。

　　A. 升降功能　　　　B. 抗压功能　　　　C. 防滑措施　　　　D. 减震措施

　　答案：C

18. Q/GDW/ZY 1026—2013《集中抄表终端（集中器、采集器）故障处理标准化作业指导书》规定，本地调试时常用（　　）对集中器下所有采集器、电能表进行调试，确保所有电能表与集中器通信成功。

　　A. 万用表　　　　　B. 信号测试仪　　　C. 台区识别仪　　　D. 手持掌机

　　答案：D

19. Q/GDW/ZY 1026—2013《集中抄表终端（集中器、采集器）故障处理标准化作业指导书》规定，在绝缘梯上工作时，传递工具和器材时必须使用（　　），注意防止工具、物件掉落。

　　A. 绝缘钳　　　　　B. 吊绳、圆桶袋　　C. 绝缘杆　　　　　D. 吊绳

　　答案：B

20. Q/GDW/ZY 1026—2013《集中抄表终端（集中器、采集器）故障处理标准化作业指导书》规定，在终端故障处理中要防范人身触电与伤害，需要注意存在以下（　　）危险点。

　　A. 误碰带电设备　　　　　　　　　　B. 电弧灼伤

　　C. 停电作业发生倒送电　　　　　　　D. 电能表箱、终端箱、电动工具漏电

　　答案：ABCD

三、判断题

1. Q/GDW/ZY 1026—2013《集中抄表终端（集中器、采集器）故障处理标准化作业指导书》规定，工作票许可人应指明作业现场的带电部位，工作负责人确认无倒送电的可能。（　　）

　　答案：√

2. Q/GDW/ZY 1026—2013《集中抄表终端（集中器、采集器）故障处理标准化作业指导书》规定，计量仪器仪表在运输时应有防尘、防震、防潮措施。（　　）

答案：√

3. Q/GDW/ZY 1026—2013《集中抄表终端（集中器、采集器）故障处理标准化作业指导书》规定，根据 Q/GDW 1828—2013《单相静止式多费率电能表技术规范》，电能表的整点冻结是存储整点时刻或半点时刻的无功总电能，应可存储254个数据。（　　）

答案：×

4. Q/GDW/ZY 1026—2013《集中抄表终端（集中器、采集器）故障处理标准化作业指导书》规定，集中抄表终端（集中器、采集器）故障处理专责监护人工作职责之一：负责所监护范围并保障作业质量。（　　）

答案：×

5. Q/GDW/ZY 1026—2013《集中抄表终端（集中器、采集器）故障处理标准化作业指导书》规定，集中抄表终端（集中器、采集器）故障处理工作负责人工作职责之一：工作前对班组成员进行危险点告知。（　　）

答案：√

6. Q/GDW/ZY 1026—2013《集中抄表终端（集中器、采集器）故障处理标准化作业指导书》规定，集中抄表终端（集中器、采集器）故障处理人员要求：经医师鉴定，无妨碍工作的病症（体格检查每年至少一次）。（　　）

答案：×

7. Q/GDW/ZY 1026—2013《集中抄表终端（集中器、采集器）故障处理标准化作业指导书》规定，主站联调主要危险点预防控制措施：严格核对采集信息与现场信息的一致性，防范营销计量风险。（　　）

答案：×

8. Q/GDW/ZY 1026—2013《集中抄表终端（集中器、采集器）故障处理标准化作业指导书》规定，集中抄表终端（集中器、采集器）故障处理与客户预约：如终端的安装需用户配合的，安装时立即与用户联系现场作业时间。（　　）

答案：×

9. Q/GDW/ZY 1026—2013《集中抄表终端（集中器、采集器）故障处理标准化作业指导书》规定，集中抄表终端（集中器、采集器）故障处理打印故障处理工作单，同时核对终端技术参数与相关资料。（　　）

答案：√

10. Q/GDW/ZY 1026—2013《集中抄表终端（集中器、采集器）故障处理标准化作业指导书》规定，集中抄表终端（集中器、采集器）故障处理领取材料：凭故障处理工作单领取所需终端、封印及其他材料，领取的材料宜符合故障处理工作单要求。（　　）

答案：×

11. Q/GDW/ZY 1026—2013《集中抄表终端（集中器、采集器）故障处理标准化作业指导书》规定，集中抄表终端（集中器、采集器）故障处理的仪器仪表、安全工器具应检验合格。（　　）

答案：×

12. Q/GDW/ZY 1026—2013《集中抄表终端（集中器、采集器）故障处理标准化作业指导书》规定，集中抄表终端（集中器、采集器）故障处理电源误碰危险点预防控制措施：相邻有带电间隔和带电部位，必须装设临时遮栏并设专人监护。在工作地点设置在此工作标示牌。（　　）

答案：√

13. Q/GDW/ZY 1026—2013《集中抄表终端（集中器、采集器）故障处理标准化作业指导书》的规定，根据 Q/GDW 1828—2013《单相静止式多费率电能表技术规范》，电能表的 RS－485 接口应满足 DL/T645—2007 的电气要求，并能耐受交流电压 500V、2min 不损坏的试验。（　　）

答案：×

14. Q/GDW/ZY 1026—2013《集中抄表终端（集中器、采集器）故障处理标准化作业指导书》规定，工作负责人在作业前应要求工作票许可人当面验电。（　　）

答案：√

四、简答题

1. Q/GDW/ZY 1026—2013《集中抄表终端（集中器、采集器）故障处理标准化作业指导书》规定，国网Ⅰ型集中抄表终端运行故障与否，需通过现场实地检查检测（终端），其主要检查内容有哪些？

答案：（1）观察集中器顶层显示状态栏有无告警，信号强度是否正常；翻屏查看主显示画面、底层显示状态栏瞬时量、任务执行状态、与主站通信状态等是否正常。

（2）观察集中器、采集器各类指示灯指示是否正常。

（3）检查集中器任务是否下发并启用、运行参数是否设置正确、各项参数是否下发。

（4）测量集中器、采集器供电电压是否正常，确保电源正确接入。

（5）用万用表测量电能表 RS－485 通信口电压是否正常。

2. Q/GDW/ZY 1026—2013《集中抄表终端（集中器、采集器）故障处理标准化作业指导书》规定，集中抄表终端（集中器、采集器）故障处理现场对电源误碰所采取的预防控制措施有哪些？

答案：工作负责人对工作班成员应进行安全教育，作业前对工作班成员进行危险点告知，明确带电设备位置，交代工作地点、周围的带电部位及安全措施和技术措施，并履行确认手续。相邻有带电间隔和带电部位，必须装设临时遮栏并设专人监护。在工作地点设置在此工作标示牌。核对故障处理工作单与现场信息是否一致。

3. Q/GDW/ZY 1026—2013《集中抄表终端（集中器、采集器）故障处理标准化作业指导书》规定，要求初步故障分析的标准有哪些内容？

答案：（1）采集系统主站应对抄表失败用户进行逐一排查和分析。

（2）通过系统参数核对、参数维护等手段解决或剔除非现场类的故障。

（3）批量故障还应对无线网络运行是否正常、电网是否停电等情况进行排查。

（4）通过系统召测集中器、采集器、电能表，初步判断故障类型，以便提高现场故障处理效率。

第三节　专变采集终端（非230M）故障处理标准化作业指导书

一、填空题

1. Q/GDW/ZY 1025—2013《专变采集终端（非230M）故障处理标准化作业指导书》4.6危险点分析及预防控制措施表7第3点规定，专变采集终端故障处理的危险点与预防控制措施中高空坠落的危险点包括：使用不合格登高用安全工器具、_____、_____。

答案：高空摔跌（坠物）　　绝缘梯使用不当

2. Q/GDW/ZY 1025—2013《专变采集终端（非230M）故障处理标准化作业指导书》规定，专变采集终端（非230M）电源故障排查应查看终端电源显示是否正常，检查_____是否正常，_____是否正常。

答案：输入电压　　电源输入接口

3. Q/GDW/ZY 1025—2013《专变采集终端（非230M）故障处理标准化作业指导书》规定，在专变采集终端（非230M）远程通信故障排查时，应检查无线通信终端上电后信号强度，检查是否_____、_____，有线通信终端上电后通信指示是否正常。

答案：显示联网　　注册成功

4. Q/GDW/ZY 1025—2013《专变采集终端（非230M）故障处理标准化作业指导书》规定，远程通信故障处理中，如遇到通过更换通信卡、重新配置参数等方式仍无法解决通信卡故障的，可通知_____协助解决。

答案：运营商

5. Q/GDW/ZY 1025—2013《专变采集终端（非230M）故障处理标准化作业指导书》规定，专变采集终端（非230M）防止脉冲及RS-485数据线故障处理时，短路或接地，应使用_____隔离进行接线。

答案：绝缘挡板

6. Q/GDW/ZY 1025—2013《专变采集终端（非230M）故障处理标准化作业指导书》规定，专变采集终端（非230M）跳闸测试前应同_____协商同意后，由其配合操作，以免造成营销服务事故。

答案：客户

7. Q/GDW/ZY 1025—2013《专变采集终端（非230M）故障处理标准化作业指导书》规定，终端电源故障处理时作业内容之一：电源故障处理时，恢复电源点电压，恢复电源点至_____。

答案：终端接线

8. Q/GDW/ZY 1025—2013《专变采集终端（非230M）故障处理标准化作业指导书》规定，电能计量装置包括各种类型，有_____、_____、_____、_____等。

答案：电能表　　计量用电压　　电流互感器及其二次回路　　电能计量柜（箱）

二、不定项选择题

1. Q/GDW/ZY 1025—2013《专变采集终端（非230M）故障处理标准化作业指导书》规定，专变采集终端故障处理工单应保存（　　）。

A. 6 个月　　　　　　B. 1 年　　　　　　C. 2 年　　　　　　D. 3 年

答案：D

2. Q/GDW/ZY 1025—2013《专变采集终端（非230M）故障处理标准化作业指导书》规定，专变采集终端（非230M）本地通信故障处理包含下列（　　）内容。

A. 更换终端继电器接口板

B. 设置电能表通信参数

C. 更换 RS-485 数据线，更换 RS-485 芯片或接口板

D. 修改终端脉冲常数，更换脉冲线，脉冲接口板

答案：BCD

3. Q/GDW/ZY 1025—2013《专变采集终端（非230M）故障处理标准化作业指导书》规范了故障处理的作业前准备工作、（　　）等。

A. 工作流程图　　　　　　　　B. 工作程序与作业规范

C. 工作内容　　　　　　　　　D. 报告和记录

答案：ABD

4. Q/GDW/ZY 1025—2013《专变采集终端（非230M）故障处理标准化作业指导书》规定，现场调试包括（　　）。

A. 故障处理信息上报　　　　　B. 终端测试

C. 装置加封　　　　　　　　　D. 清理作业现场

答案：ABC

5. Q/GDW/ZY 1025—2013《专变采集终端（非230M）故障处理标准化作业指导书》规定，本地通信故障排查包括（　　）。

A. 检查 RS-485 数据线是否正常，终端和电能表的 RS-485 端口是否正常

B. APN 参数设置是否正确

C. 检查脉冲数据线是否正常，终端和电能表的脉冲端口是否正常

D. 电能表通信参数设置（电能表地址、规约、波特率等）是否正确

答案：ACD

6. Q/GDW/ZY 1025—2013《专变采集终端（非230M）故障处理标准化作业指导书》规定，专变采集终端故障处理的准备工作包括（　　）。

A. 接受工作任务　　　　　　　B. 工作预约

C. 填写并签发工作票　　　　　D. 查看现场危险点

答案：ABC

7. Q/GDW/ZY 1025—2013《专变采集终端（非230M）故障处理标准化作业指导书》规定，以下对工作人员应具备的条件，描述正确的是（　　）。

A. 经医师鉴定，无妨碍工作的病症（体格检查每年至少一次），身体状态、精神状

态应良好

B. 具备必要的电气知识和业务技能，且按工作性质，熟悉《国家电网公司电力安全工作规程（线路部分）》的相关部分，并应经考试合格

C. 具备必要的安全生产知识，学会紧急救护法，特别要学会触电急救

D. 熟悉本作业指导书，并经上岗培训、考试合格

答案：CD

8. Q/GDW/ZY 1025—2013《专变采集终端（非230M）故障处理标准化作业指导书》规定，$2 \times 1.5 \text{mm}^2$ 双绞屏蔽电缆可用于专变采集终端的（   ）。

A. 控制线   B. 信号线

C. 电源线   D. 脉冲线

答案：AB

9. Q/GDW/ZY 1025—2013《专变采集终端（非230M）故障处理标准化作业指导书》规定，防止拆控制回路时，被控开关跳闸，造成营销服务事故。被控开关接入动断触点时，为避免开关跳闸应与客户沟通，必须（   ）进行，拆除后应进行短接。

A. 快速   B. 稍作等待后再作

C. 由客户自行   D. 停电

答案：D

10. Q/GDW/ZY 1025—2013《专变采集终端（非230M）故障处理标准化作业指导书》规定，专责监护人的职责，描述正确的有（   ）。

A. 明确被监护人员和监护范围

B. 作业前对被监护人员交代安全措施，告知危险点和安全注意事项

C. 监督被监护人遵守电力安全工作规程和现场安全措施，及时纠正不安全行为

D. 监督工作过程，保障作业质量

答案：ABC

11. Q/GDW/ZY 1025—2013《专变采集终端（非230M）故障处理标准化作业指导书》规定，终端故障处理的危险点与预防控制措施中需要重点防范的类型有（   ）。

A. 人身触电与伤害   B. 高空坠落

C. 机械伤害   D. 设备损坏

E. 营销服务事故

答案：ABCDE

12. Q/GDW/ZY 1025—2013《专变采集终端（非230M）故障处理标准化作业指导书》规定，不在专变采集终端故障处理流程中的工作为（   ）。

A. 现场开工   B. 故障排查

C. 现场调试   D. 设置警告标志

答案：D

13. Q/GDW/ZY 1025—2013《专变采集终端（非230M）故障处理标准化作业指导书》规定，终端故障处理的危险点与预防控制措施中短路或接地的预防控制措施有（   ）。

A. 移动电源盘，应带漏电保护器

B. 检查接入电源的电线有无破损，接入电源应固定牢靠

C. 使用合格的工器具，螺钉旋具除刀口以外的金属裸露部分应用绝缘胶布包裹

D. 防止操作时相间或相对地短路，加强移动监护

答案：ABCD

14. Q/GDW/ZY 1025—2013《专变采集终端（非 230M）故障处理标准化作业指导书》规定，专变采集终端是对专变用户用电信息进行采集的设备，可以实现（　　）。

A. 与集中器交换数据   B. 电能表数据采集

C. 供电电能质量监测   D. 客户用电负荷和电能量监控

答案：BCD

15. Q/GDW/ZY 1025—2013《专变采集终端（非 230M）故障处理标准化作业指导书》规定，收工包括（　　）。

A. 装置加封   B. 清理作业现场

C. 向客户介绍注意事项并签字   D. 办理工作票终结

答案：BCD

16. Q/GDW/ZY 1025—2013《专变采集终端（非 230M）故障处理标准化作业指导书》规定，专变采集终端将采集的数据在设定的抄表日及抄表时间形成抄表日数据，并保存最近（　　）次抄表日数据。

A. 3   B. 6   C. 9   D. 12

答案：D

三、判断题

1. Q/GDW/ZY 1025—2013《专变采集终端（非 230M）故障处理标准化作业指导书》规定，清扫整理专变采集终端（非 230M）故障处理作业现场时应加强监护，防止触电。（　　）

答案：√

2. Q/GDW/ZY 1025—2013《专变采集终端（非 230M）故障处理标准化作业指导书》规定，专变采集终端（以下简称终端）是对专变用户用电信息进行采集的设备，可以实现电能表数据采集、电能计量设备工况和供电电能质量监测，以及客户用电负荷和电能量监控，并对采集数据进行管理和单向传输。（　　）

答案：×

3. Q/GDW/ZY 1025—2013《专变采集终端（非 230M）故障处理标准化作业指导书》规定，准备工作安排内容包括接受工作任务、打印装拆工作单、领取材料、准备和检查仪器设备、准备和检查工器具。（　　）

答案：×

4. Q/GDW/ZY 1025—2013《专变采集终端（非 230M）故障处理标准化作业指导书》规定，工作票签发人或工作负责人填写工作票，由工作票签发人签发。对客户端工作，在公司签发人签发后还应取得客户签发人签发。（　　）

答案：√

5. Q/GDW/ZY 1025—2013《专变采集终端（非230M）故障处理标准化作业指导书》规定，对于基建项目的新装作业，在不具备工作票开具条件的情况下，可填写施工作业任务单。（　　）

答案：√

四、简答题

1. 根据 Q/GDW/ZY 1025—2013《专变采集终端（非230M）故障处理标准化作业指导书》，请写出专变采集终端（非230M）故障处理步骤。

答案：①任务接受；②工作前准备；③现场开工；④故障排查；⑤故障处理；⑥现场调试；⑦收工；⑧资料归档。

2. Q/GDW/ZY 1025—2013《专变采集终端（非230M）故障处理标准化作业指导书》规定，终端故障处理工作过程中，工作班成员的职责是什么？

答案：（1）熟悉工作内容、作业流程，掌握安全措施，明确工作中的危险点，并履行确认手续。

（2）严格遵守安全规章制度、技术规程和劳动纪律，对自己工作中的行为负责，互相关心工作安全，并监督电力安全工作规程的执行和现场安全措施的实施。

（3）正确使用安全工器具和劳动防护用品。

（4）完成工作负责人安排的作业任务并保障作业质量。

第四节　集中抄表终端（集中器、采集器）装拆标准化作业指导书

一、填空题

1. Q/GDW/ZY 1020—2013《集中抄表终端（集中器、采集器）装拆标准化作业指导书》规定，末端表计与终端之间的电缆连线长度不宜超过_____ m。

答案：100

2. Q/GDW/ZY 1020—2013《集中抄表终端（集中器、采集器）装拆标准化作业指导书》规定，手持设备（或称手持抄表终端）是指能够近距离直接与单台电能表、_____、采集器及_____设备进行数据交换的设备。

答案：集中器　　计算机

3. Q/GDW/ZY 1020—2013《集中抄表终端（集中器、采集器）装拆标准化作业指导书》规定，雷雨天气禁止在室外进行外置天线的安装作业，防止雷击引起_____和_____。

答案：人身伤害　　设备损坏

4. Q/GDW/ZY 1020—2013《集中抄表终端（集中器、采集器）装拆标准化作业指导书》规定，RS-485通信线缆的_____应单侧可靠接地。

答案：屏蔽层

5. Q/GDW/ZY 1020—2013《集中抄表终端（集中器、采集器）装拆标准化作业指导书》规定，带交采功能的集中器应检测计量功能，检测结束后，应进行底度清零，检查_____和_____等参数。

答案：时间　　时段

6. Q/GDW/ZY 1020—2013《集中抄表终端（集中器、采集器）装拆标准化作业指导书》规定，工作票由工作负责人填写，也可以由_____填写。

答案：工作票签发人

7. Q/GDW/ZY 1020—2013《集中抄表终端（集中器、采集器）装拆标准化作业指导书》规定，运行中的高压设备其接地系统的中性点，应视作_____。

答案：带电体

8. Q/GDW/ZY 1020—2013《集中抄表终端（集中器、采集器）装拆标准化作业指导书》规定，在客户电气设备上工作时应由供电公司与客户方进行双许可，双方在_____上签字确认。

答案：工作票

9. Q/GDW/ZY 1020—2013《集中抄表终端（集中器、采集器）装拆标准化作业指导书》规定，安装外挂终端箱时，终端箱与电能表箱之间 RS－485 通信线缆的连接宜采用端子排并配管敷设。_____与_____不得同管敷设。

答案：RS－485 通信线缆　　电源线

10. Q/GDW/ZY 1020—2013《集中抄表终端（集中器、采集器）装拆标准化作业指导书》规定，电能表箱间 RS－485 通信线缆的连接宜采用端子排过渡，便于_____。

答案：检修

11. Q/GDW/ZY 1020—2013《集中抄表终端（集中器、采集器）装拆标准化作业指导书》规定，全载波方式安装时，集中器应安装在变压器_____V 母线侧，安装位置应避免影响其他设备操作。

答案：400

12. Q/GDW/ZY 1020—2013《集中抄表终端（集中器、采集器）装拆标准化作业指导书》规定，集中器电源与_____之间应用开关（联合接线盒）进行隔离，以便于运行维护。

答案：集中器

二、不定项选择题

1. Q/GDW/ZY 1020—2013《集中抄表终端（集中器、采集器）装拆标准化作业指导书》规定，专变采集终端（非230M）装拆工作中可能造成的营销服务事故有（　　　）。

A. 用户开关误跳闸　　　　　　　　B. 短路或接地

C. 误碰带电设备　　　　　　　　　D. 电弧灼伤

答案：A

2. Q/GDW/ZY 1020—2013《集中抄表终端（集中器、采集器）装拆标准化作业指导书》规定，电能表之间的连接宜采用（　　　　）分色双绞单股铜芯线缆。

A. 1×0.4mm²
B. 3×0.4mm²
C. 4×0.4mm²
D. 2×0.4mm²

答案：D

3. Q/GDW/ZY 1020—2013《集中抄表终端（集中器、采集器）装拆标准化作业指导书》规定，配管遇直角弯时应加弯头连接，将配管用管卡固定在墙上，管卡间的距离不宜超过（　　　）cm，配管固定牢固、美观。

A. 10
B. 20
C. 30
D. 40

答案：C

三、判断题

1. Q/GDW/ZY 1020—2013《集中抄表终端（集中器、采集器）装拆标准化作业指导书》规定，拆除需换终端时，短接控制回路常开接点，断开控制回路常闭接点，拆开终端侧控制回路。（　　　）

答案：×

2. Q/GDW/ZY 1020—2013《集中抄表终端（集中器、采集器）装拆标准化作业指导书》规定，若整个台区的低压用户表都采集不到，台区集中器的供电又正常，则主要原因是集中器对主站通信故障所致。（　　　）

答案：×

3. Q/GDW/ZY 1020—2013《集中抄表终端（集中器、采集器）装拆标准化作业指导书》规定，在人字梯确认有限制开度的措施的情况下，人在梯子上工作时，可移动梯子调整作业角度。（　　　）

答案：×

4. Q/GDW/ZY 1020—2013《集中抄表终端（集中器、采集器）装拆标准化作业指导书》规定，在RS-485通信线缆现场建设过程中，在确保线材质量的情况下，可以与电源线同管敷设。（　　　）

答案：×

5. Q/GDW/ZY 1020—2013《集中抄表终端（集中器、采集器）装拆标准化作业指导书》规定，工作负责人在作业前应要求工作票许可人当面验电，必要时工作负责人还可使用自带验电器（笔）重复验电。（　　　）

答案：√

6. Q/GDW/ZY 1020—2013《集中抄表终端（集中器、采集器）装拆标准化作业指导书》规定，工作票许可人应指明作业现场周围的带电部位，由工作许可人确认无倒送电的可能。（　　　）

答案：×

7. Q/GDW/ZY 1020—2013《集中抄表终端（集中器、采集器）装拆标准化作业指导书》规定，楼层间需要进行RS-485通信线缆连接的，应在墙面配PVC管，配管固定后，

再穿好电缆线。（　　）

答案：×

8. Q/GDW/ZY 1020—2013《集中抄表终端（集中器、采集器）装拆标准化作业指导书》规定，RS-485通信线缆采用穿管、线槽、钢索方式连接时，不得与强电线路合管、合槽敷设，与绝缘电力线路的距离应不小于0.3m，与其他弱电线路应有有效的分隔措施。（　　）

答案：×

9. Q/GDW/ZY 1020—2013《集中抄表终端（集中器、采集器）装拆标准化作业指导书》规定，本型采集器直接转发集中器与电能表之间的命令和数据。（　　）

答案：×

10. Q/GDW/ZY 1020—2013《集中抄表终端（集中器、采集器）装拆标准化作业指导书》规定，接取临时电源时，接取电源时安排专人监护；接线时刀开关或断路器应在断开位置，从电源箱内出线刀开关或断路器上桩头接出，接出前应验电。（　　）

答案：×

11. Q/GDW/ZY 1020—2013《集中抄表终端（集中器、采集器）装拆标准化作业指导书》规定，RS-485通信线缆的屏蔽层应两侧可靠接地。（　　）

答案：×

12. Q/GDW/ZY 1020—2013《集中抄表终端（集中器、采集器）装拆标准化作业指导书》规定，新装和更换后的集中抄表终端调试成功后应由主管部门进行验收。（　　）

答案：×

13. Q/GDW/ZY 1020—2013《集中抄表终端（集中器、采集器）装拆标准化作业指导书》规定，使用电动工具应戴手套，站在绝缘垫上，防止触电伤害。（　　）

答案：×

四、简答题

1. Q/GDW/ZY 1020—2013《集中抄表终端（集中器、采集器）装拆标准化作业指导书》规定，集中器新装作业中断开电源并验电的作业内容有哪些？

答案：（1）核对作业间隔。

（2）使用验电笔（器）对计量柜（箱）、采集终端箱金属裸露部分进行验电，并检查柜（箱）接地是否可靠。

（3）确认电源进、出线方向，断开进、出线开关，且能观察到明显断开点。

（4）使用验电笔（器）再次进行验电，确认一次进出线等部位均无电压后，装设接地线。

2. Q/GDW/ZY 1020—2013《集中抄表终端（集中器、采集器）装拆标准化作业指导书》规定，集中器、采集器拆除的作业内容是什么？

答案：（1）断开集中器、采集器供电电源，用万用表或验电笔测量无电后，拆除电源线。

（2）将电能表停电或采用强弱电隔离措施后，拆除电能表和集中器、采集器 RS-

485 数据线缆。

（3）拆除外置天线。

（4）拆除终端。

（5）移除集中器、采集器、RS－485。

第五节　低压电力线宽带载波通信互联互通技术规范

一、填空题

1. Q/GDW 11612.3—2016《低压电力线宽带载波通信互联互通技术规范　第 3 部分：检验方法》规定，通信单元的工频磁场抗扰度试验，将通信单元置于与系统电源电压相同频率的随时间正弦变化的、强度为＿＿＿＿＿＿ A/m 的稳定持续磁场的线圈中心，通信单元在正常工作状态下应符合相关规定。

答案：400

2. Q/GDW 11612.3—2016《低压电力线宽带载波通信互联互通技术规范　第 3 部分：检验方法》规定，宽带载波通信单元互联互通检验时，静电放电抗扰度试验，每个敏感试验点放电次数：正负极性各＿＿＿＿＿＿次，每次放电间隔至少为＿＿＿＿＿＿s。

答案：10　　1

3. Q/GDW 11612.3—2016《低压电力线宽带载波通信互联互通技术规范　第 3 部分：检验方法》规定，宽带载波通信单元互联互通检验时，电快速瞬变脉冲抗扰度试验，电压分别施加于信号输入/输出的每一个端口和保护接地端之间，试验电压为 ±＿＿＿＿＿＿ kV。

答案：1

4. Q/GDW 11612.3—2016《低压电力线宽带载波通信互联互通技术规范　第 3 部分：检验方法》规定，宽带载波通信单元互联互通检验时，电快速瞬变脉冲抗扰度试验，电压分别施加于通信单元交流电源端口和保护接地端之间，试验电压为 ±＿＿＿＿＿＿ kV。

答案：2

5. Q/GDW 11612.3—2016《低压电力线宽带载波通信互联互通技术规范　第 3 部分：检验方法》规定，宽带载波通信单元互联互通检验时，电快速瞬变脉冲抗扰度试验，电压分别施加于终端的供电电源端和保护接地端之间，试验电压为 ±＿＿＿＿＿＿ kV。

答案：4

6. Q/GDW 11612.3—2016《低压电力线宽带载波通信互联互通技术规范　第 3 部分：检验方法》规定，宽带载波通信单元互联互通检验时，电快速瞬变脉冲抗扰度试验，用电容耦合夹将试验电压耦合至通信信号输入/输出线路上，试验电压为 ±＿＿＿＿＿＿ kV。

答案：1kV

7. Q/GDW 11612.3—2016《低压电力线宽带载波通信互联互通技术规范　第 3 部分：检验方法》规定，低压电力线宽带载波传输方式通信单元的试验可与标准通信单元、标准采集终端、＿＿＿＿＿＿连接在一起同时进行。

答案：标准电能表

8. Q/GDW 11612.3—2016《低压电力线宽带载波通信互联互通技术规范 第 3 部分：检验方法》规定，低压电力线宽带载波传输方式通信单元检验过程中的衰减器用于引入_____，进而降低宽带载波信号强度的设备。

答案：预定衰减

9. Q/GDW 11612.3—2016《低压电力线宽带载波通信互联互通技术规范 第 3 部分：检验方法》规定，低压宽带电力线载波集中器用通信单元的静态功耗应不大于_____ W。

答案：1

二、不定项选择题

1. Q/GDW 11612.3—2016《低压电力线宽带载波通信互联互通技术规范 第 3 部分：检验方法》规定，以下（　　）属于宽带载波通信单元应具备的业务功能。

A. 抄表功能　　　　　　　　　　B. 从节点注册

C. 事件上报　　　　　　　　　　D. 广播对时

E. 电能表通信参数自动维护　　　F. 参数变更上报

答案：ABCD

2. Q/GDW 11612.3—2016《低压电力线宽带载波通信互联互通技术规范 第 3 部分：检验方法》规定，宽带载波通信单元互联互通检验时，在标准温度范围，衰减器指标要求（　　）。

A. 100kHz ~ 1GHz 频段内　　　　B. 衰减器输入、输出插入损耗不大于 3.5dB

C. 驻波比不大于 1.4　　　　　　D. 衰减调节范围 0 ~ 127dB。

答案：ABCD

3. Q/GDW 11612.3—2016《低压电力线宽带载波通信互联互通技术规范 第 3 部分：检验方法》规定，通信单元在正常工作状态下，通过 8kV 静电放电进行抗扰度试验，放电施加部位包括（　　）。

A. 电源端子

B. 信号端子

C. 操作人员正常使用时可能触及的外壳和操作部分

D. 通信单元各个侧面

答案：CD

4. Q/GDW 11612.3—2016《低压电力线宽带载波通信互联互通技术规范 第 3 部分：检验方法》规定，宽带载波通信单元互联互通检验时，验收检验时下列检验项目属于抽检的是（　　）。

A. 基本通信性能　　　　　　　　B. 互联互通

C. 绝缘强度　　　　　　　　　　D. 功率消耗

答案：ABCD

5. Q/GDW 11612.3—2016《低压电力线宽带载波通信互联互通技术规范 第 3 部分：

检验方法》规定，射频电磁场辐射抗扰度试验，一般试验等级包括（　　）。

A. 频率范围：80～1000MHz
B. 严酷等级：3
C. 试验场强：10V/m（非调制）
D. 正弦波 1kHz，80% 幅度调制

答案：ABCD

6. Q/GDW 11612. 3—2016《低压电力线宽带载波通信互联互通技术规范　第 3 部分：检验方法》规定，宽带载波通信单元综合环境测试，下列属于测试项目的是（　　）。

A. 全网抄表测试
B. 广播校时
C. 搜表功能
D. 实时费控

答案：ABCD

7. Q/GDW 11612. 3—2016《低压电力线宽带载波通信互联互通技术规范　第 3 部分：检验方法》规定，宽带载波通信协议栈媒体访问控制 MAC 子层访问信道的机制包括（　　）。

A. TDMA
B. CDMA
C. CSMA/CA
D. FDMA

答案：AC

8. Q/GDW 11612. 3—2016《低压电力线宽带载波通信互联互通技术规范　第 3 部分：检验方法》规定，宽带载波通信网络应采用信息安全防护机制，具有（　　）等功能，能够防止非法宽带载波通信单元接入系统，并可保障传输数据的安全。

A. 白名单机制
B. 双向身份认证
C. 版本控制
D. 黑白单机制

答案：BC

9. Q/GDW 11612. 3—2016《低压电力线宽带载波通信互联互通技术规范　第 3 部分：检验方法》规定，下面属于宽带载波通信单元的是（　　）。

A. 单相表宽带模块
B. 三相表宽带模块
C. Ⅰ/Ⅱ宽带采集器
D. 宽带载波抄控器

答案：ABD

10. Q/GDW 11612. 3—2016《低压电力线宽带载波通信互联互通技术规范　第 3 部分：检验方法》规定，下列属于宽带载波通信网络协议栈层级的是（　　）。

A. 网络层
B. 物理层
C. 数据链路层
D. 应用层

答案：BCD

11. Q/GDW 11612. 3—2016《低压电力线宽带载波通信互联互通技术规范　第 3 部分：检验方法》规定，下列属宽带载波协议栈网络管理子层功能的是（　　）。

A. 网络的组网
B. 网络维护
C. 路由管理
D. 应用层报文的汇聚和分发

答案：ABCD

12. Q/GDW 11612. 3—2016《低压电力线宽带载波通信互联互通技术规范　第 3 部分：检验方法》规定，宽带载波通信协议栈数据链路层分为（　　）。

A. 网络管理子层   B. 媒体访问控制子层

C. 物理层   D. 应用层

答案：AB

13. Q/GDW 11612.3—2016《低压电力线宽带载波通信互联互通技术规范 第 3 部分：检验方法》规定，宽带载波通信网络支持的抄表模式包括（   ）。

A. 点抄方式   B. 集中器主动方式

C. 路由主动方式   D. 并发方式，并发数不小于 5

答案：BCD

14. Q/GDW 11612.3—2016《低压电力线宽带载波通信互联互通技术规范 第 3 部分：检验方法》规定，以下（   ）属于低压电力线宽带载波传输方式通信单元。

A. Ⅰ型采集器宽带载波模块   B. 集中器宽带载波模块

C. 三相表宽带载波模块   D. 宽带载波抄控器

答案：ABCD

15. Q/GDW 11612.3—2016《低压电力线宽带载波通信互联互通技术规范 第 3 部分：检验方法》规定，宽带载波通信网络协议，定义了（   ）共 3 层。

A. 物理层   B. 数据链路层

C. 运算层   D. 应用层

答案：ABD

16. Q/GDW 11612.3—2016《低压电力线宽带载波通信互联互通技术规范 第 3 部分：检验方法》规定，宽带载波通信单元的抄表功能支持（   ）。

A. 集中器主动方式抄表   B. 路由主动方式抄表

C. 并发方式抄表   D. 随机自动抄表

答案：ABC

17. Q/GDW 11612.3—2016《低压电力线宽带载波通信互联互通技术规范 第 3 部分：检验方法》规定，以下（   ）条件符合低压电力线宽带载波通信互联互通技术规范中检验规则的分类。

A. 型式试验   B. 流式试验

C. 验收检验   D. 全性能检验

答案：ACD

18. Q/GDW 11612.3—2016《低压电力线宽带载波通信互联互通技术规范 第 3 部分：检验方法》规定，以下（   ）描述符合低压电力线宽带载波通信互联互通技术规范的振荡波抗干扰度要求。

A. 在一定等级的振荡波骚扰下，通信单元出现死机现象

B. 一定等级的振荡波骚扰下，通信单元可以正常通信

C. 在一定等级的振荡波骚扰下，通信单元损坏

D. 在一定等级的振荡波骚扰下，允许通信单元出现复位或者短时通信中断现象

答案：BD

三、判断题

1. Q/GDW 11612.2—2016《低压电力线宽带载波通信互联互通技术规范 第2部分：技术要求》规定，通信单元的设计、元器件选用及生产制造工艺应保证通信单元的平均无故障工作时间不小于12年。（ ）

答案：×

2. Q/GDW 11612.3—2016《低压电力线宽带载波通信互联互通技术规范 第3部分：检验方法》规定，宽带载波通信单元与主站之间应具备密钥更新机制。（ ）

答案：√

3. Q/GDW 11612.3—2016《低压电力线宽带载波通信互联互通技术规范 第3部分：检验方法》规定，宽带载波通信单元的全性能检验一般在产品生产前进行。（ ）

答案：×

4. Q/GDW 11612.3—2016《低压电力线宽带载波通信互联互通技术规范 第3部分：检验方法》规定，芯片 ID 号是宽带载波通信单元芯片内部存储的不可更改的唯一标识号。（ ）

答案：√

5. Q/GDW 11612.3—2016《低压电力线宽带载波通信互联互通技术规范 第3部分：检验方法》规定，宽带载波的通信速率应不小于2Mb/s。（ ）

答案：×

6. Q/GDW 11612.2—2016《低压电力线宽带载波通信互联互通技术规范 第2部分：技术要求》规定，宽带载波通信设备（Ⅱ型采集器等）采用工频交流电源，工作电源电压允许偏差为额定值的 − 20% ~ + 20%；宽带载波通信单元，采用直流电源，电压允许范围为（12 ± 0.5）V。（ ）

答案：×

7. Q/GDW 11612.2—2016《低压电力线宽带载波通信互联互通技术规范 第2部分：技术要求》规定，宽带载波通信单元具备在本地网络中唯一的节点地址标志，用于建立中继路由关系。应能够在无人工干预情况下，自动管理下属节点的中继路由关系，主节点（CCO）下属节点数量应不小于1024个。（ ）

答案：×

8. Q/GDW 11612.3—2016《低压电力线宽带载波通信互联互通技术规范 第3部分：检验方法》规定，宽带载波通信单元是指采用宽带载波技术在电力线上进行数据传输的通信模块或通信设备。（ ）

答案：√

9. Q/GDW 11612.3—2016《低压电力线宽带载波通信互联互通技术规范 第3部分：检验方法》规定，宽带载波通信的协议帧格式中，如果出现48位的 MAC 地址字段，那么该字段在协议报文中传输时，需要遵照主机字节序（小端）来填充。（ ）

答案：×

10. Q/GDW 11612.3—2016《低压电力线宽带载波通信互联互通技术规范 第3部

分：检验方法》规定，在宽带载波通信中，所有报文格式的描述，默认都按照网络字节序（大端）实现。（   ）

答案：×

11. Q/GDW 11612.1—2016《低压电力线宽带载波通信互联互通技术规范 第 1 部分：总则》规定，宽带载波通信网络以低压电力线为通信媒介，实现低压电力用户用电信息汇聚、传输、交互的通信网络，其主要采用正交频分复用技术，频段使用 3 ~ 12MHz。（   ）

答案：×

四、简答题

1. 根据 Q/GDW 11612.3—2016《低压电力线宽带载波通信互联互通技术规范 第 3 部分：检验方法》规定，宽带载波通信单元有哪些分类？

答案：宽带载波通信单元的分类有：单相表及Ⅰ型采集器宽带载波模块、三相表宽带载波模块、宽带载波Ⅱ型、采集器、集中器宽带载波模块、宽带载波抄控器等。

2. 根据 Q/GDW 11612.3—2016《低压电力线宽带载波通信互联互通技术规范 第 3 部分：检验方法》规定，简述宽带载波通信网络协议栈结构及各部分功能。

答案：宽带载波通信网络协议栈，定义了物理层、数据链路层及应用层共 3 层。其中，数据链路层分为媒体访问控制（MAC）子层和网络管理子层，数据链路层直接为应用层提供传输服务。各层次的功能定义如下：

（1）应用层：实现本地通信单元与通信单元之间业务数据交互，通过数据链路层完成数据传输。

（2）数据链路层：分为网络管理子层和媒体访问控制子层（即 MAC 子层）。网络管理子层主要实现宽带载波通信网络的组网、网络维护、路由管理及应用层报文的汇聚和分发。MAC 子层主要通过 CSMA/CA 和 TDMA 两种信道访问机制竞争物理信道，实现数据报文的可靠传输。

（3）物理层：主要实现将 MAC 子层数据报文编码调制为宽带载波信号，发送到电力线媒介上；接收电力线媒介的宽带载波信号解调为数据报文，交予 MAC 子层处理。

3. Q/GDW 11612.3—2016《低压电力线宽带载波通信互联互通技术规范 第 3 部分：检验方法》规定，宽带载波通信单元拥有信道安全防护功能，能够保护通信单元与主站之间交互数据的安全性。请问信道安全防护机制包含哪几种防护模式？

答案：信道安全防护机制包含 3 种防护模式，分别是数据机密性保护模式、数据完整性保护模式和数据全面保护模式。

4. Q/GDW 11612.3—2016《低压电力线宽带载波通信互联互通技术规范 第 3 部分：检验方法》规定，低压电力线宽带载波传输方式通信单元在进行外观和结构检查时有哪些要求？

答案：进行外观和结构检查时，不应有明显的凹凸痕、划伤、裂缝和毛刺，镀层不应脱落，标牌文字、符号应清晰、耐久，接线应牢固。

5. Q/GDW 11612.3—2016《低压电力线宽带载波通信互联互通技术规范 第 3 部分：

检验方法》规定，宽带载波通信单元与主站之间应具备端到端的通信数据加密机制，请简要回答信道安全防护机制的 3 种防护模式。

答案：信道安全防护机制包含 3 种防护模式，分别是数据机密性保护模式、数据完整性保护模式和数据全面保护模式。

（1）数据机密性保护模式通过数据加解密操作保护传输数据的机密性，数据的接收方需要使用正确的密钥解密获得数据内容。

（2）数据完整性保护模式通过附加消息鉴别码保护传输数据的完整性，数据的接收方可以通过校验消息鉴别码的正确性判断传输内容是否被篡改。

（3）数据全面保护模式结合上述两种防护机制，同时实现数据机密性和完整性的保护。

6. 根据 Q/GDW 11612.3—2016《低压电力线宽带载波通信互联互通技术规范 第 3 部分：检验方法》的规定，请简要回答低压电力线宽带载波通信互联互通技术规范分为哪几部分。

答案：分为 6 个部分：总则、技术要求、检验方法、物理层通信协议、数据链路层通信协议、应用层通信协议。

第六节 电力用户用电信息采集系统通信单元技术规范

一、填空题

1. Q/GDW 1374.3—2013《电力用户用电信息采集系统技术规范 第 3 部分：通信单元技术规范》规定，本地通信单元可采用工频交流电源或直流电源，工作电源电压允许偏差为额定值的_____。

答案：−20% ~ +20%

2. Q/GDW 1374.3—2013《电力用户用电信息采集系统技术规范 第 3 部分：通信单元技术规范》规定，电力用户用电信息采集系统中，通信单元是指用于电力用户用电信息采集系统主站与_____之间、采集终端与采集器，以及采集器/采集终端与_____之间本地通信的通信模块或通信设备。

答案：采集终端 电表

3. Q/GDW 1374.3—2013《电力用户用电信息采集系统技术规范 第 3 部分：通信单元技术规范》规定，通信单元结构根据安装要求可为_____或_____。

答案：无外封装的通信模块 有机壳封装的通信设备

4. Q/GDW 1374.3—2013《电力用户用电信息采集系统技术规范 第 3 部分：通信单元技术规范》规定，通信单元需具备_____和_____功能。

答案：载波侦听 冲突避让

5. Q/GDW 1374.3—2013《电力用户用电信息采集系统技术规范 第 3 部分：通信单元技术规范》规定，宽带电力线载波的基本频带为_____，扩展频带为_____。

答案：1～30MHz　　30～50MHz

6. Q/GDW 1374.3—2013《电力用户用电信息采集系统技术规范　第3部分：通信单元技术规范》规定，在正常运行条件下可能受到腐蚀或能生锈的金属部分，应有_____、_____或_____。

答案：防锈　　防腐的涂层　　镀层

二、不定项选择题

1. Q/GDW 1374.3—2013《电力用户用电信息采集系统技术规范　第3部分：通信单元技术规范》规定，低压宽带电力线载波通信单元应具有（　　）等网络管理功能。

A. 网络配置管理　　　　　　　　B. 故障处理
C. 性能管理　　　　　　　　　　D. 安全管理

答案：ABCD

2. Q/GDW 1374.3—2013《电力用户用电信息采集系统技术规范　第3部分：通信单元技术规范》规定，EPON系统为单纤双向系统，上行工作波长和下行工作波长使用（　　）nm。

A. 1260～1360　　　　　　　　B. 1480～1500
C. 1260～1500　　　　　　　　D. 1480～1360

答案：AB

3. Q/GDW 1374.3—2013《电力用户用电信息采集系统技术规范　第3部分：通信单元技术规范》规定，无线公网通信时，当有异常事件发生，模块可以上报（　　），无需上位机干预。

A. 兼容事件　　　　　　　　　　B. 安全事件
C. 问题事件　　　　　　　　　　D. 异常事件

答案：D

4. Q/GDW 1374.3—2013《电力用户用电信息采集系统技术规范　第3部分：通信单元技术规范》规定，为减少微功率无线通信单元同一地区同频干扰，推荐以组的方式划分为n个频道组，每组内含（　　）个以上的通信信道。

A. 1　　　　　　　　　　　　　　B. 2
C. 3　　　　　　　　　　　　　　D. 4

答案：C

5. Q/GDW 1374.3—2013《电力用户用电信息采集系统技术规范　第3部分：通信单元技术规范》规定，通信单元应在规定时间（Time）内，在指定的信道组（CH），持续发送标准基带信号，除非另有规定，（　　）信号的速率均应设定为使数传机工作于产品指标给定的最高数传速率。

A. M2　　　　　　　　　　　　　B. M3
C. M4　　　　　　　　　　　　　D. M5

答案：ABCD

6. Q/GDW 1374.3—2013《电力用户用电信息采集系统技术规范　第3部分：通信单元

技术规范》规定，低压窄带电力线载波通信单元三相表通信单元动态功耗应≤（　　　）W。

A. 1. 5 　　　　　　　　　　　B. 2. 5

C. 3. 5 　　　　　　　　　　　D. 4. 5

答案：B

三、判断题

1. Q/GDW 1374. 3—2013《电力用户用电信息采集系统技术规范　第3部分：通信单元技术规范》规定，通信单元电磁兼容评价等级 B 是指骚扰使通信单元暂时丧失通信功能，骚扰后无需人工干预，3min 内能自行恢复通信功能。（　　　）

答案：×

2. Q/GDW 1374. 3—2013《电力用户用电信息采集系统技术规范　第3部分：通信单元技术规范》规定，230MHz 远程通信单元发射功率一般为 5～10W，特殊需要时不大于25W。（　　　）

答案：√

3. Q/GDW 1374. 3—2013《电力用户用电信息采集系统技术规范　第3部分：通信单元技术规范》规定，宽带电力线载波发送功率频谱密度在工作频带内不大于 −45dBm/Hz，工作频带外不大于 −75dBm/Hz。（　　　）

答案：√

4. Q/GDW 1374. 3—2013《电力用户用电信息采集系统技术规范　第3部分：通信单元技术规范》规定，用电信息采集系统远程通信单元的工作电压要求为 DC4V，误差为±5%，峰值电流不超过 2A，平均功率小于 2W。（　　　）

答案：√

5. Q/GDW 1374. 3—2013《电力用户用电信息采集系统技术规范　第3部分：通信单元技术规范》规定，用电信息采集系统通信单元采用低压电力线窄带载波通信时，其载波信号通信频率范围应为 5～500kHz。（　　　）

答案：×

6. Q/GDW 1374. 3—2013《电力用户用电信息采集系统技术规范　第3部分：通信单元技术规范中》规定，低压窄带电力线载波通信单元应具有网络配置管理、故障管理、性能管理、安全管理等网络管理功能。（　　　）

答案：×

7. Q/GDW 1374. 3—2013《电力用户用电信息采集系统技术规范　第3部分：通信单元技术规范》规定，微功率无线通信单元三相表通信单元动态功耗应不大于 1. 5W。（　　　）

答案：×

8. Q/GDW 1374. 3—2013《电力用户用电信息采集系统技术规范　第3部分：通信单元技术规范》规定，微功率无线通信单元工作频率为 270～510MHz。（　　　）

答案：×

9. Q/GDW 1374. 3—2013《电力用户用电信息采集系统技术规范　第3部分：通信单

元技术规范》规定，目前国网推行使用的 5 模全网通天线，可支持 4G/3G/2G 三大运营商的通信网络。（　　）

答案：√

10. Q/GDW 1374.3—2013《电力用户用电信息采集系统技术规范　第 3 部分：通信单元技术规范》规定，如采集设备原采用移动 SIM 卡，当发现 SIM 卡损坏时可直接更换为电信 UIM 卡。（　　）

答案：×

四、简答题

1. 什么是光纤通信单元？

答案：采用光纤通信方式，用于主站与采集终端、电表之间通信的模块。

2. 低压宽带电力线载波信单元应该具备哪些管理功能？

答案：低压宽带电力线载波通信单元应具有网络配置管理、故障管理、性能管理、安全管理等网络管理功能。

五、案例分析题

1. 小王在现场工作发现，终端能够拨号成功上线，并与主站建立通信连接，但是在十几秒甚至几秒后便会快掉线并重新拨号，并且每次都能拨号成功，自动重复此过程。请问出现这种情况的原因有哪些？该怎么解决？

答案：原因分析：终端上线后与主站建立 TCP 连接后马上被系统关闭 TCP 连接，可能是终端 IP 不在系统路由表中；或者系统对于同一地址只允许一台终端上线，另一台地址相同的终端登录上线后系统自动踢出之前上线的终端；或终端软件异常，造成终端软件自动重启。

解决办法：关闭终端电源，请系统操作人员召测终端数据，若系统仍显示终端通信正常，则表明系统内改终端地址被重复使用，需要同步更改终端地址和系统档案中对应的终端地址，并且设法确认另一台终端地址是否正确。若排除上述情况，则需要现场查看终端获取的 IP 地址，可以请移动公司确认该地址是否属于预先分配的 IP 地址段，预先分配的 IP 地址段、系统路由及防火墙配置是否正确。若无其他异常，测试终端软件，确认软件故障，联系供货厂家现场升级软件。

2. 某施工队新人小王，工作安排新装了 1 台 I 型集中器，然后与主站监控人员确认，发现集中器没能与主站建立连接，试分析可能存在的各种原因？

答案：（1）了解终端的登录流程：终端上电—通信模块上电—SIM 卡检测—信号检测—拨号—连接网络—登录。

（2）关注每个环节是否存在异常。

1）终端未上电，模块未上电，不能正常工作。

2）天线未安装，需将配送天线连接好，同时需判断天线的特性，如 7 模与 5 模天线的区别。7 模的全网通，4G/3G/2G 三大运营商的网络都支持。5 模的 4G 三大运营商都可以用，往下 3G/2G 只能兼容一个运营商。

3）终端已确认上电，但是模块电源灯不亮，考虑更换模块，从附近通信正常台区选择正常模块装上，如果还是不行，考虑终端的电源输出有问题；如换上的模块能正常通信，则考虑模块有问题。

4）Link 灯的颜色是红色表示信号很弱，红绿表示信号一般，绿色表示信号强度较好；同时可通过液晶屏信号强度符号显示的格数，判断本地区的通信状况。

5）如果没有信号则无法拨号，原因如下：

a. 确认 SIM 卡是否已经停用。可通过在其他厂家或之前能够登录的终端上测试 SIM 卡，如可以通信，考虑通信模块有问题。不可以通信，考虑 SIM 卡问题。

b. 确认 SIM 卡是否支持当前专网网络，也可通过更换之前正常使用的 SIM 卡对比，或将 SIM 卡直接放到其他厂家终端模块上验证。如可以通信，考虑通信模块有问题。不可以通信，考虑 SIM 卡问题。

c. 确认 APN 参数是否设置正确（移动、联通卡）。根据当地的通信参数要求，可通过终端按键翻屏查看参数设置。与主站进行通信参数设置确认。

d. 针对电信 2G/3G/4G SIM 卡，首先确保 APN、用户名、密码必须设置正确。若无法通过翻屏确认，则可通过复制终端的参数，分析是否设置正确。

6）拨号不成功，模块无法登录网络，原因如下：

a. 信号弱或者不稳定，导致拨号失败，终端模块反复重启，再拨号。考虑需增强本地区信号强度，也可更换模块及终端进行测试，验证是否存在信号弱这个问题。

b. 2G/4G 卡与模块的配合问题。原因如下：同样为全网通模块，如果以前 2G 模块下该 SIM 卡能够正常登录，在终端界面上锁定到 2G 查看是否可以登录，如果 2G 卡能够登录专网，而 4G 卡无法登录专网，可以确定 4G 卡未开通专网功能。同样为 2G 模块，之前老的 2G 卡能登录，现在新的 2G/4G 卡都不能登录，或者其中的某种卡可以登录，考虑不能登录的卡未开通专网功能。或者就是模块有问题，考虑换不同厂家的模块来鉴别。

c. 终端排查。将之前能够登录的模块换到问题终端上，查看是否能够正常登录，如同样不能登录，排除终端问题，如能正常登录，问题可锁定在 SIM 卡或模块上。对换其他厂家能够正常登录的模块到问题终端上，必须同样是 2G 或 4G 模块，如能够正常登录，可锁定模块问题。如同样不能正常登录，可排除终端跟模块问题，应查找主站、运营商网络、SIM 卡等问题。

第七节　电力用户用电信息采集系统集中抄表终端技术规范

一、填空题

1. Q/GDW 1374.2—2013《电力用户用电信息采集系统技术规范　第 2 部分：集中抄表终端技术规范》规定，集中器具有监测电压偏差及统计电压_____和电压_____的功能。

答案：合格率　　超限率

2. Q/GDW 1374.2—2013《电力用户用电信息采集系统技术规范　第 2 部分：集中抄表终端技术规范》规定，在非通信状态下，Ⅰ型集中器三相消耗的视在功率应不大于_____VA，有功功率应不大于_____W；Ⅱ型集中器和采集器消耗的视在功率应不大于_____VA，有功功率应不大于_____W。

答案：15　　10　　5　　3

3. Q/GDW 1374.2—2013《电力用户用电信息采集系统技术规范　第 2 部分：集中抄表终端技术规范》规定，集中器应具有按月和按日统计的功能，包括_____及合格累计时间、电压超上限率及相应累计时间、电压超下限率及相应累计时间，至少能储存前一月和当月，前一日和当日的数据。

答案：电压合格率

4. Q/GDW 1374.2—2013《电力用户用电信息采集系统技术规范　第 2 部分：集中抄表终端技术规范》规定，无论集中器的电能表通信参数自动维护功能开启与否，采集设备均应正确接收主站下发的_____测量点命令。

答案：参数设置

5. Q/GDW 1374.2—2013《电力用户用电信息采集系统技术规范　第 2 部分：集中抄表终端技术规范》规定，当某个测量点连续_____天抄表失败后，该测量点变为无效，可供新的电能表使用。

答案：30

6. Q/GDW 1374.2—2013《电力用户用电信息采集系统技术规范　第 2 部分：集中抄表终端技术规范》规定，以太网为集中器的标准配置，如远程通信单元为_____时，不需要在模块上单独提供以太网接口。

答案：光纤介质

7. Q/GDW 1374.2—2013《电力用户用电信息采集系统技术规范　第 2 部分：集中抄表终端技术规范》规定，采集器应能分类存储数据，形成总、各费率正向有功电能示值等历史日数据，保存重点用户电能表的最近_____h 整点总有功电能数据。

答案：24

8. Q/GDW 1374.2—2013《电力用户用电信息采集系统技术规范　第 2 部分：集中抄表终端技术规范》规定，采集器应能记录参数变更事件、_____、终端停/上电事件、磁场异常事件等。

答案：抄表失败事件

二、不定项选择题

1. Q/GDW 1374.2—2013《电力用户用电信息采集系统技术规范　第 2 部分：集中抄表终端技术规范》规定，Ⅰ型集中器数据存储容量不得低于（　　）。

A. 32KB　　　　　　　　　　　B. 64MB

C. 32MB　　　　　　　　　　　D. 64KB

答案：B

2. Q/GDW 1374.2—2013《电力用户用电信息采集系统技术规范　第2部分：集中抄表终端技术规范》规定，满足集中器额定工作电源的要求的是（　　）。

A. 220V/380V

B. 电压允许偏差 −20% ~ +20%

C. 频率：50Hz

D. 频率允许偏差 −6% ~ +2%

答案：ABCD

3. Q/GDW 1374.2—2013《电力用户用电信息采集系统技术规范　第2部分：集中抄表终端技术规范》规定，下列属于集中器功能的是（　　）。

A. 数据采集

B. 事件记录

C. 数据传输

D. 终端维护

答案：ABCD

4. Q/GDW 1374.2—2013《电力用户用电信息采集系统技术规范　第2部分：集中抄表终端技术规范》规定，下列属于采集器功能的是（　　）。

A. 数据采集

B. 数据存储

C. 事件记录

D. 数据传输

答案：ABCD

5. Q/GDW 1374.2—2013《电力用户用电信息采集系统技术规范　第2部分：集中抄表终端技术规范》规定，采集器是用于采集多个电能表的电能信息，并可与集中器（　　）数据的设备。

A. 下载

B. 上传

C. 传输

D. 交换

答案：D

6. Q/GDW 1374.2—2013《电力用户用电信息采集系统技术规范　第2部分：集中抄表终端技术规范》规定，集中器应能按要求对采集数据进行分类存储，如日冻结数据、抄表日冻结数据、曲线数据、历史月数据等。曲线冻结数据密度由主站设置，最小冻结时间间隔为（　　）h。

A. 0.5

B. 1

C. 1.5

D. 2

答案：B

7. Q/GDW 1374.2—2013《电力用户用电信息采集系统技术规范　第2部分：集中抄表终端技术规范》规定，集中器在供电电源中断后，应有措施至少保证与主站通信（　　）次并正常工作（　　）min。

A. 1，1

B. 3，3

C. 3，1

D. 1，3

答案：C

8. Q/GDW 1374.2—2013《电力用户用电信息采集系统技术规范　第2部分：集中抄表终端技术规范》规定，集中器、采集器应可与多种标准通信单元匹配，完成数据采集的各项功能。集中器、采集器应满足与通信单元经信道交互的命令响应时间不大于（　　）s。

A. 30   B. 60

C. 90   D. 120

答案：C

9. Q/GDW 1374.2—2013《电力用户用电信息采集系统技术规范 第 2 部分：集中抄表终端技术规范》规定，集中器、采集器和一定数量的电能表组成一个数据采集网络，在试验条件下以 0.5h 的采集周期自动定时采集各电能表数据，运行时间 7 天，集中器通过 RS－485 采集电能表数据的成功率应大于（　　　）%。

A. 97   B. 98

C. 99   D. 100

答案：C

10. Q/GDW 1374.2—2013《电力用户用电信息采集系统技术规范 第 2 部分：集中抄表终端技术规范》规定，对于智能电能表，集中器每天（　　　）起读取电能表的日冻结和曲线数据并存储，集中器应补抄最近（　　　）天的日冻结数据。

A. 00：00，3   B. 00：00，2

C. 00：05，3   D. 00：05，2

答案：C

11. Q/GDW 1374.2—2013《电力用户用电信息采集系统技术规范 第 2 部分：集中抄表终端技术规范》规定，简易型采集器直接转发集中器与电能表间的（　　　）。

A. 命令   B. 数据和信息

C. 命令和信息   D. 数据和命令

答案：D

12. Q/GDW 1374.2—2013《电力用户用电信息采集系统技术规范 第 2 部分：集中抄表终端技术规范》规定，集中器采集各电能表的（　　　），电能数据保存时应带有时标。

A. 实时电能示值   B. 日零点冻结电能示值

C. 日冻结电压曲线   D. 抄表日零点冻结电能示值

答案：ABD

13. Q/GDW 1374.2—2013《电力用户用电信息采集系统技术规范 第 2 部分：集中抄表终端技术规范》规定，集中器应能（　　　）无线公网通信模块型号、版本、ICCID、信号强度等信息。

A. 只能读取   B. 只能存储

C. 读取并存储   D. 不能读取也不能存储

答案：C

14. Q/GDW 1374.2—2013《电力用户用电信息采集系统技术规范 第 2 部分：集中抄表终端技术规范》规定，采集器具有（　　　）功能，任一采集器均可作为其他两载波节点间的中继节点，实现载波信号转发功能。

A. 中继   B. 指令和数据转发

C. 表地址索引表免维护   D. 本地及远程维护

答案：A

15. Q/GDW 1374.2—2013《电力用户用电信息采集系统技术规范 第2部分：集中抄表终端技术规范》规定，下列属于 I 型集中器的数据管理和存储功能配置中必备的项目是（　　）。

A. 重点用户采集   B. 公变电能计量

C. 电压合格率统计   D. 历史日数据

答案：AD

16. Q/GDW 1374.2—2013《电力用户用电信息采集系统技术规范 第2部分：集中抄表终端技术规范》规定，曲线冻结数据密度由（　　）设置。

A. 主站   B. 集中抄表终端

C. 集中器   D. 用电信息采集系统

答案：A

17. Q/GDW 1374.2—2013《电力用户用电信息采集系统技术规范 第2部分：集中抄表终端技术规范》规定，II 型集中器抄表数量应不少于（　　）只。

A. 181   B. 191

C. 182   D. 192

答案：D

18. Q/GDW 1374.2—2013《电力用户用电信息采集系统技术规范 第2部分：集中抄表终端技术规范》规定，采集器数据传输功能有（　　）。

A. 可以与集中器进行通信，接收并响应集中器的命令

B. 向集中器传送数据

C. 中继转发

D. 实时召测

答案：ABC

19. 根据 Q/GDW 1374.2—2013《电力用户用电信息采集系统技术规范 第2部分：集中抄表终端技术规范》规定，集中器、采集器的平均无故障工作时间（MTBF）不低于（　　）h。

A. 7×10^4 B. 7.5×10^4

C. 7.6×10^4 D. 8×10^4

答案：C

三、判断题

1. Q/GDW 1374.2—2013《电力用户用电信息采集系统技术规范 第2部分：集中抄表终端技术规范》规定，采集器通过采集器地址识别电能表，通过电表地址识别采集器。（　　）

答案：×

2. Q/GDW 1374.2—2013《电力用户用电信息采集系统技术规范 第2部分：集中抄表终端技术规范》规定，电压合格率是指实际运行电压在允许电压偏差范围内累计运行

时间与对应的总运行统计时间之比的百分值。电压监测统计的时间单位为小时。（　　）

答案：×

3. Q/GDW 1374.2—2013《电力用户用电信息采集系统技术规范　第2部分：集中抄表终端技术规范》规定，集中器上电后，经过0～30s的随机延时后登录。每次登录失败后，经过心跳周期延时（以秒或毫秒计）后重新登录。（　　）

答案：×

4. Q/GDW 1374.2—2013《电力用户用电信息采集系统技术规范　第2部分：集中抄表终端技术规范》规定，集中器支持主站对集中器进行远程软件在线软件下载升级，但不支持断点续传方式升级。（　　）

答案：×

5. Q/GDW 1374.2—2013《电力用户用电信息采集系统技术规范　第2部分：集中抄表终端技术规范》规定，简易型采集器抄收和暂存电能表数据，并根据集中器的命令将储存的数据上传给集中器。（　　）

答案：×

6. Q/GDW 1374.2—2013《电力用户用电信息采集系统技术规范　第2部分：集中抄表终端技术规范》规定，Ⅱ型集中器使用交流三相四线供电。（　　）

答案：×

7. Q/GDW 1374.2—2013《电力用户用电信息采集系统技术规范　第2部分：集中抄表终端技术规范》规定，集中器应能按要求选定某些用户为重点用户，按照采集间隔15min生成曲线数据。（　　）

答案：×

8. Q/GDW 1374.2—2013《电力用户用电信息采集系统技术规范　第2部分：集中抄表终端技术规范》规定，无论电能表通信参数自动维护功能开启与否，采集设备均应正确接收主站下发的测量点参数设置命令。（　　）

答案：√

9. Q/GDW 1374.2—2013《电力用户用电信息采集系统技术规范　第2部分：集中抄表终端技术规范》规定，验收检验中出现任一检验项目不合格时，判该终端为不合格，应重新进行调换或修理。（　　）

答案：√

10. Q/GDW 1374.2—2013《电力用户用电信息采集系统技术规范　第2部分：集中抄表终端技术规范》规定，集中器供电电源中断后，应有措施保证与主站通信1次并正常工作3min。（　　）

答案：×

11. Q/GDW 1374.2—2013《电力用户用电信息采集系统技术规范　第2部分：集中抄表终端技术规范》规定，Ⅰ型集中器应使用交流三相四线供电，在现场接线时，中性线可以用地线来代替，不影响终端工作及抄表效果。（　　）

答案：×

12. Q/GDW 1374.2—2013《电力用户用电信息采集系统技术规范　第2部分：集中

抄表终端技术规范》规定，电表由于电池欠压，导致时钟偏差严重，若在抄表日冻结电能示值时不要求判时标，将不影响主站的日冻结数据采集。（　　）

答案：×

13. Q/GDW 1374.2—2013《电力用户用电信息采集系统技术规范　第2部分：集中抄表终端技术规范》规定，集中器采集电能表的实时电能示值时，电能数据保存时必须判时标，不然会影响数据的真实性。（　　）

答案：×

14. Q/GDW 1374.2—2013《电力用户用电信息采集系统技术规范　第2部分：集中抄表终端技术规范》规定，按照F10参数设置要求规定，测量点号应与序号相同，但如有不相同的情况，不影响主站对电表数据的采集。（　　）

答案：×

15. Q/GDW 1374.2—2013《电力用户用电信息采集系统技术规范　第2部分：集中抄表终端技术规范》规定，使用低压电力线载波通信时，如存在台区间载波信号窜扰，电表归属可以通过示波器加以识别。（　　）

答案：×

四、简答题

1. 根据Q/GDW 1374.2—2013《电力用户用电信息采集系统技术规范　第2部分：集中抄表终端技术规范》规定，请简述集中器采集电能表数据的方式。

答案：（1）实时采集。集中器直接采集指定电能表的相应数据项，或采集采集器存储的各类电能数据、参数和事件数据。

（2）定时自动采集。集中器根据主站设置的抄表方案自动采集采集器或电能表的数据。

（3）自动补抄。集中器对在规定时间内未抄读到数据的电能表应有自动补抄功能。补抄失败时，生成事件记录，并向主站报告。若电能表不支持日冻结和曲线数据，集中器应通过设定的用户类型，定时读取电能表实时数据，作为冻结电量。对于智能电能表，集中器每天0点5分起读取电能表的日冻结和曲线数据并存储，集中器应补抄最近3天的日冻结数据。集中器抄读电能表次月1日零点的日冻结数据，转存为上月的月冻结数据。集中器应补抄当天曲线数据。

2. 根据Q/GDW 1374.2—2013《电力用户用电信息采集系统技术规范　第2部分：集中抄表终端技术规范》规定，请简要描述集中器与主站、本地通信模块、远程通信模块的通信协议。

答案：集中器与主站（与采集终端）的通信协议应符合Q/GDW 1376.1—2012，集中器与本地通信模块间（接口协议）应支持Q/GDW 1376.2—2012，集中器与远程通信模块间（接口协议）应支持Q/GDW 1376.3—2012。

3. Q/GDW 1374.2—2013《电力用户用电信息采集系统技术规范　第2部分：集中抄表终端技术规范》规定，集中器可用哪几种方式采集电能表的数据？

答案：（1）实时采集：集中器直接采集指定电能表的相应数据项，或采集采集器存储的各类电能数据、参数和事件数据。

（2）定时自动采集：集中器根据主站设置的抄表方案自动采集采集器或电能表的数据。

（3）自动补抄：集中器对在规定时间内未抄读到数据的电能表应有自动补抄功能。补抄失败时，生成事件记录，并向主站报告。

4. 根据 Q/GDW 1374.2—2013《电力用户用电信息采集系统技术规范　第 2 部分：集中抄表终端技术规范》规定，国网用电信息采集系统在实际应用推广中，产生诸多采集办法及不同的采集方案，请简单描述全 485 方案的优缺点？

答案：全 485 方案的优点是，普通标准带 485 通信的表计；RS－485 的通信速高、实时性很好，可靠性很高；通信范围不受变压器限制。其缺点是，需专门布线，安装和维护工作量大；易遭人为破坏；通信故障查找困难，节点的故障也可能影响总线通信。

5. 根据 Q/GDW 1374.2—2013《电力用户用电信息采集系统技术规范　第 2 部分：集中抄表终端技术规范》规定，国网用电信息采集系统在实际应用推广中，产生诸多采集办法及不同的采集方案，请简单描述全载波方案的优缺点？

答案：全载波方案优点是：无需布线，很容易安装、维护；其缺点是：需要专门配套的载波表计；通信实时性相对较差；通信范围局限于同一变压器供电范围内；电网的干扰会影响 PLC 通信，导致通信速率也会明显下降。

五、案例分析题

Q/GDW 1374.2—2013《电力用户用电信息采集系统技术规范　第 2 部分：集中抄表终端技术规范》中要求的电磁兼容测试（EMC），是为了确保集中器出厂后在各种不同干扰下能够正常运行，请描述测试检验的内容。

答案：检验检测的内容如下：

（1）电压暂降和短时中断，模拟现场经常遇到的不定时、突发性的停电或者电压不稳定时，集中器能否正常工作。

（2）工频磁场抗扰度，集中器运行在同频率的电压线圈干扰下，集中器是否能正常工作。

（3）射频电磁场辐射抗扰度，高频率磁场干扰下，集中器计量功能是否能经受考验。如手机等无线数字通信。

（4）射频场感应的传导骚扰抗扰度，集中器工作在低频感应磁场环境中计量误差的稳定性。

（5）静电放电，集中器运行时遇到突发的高压空气放电，如直接放电到各通信端口，或间接放电到结缘外壳，是否能正常工作，如人体的感应电、摩擦电等。

（6）电快速瞬变脉冲群抗扰度，集中器工作电压、电流线上遇到的突发性、长期性脉冲干扰，考验集中器的采样测量误差的变化，如大功率电动机对电网的冲击、不规范用电设备产生的谐波等。

（7）阻尼振荡波抗扰度，集中器受到振荡波的冲击，对各端口的影响。

（8）浪涌抗扰度，阶段性高电压冲击，如雷击保护等，考验终端的抗压能力。

（9）无线电干扰抑制，如电台、对讲机等对集中器的干扰。

第八节　电力用户用电信息采集系统专变采集终端技术规范

一、填空题

1. Q/GDW 1374. 1—2013《电力用户用电信息采集系统技术规范　第 1 部分：专变采集终端技术规范》规定，终端的电源由非有效接地系统或中性点不接地系统的三相四线配电网供电时，在接地故障及相对地产生 10% 过电压的情况下，没有接地的两组对地电压将会达到标称电压的_____倍，在此情况下，终端不应出现损坏。

答案：1. 9

2. Q/GDW 1374. 1—2013《电力用户用电信息采集系统技术规范　第 1 部分：专变采集终端技术规范》规定，Ⅲ型专变采集终端供电电源中断后，应有措施至少保证与主站通信 3 次（停电后立即上报事件）并正常工作 1min 的能力，存储数据保存至少_____年，时钟至少正常运行_____年。电源恢复时，保存数据不丢失，内部时钟正常运行。

答案：10　　5

3. Q/GDW 1374. 1—2013《电力用户用电信息采集系统技术规范　第 1 部分：专变采集终端技术规范》规定，终端应能接收主站的时钟召测和对时命令，对时误差应不超过 5s。参比条件下，终端时钟日计时误差绝对值应不大于_____ s/天。

答案：0. 5

4. Q/GDW 1374. 1—2013《电力用户用电信息采集系统技术规范　第 1 部分：专变采集终端技术规范》规定，专变采集终端应采用国家密码管理局认可的_____实现数据的加解密。密钥算法应符合国家密码管理相关政策，对称密钥算法推荐使用_____算法。

答案：硬件安全模块　　SM1

5. Q/GDW 1374. 1—2013《电力用户用电信息采集系统技术规范　第 1 部分：专变采集终端技术规范》规定，终端接收到主站下发的保电投入命令后，进入保电状态，自动解除原有控制状态，并在任何情况下均不执行_____命令。

答案：跳闸

6. Q/GDW 1374. 1—2013《电力用户用电信息采集系统技术规范　第 1 部分：专变采集终端技术规范》规定，终端接收到主站下发的初始化命令后，分别对_____、参数区、数据区进行初始化，参数区置为默认值，数据区清零，控制解除。

答案：硬件

二、不定项选择题

1. Q/GDW 1374. 1—2013《电力用户用电信息采集系统技术规范　第 1 部分：专变采集终端技术规范》规定，终端使用交流单相或三相供电。三相供电时，电源出现断相故障，即三相三线供电时断一相电压，三相四线供电时断两相电压的条件下，交流电源能维持终端正常工作。工作状态下所产生的交流磁通密度小于（　　　）mT。

A. 0. 2
B. 0. 5
C. 1. 0
D. 2. 0

答案：B

2. Q/GDW 1374.1—2013《电力用户用电信息采集系统技术规范　第1部分：专变采集终端技术规范》规定，专变采集终端设备（级别C3）在户外条件下正常运行的空气温度范围是（　　　）℃。

A. −10 ～ +55
B. −25 ～ +55
C. −40 ～ +55
D. −40 ～ +70

答案：D

3. Q/GDW 1374.1—2013《电力用户用电信息采集系统技术规范　第1部分：专变采集终端技术规范》规定，终端设备应能承受正常运行及常规运输条件下的机械振动和冲击而不造成失效和损坏，机械振动强度的频率范围是（　　　）Hz。

A. 50 ～ 100
B. 10 ～ 100
C. 10 ～ 150
D. 15 ～ 200

答案：C

4. Q/GDW 1374.1—2013《电力用户用电信息采集系统技术规范　第1部分：专变采集终端技术规范》规定，Ⅲ型专变采集终端选配辅助电源。辅助电源供电电压为（　　　）V，交直流自适应，主、副电源相互独立，互不影响，并可不间断自动切换。

A. 57. 7 ～ 100
B. 100 ～ 240
C. 220 ～ 380
D. 100 ～ 220

答案：B

5. Q/GDW 1374.1—2013《电力用户用电信息采集系统技术规范　第1部分：专变采集终端技术规范》规定，以下终端的事件记录数据仅来源于电表的有（　　　）。

A. 电能表参数变更
B. 电能表故障信息
C. 电能表停走
D. 电能表时间超差

答案：AB

6. Q/GDW 1374.1—2013《电力用户用电信息采集系统技术规范　第1部分：专变采集终端技术规范》规定，终端能够检测电能表运行状况，可检测的主要电能表运行状况有电能表参数变更、电能表时钟超差、电表故障信息、电能表示数下降、电能量超差、（　　　）、电能表运行状态自变位等。

A. 电能表飞走
B. 电能表停走
C. 相序异常
D. 电能表开盖记录

答案：ABCD

7. Q/GDW 1374.1—2013《电力用户用电信息采集系统技术规范　第1部分：专变采集终端技术规范》中，（　　　）是专变采集终端的必备功能。

A. 电能表数据采集
B. 交流模拟量采集

C. 电能质量数据统计   D. 功率控制参数的查询

答案：AC

8. Q/GDW 1374.1—2013《电力用户用电信息采集系统技术规范 第1部分：专变采集终端技术规范》规定，专变采集终端上电后，（   ）登录主站。

A. 立刻   B. 经过 0～30s 的随机延时后

C. 经过 30s 延时后   D. 经过心跳周期 0.5～1.5 倍的随机延时后

答案：B

9. 符合 Q/GDW 1374.1—2013《电力用户用电信息采集系统技术规范 第1部分：专变采集终端技术规范》对输入/输出回路要求的是（   ）。

A. 脉冲输入回路应能与 DL/T 614—2007 规定的脉冲参数配合，脉冲宽度为 80ms ±20ms

B. 状态量输入为不带电的开/合切换触点

C. 每路状态量在稳定的直流 12V 电压输入时，其功耗≤0.2W

D. 控制输出默认为继电器脉冲式动作输出

E. 触点分断能力应满足交流 250V/5A，直流 110V/0.4A 或直流 30V/2A 的纯电阻负载

答案：ABCDE

10. Q/GDW 1374.1—2013《电力用户用电信息采集系统技术规范 第1部分：专变采集终端技术规范》规定，专变采集终端输出继电器动合触点回路之间应耐受 1000V、50Hz 的交流电压，历时 1min 的绝缘实验。实验时不得出现（   ）现象，泄漏电流应不大于 6mA。

A. 烧坏   B. 破裂

C. 击穿   D. 闪络

答案：CD

11. Q/GDW 1374.1—2013《电力用户用电信息采集系统技术规范 第1部分：专变采集终端技术规范》规定，专变采集终端的功率定值闭环控制的优先级由高到低是（   ）。

A. 时段功控、厂休功控、营业报停功控、当前功率下浮控

B. 营业报停功控、当前功率下浮控、厂休功控、时段功控

C. 当前功率下浮控、营业报停功控、厂休功控、时段功控

D. 厂休功控、当前功率下浮控、营业报停功控、时段功控

答案：C

12. Q/GDW 1374.1—2013《电力用户用电信息采集系统技术规范 第1部分：专变采集终端技术规范》规定，专变采集终端按照要求可以采集历史数据，数据来源于测量点的数据项是（   ）。

A. 有功功率曲线   B. 正向有功总电能量曲线

C. 正向有功总电能示值曲线   D. 日正向有功电能示值（总、各费率）

E. 日一/四象限无功电能示值

答案：A

13. Q/GDW 1374.1—2013《电力用户用电信息采集系统技术规范 第 1 部分：专变采集终端技术规范》规定，专变采集终端通信介质通常可采用（   ）。

A. 有线
B. 无线
C. 电力线载波
D. 光纤

答案：ABCD

14. Q/GDW 1374.1—2013《电力用户用电信息采集系统技术规范 第 1 部分：专变采集终端技术规范》规定，终端能由主站设置和查询（   ）等预付费控制参数。

A. 预付电费值
B. 控制定值
C. 报警门限值
D. 跳闸门限值

答案：ACD

三、判断题

1. Q/GDW 1374.1—2013《电力用户用电信息采集系统技术规范 第 1 部分：专变采集终端技术规范》规定，终端脉冲输入回路应能与 DL/T 614—2007 规定的脉冲参数配合，脉冲宽度为 80ms ± 20ms。（   ）

答案：√

2. Q/GDW 1374.1—2013《电力用户用电信息采集系统技术规范 第 1 部分：专变采集终端技术规范》规定，终端功率显示至少 3 位有效位，功率的转换误差在 ±1% 范围内。（   ）

答案：√

3. Q/GDW 1374.1—2013《电力用户用电信息采集系统技术规范 第 1 部分：专变采集终端技术规范》规定，专变采集终端应能承受频率范围在 150kHz ~ 80MHz、试验电平为 10V 的射频场感应的电磁骚扰不发生错误动作和损坏，并能正常工作。（   ）

答案：√

4. Q/GDW 1374.1—2013《电力用户用电信息采集系统技术规范 第 1 部分：专变采集终端技术规范》规定，专变采集终端接收到主站的允许合闸控制命令后，无需有音响（或语音）和显示控制解除告警通知用户，直接用户合闸。（   ）

答案：×

5. Q/GDW 1374.1—2013《电力用户用电信息采集系统技术规范 第 1 部分：专变采集终端技术规范》规定，专变采集终端频率允许偏差 −2% ~ +2%。（   ）

答案：×

6. Q/GDW 1374.1—2013《电力用户用电信息采集系统技术规范 第 1 部分：专变采集终端技术规范》规定，专变采集终端交流模拟量输入额定值为 5A（或 1.5A），输入电流范围：0 ~ 6A，能承受 1.2 倍 I_{max} 至少 4h 连续过载；耐受 10 倍额定电流过载 5s 不损坏。（   ）

答案：×

7. Q/GDW 1374.1—2013《电力用户用电信息采集系统技术规范 第 1 部分：专变采集终端技术规范》规定，专变采集终端控制输出触点分断能力应满足交流 250V/5A，直流 110V/0.4A 或直流 30V/2A 的纯电阻负载。（   ）

答案：√

8. Q/GDW 1374.1—2013《电力用户用电信息采集系统技术规范　第1部分：专变采集终端技术规范》规定，具有电压监测越限统计功能的终端，其电压准确度等级为0.5；具有谐波数据统计功能的终端，谐波分量准确度等级为1。（　　）

答案：√

9. Q/GDW 1374.1—2013《电力用户用电信息采集系统技术规范　第1部分：专变采集终端技术规范》规定，若多种功率控制类型同时投入，专变采集终端只执行优先级最高的功率控制类型。（　　）

答案：√

10. Q/GDW 1374.1—2013《电力用户用电信息采集系统技术规范　第1部分：专变采集终端技术规范》规定，终端使用交流单相或三相供电。三相供电时，电源出现断相故障，即三相三线供电时断一相电压，三相四线供电时断两相电压的条件下，交流电源能维持终端正常工作。（　　）

答案：√

11. Q/GDW 1374.1—2013《电力用户用电信息采集系统技术规范　第1部分：专变采集终端技术规范》规定，终端与主站的通信协议应符合 Q/GDW 1376.1—2012 的要求。终端与电能表的数据通信协议至少应支持 DL/T 645 的规定。（　　）

答案：√

12. Q/GDW 1374.1—2013《电力用户用电信息采集系统技术规范　第1部分：专变采集终端技术规范》规定，终端将采集的数据在日末（次日零点）形成各种历史日数据，并保存最近62天日数据。（　　）

答案：√

13. Q/GDW 1374.1—2013《电力用户用电信息采集系统技术规范　第1部分：专变采集终端技术规范》规定，终端能按主站命令的要求，定时或随机向主站发送终端采集和存储的功率、最大需量、电能示值、状态量等各种信息。（　　）

答案：√

四、简答题

1. Q/GDW 1374.1—2013《电力用户用电信息采集系统技术规范　第1部分：专变采集终端技术规范》规定，专变采集终端控制功能主要分为哪几类？

答案：功率定值控制、电量定值控制、保电/剔除、远方控制这四大类。

2. Q/GDW 1374.1—2013《电力用户用电信息采集系统技术规范　第1部分：专变采集终端技术规范》规定，对终端采集电能表数据和脉冲量有什么要求？

答案：终端能按设定的终端抄表日或定时采集时间间隔对电能表数据进行采集、存储，并在主站召测时发送给主站，终端记录的电能表数据，应与所连接的电能表显示的相应数据一致。终端能接收电能表输出的脉冲，并根据电能表脉冲常数 Kp（imp/kWh 或 imp/kvarh）、TV 变比 KTV，TA 变比 KTA 计算1min 平均功率，并记录当日、当月功率最大值和出现时间。脉冲输入累计误差应不大于1个脉冲。

第九节　电力用户用电信息采集系统集中器型式规范

一、填空题

1. Q/GDW 1375.2—2013《电力用户用电信息采集系统型式规范　第2部分：集中器型式规范》规定，集中器Ⅱ型不采用＿＿＿＿＿＿显示方式，使用＿＿＿＿＿＿指示终端运行状态。

答案：液晶　　LED灯

2. Q/GDW 1375.2—2013《电力用户用电信息采集系统型式规范　第2部分：集中器型式规范》规定，集中器按功能分为＿＿＿＿＿＿和＿＿＿＿＿＿两种型式。

答案：集中器Ⅰ型　　集中器Ⅱ型

3. Q/GDW 1375.2—2013《电力用户用电信息采集系统型式规范　第2部分：集中器型式规范》规定，专变采集终端对外的连接线应经过＿＿＿＿＿＿，接线端子及其绝缘部件可以组成端子排，强电端子和弱电端子分开排列，具备有效的绝缘隔离。

答案：接线端子

4. Q/GDW 1375.2—2013《电力用户用电信息采集系统型式规范　第2部分：集中器型式规范》规定，专变采集终端按外形结构和I/O配置分为＿＿＿＿＿＿、＿＿＿＿＿＿、＿＿＿＿＿＿3种型式。

答案：Ⅰ型　　Ⅱ型　　Ⅲ型

5. Q/GDW 1375.2—2013《电力用户用电信息采集系统型式规范　第2部分：集中器型式规范》规定，集中器Ⅱ型应具备＿＿＿＿＿＿路RS‒485接口。

答案：3

6. Q/GDW 1375.2—2013《电力用户用电信息采集系统型式规范　第2部分：集中器型式规范》规定，集中器铭牌材料不应采用金属材料，应具有＿＿＿＿＿＿、＿＿＿＿＿＿功能。

答案：耐高温　　防紫外线

7. Q/GDW 1375.2—2013《电力用户用电信息采集系统型式规范　第2部分：集中器型式规范》规定，集中器Ⅰ型显示分成3类：轮显模式、＿＿＿＿＿＿、按键设置模式。

答案：按键查询模式

8. Q/GDW 1375.2—2013《电力用户用电信息采集系统型式规范　第2部分：集中器型式规范》规定，集中器模块数据通信指示灯，在正常工作状态下为红绿双色，红灯闪烁表示模块＿＿＿＿＿＿，绿灯闪烁表示模块＿＿＿＿＿＿。

答案：接收数据　　发送数据

二、不定项选择题

1. Q/GDW 1375.2—2013《电力用户用电信息采集系统型式规范　第2部分：集中器型式规范》规定，集中器类型标识代码上行通道J代表（　　　）

A. 无线 G 网   B. 微功率无线

C. 电力线载波   D. 有线网络

答案：B

2. Q/GDW 1375.2—2013《电力用户用电信息采集系统型式规范 第 2 部分：集中器型式规范》规定，集中器所使用的时钟电池在集中器寿命周期内无需更换，断电后可维持内部时钟正确工作时间累计不少于（ ）年。

A. 1   B. 2

C. 3   D. 5

答案：D

3. Q/GDW 1375.2—2013《电力用户用电信息采集系统型式规范 第 2 部分：集中器型式规范》规定，集中器对外的连接线应经过接线端子，电流出线端子和电压出线端子的结构应分别与最小截面积为（ ）mm^2的引出线配合。

A. 2.0，1.5   B. 1.5，2.0

C. 1.5，2.5   D. 2.5，1.5

答案：D

4. Q/GDW 1375.2—2013《电力用户用电信息采集系统型式规范 第 2 部分：集中器型式规范》规定，集中器型式规范要求集中器与主站数据传输通道采用（ ）等。

A. 无线公网（GSM/GPRS/CDMA 等）   B. 电话 PSTN

C. 以太网   D. 光纤

答案：ABCD

5. Q/GDW 1375.2—2013《电力用户用电信息采集系统型式规范 第 2 部分：集中器型式规范》规定，终端的本地抄表接口应采用（ ）接口。

A. 远程信道   B. 本地信道

C. RS-485   D. 微功率无线

答案：C

6. Q/GDW 1375.2—2013《电力用户用电信息采集系统型式规范 第 2 部分：集中器型式规范》规定，集中器 I 型应具备（ ）路 RS-485 接口。

A. 1   B. 2

C. 3   D. 4

答案：B

7. Q/GDW 1375.2—2013《电力用户用电信息采集系统型式规范 第 2 部分：集中器型式规范》规定，非金属外壳的集中器如果需要接地，接地端子应能与（ ）mm^2导线良好配合接触。

A. 2   B. 4

C. 8   D. 16

答案：B

8. Q/GDW 1375.2—2013《电力用户用电信息采集系统型式规范 第 2 部分：集中器型式规范》规定，产品型号 DCZL14-XXXX 中的 L 代表（ ）。

A. 有线网络 B. 无线 G 网

C. 电力线载波 D. 微功率无线

答案：A

9. Q/GDW 1375.2—2013《电力用户用电信息采集系统型式规范 第 2 部分：集中器型式规范》规定，产品型号 DJGZ23 – XXXX 中的 G 代表（ ）。

A. 有线网络 B. 无线 G 网

C. 电力线载波 D. 微功率无线

答案：B

10. Q/GDW 1375.2—2013《电力用户用电信息采集系统型式规范 第 2 部分：集中器型式规范》规定，集中器调试维护口可采用调制（ ）等接口。

A. 红外 B. 微功率无线

C. 232 D. USB

答案：ABCD

三、判断题

1. Q/GDW 1375.2—2013《电力用户用电信息采集系统型式规范 第 2 部分：集中器型式规范》规定，Ⅱ 型集中器远程通道信号强度指示灯常亮红色表示信号强度为最差。（ ）

答案：√

2. Q/GDW 1375.2—2013《电力用户用电信息采集系统型式规范 第 2 部分：集中器型式规范》规定，产品型号 DJGZ23 是载波集中器类型终端。（ ）

答案：√

3. Q/GDW 1375.2—2013《电力用户用电信息采集系统型式规范 第 2 部分：集中器型式规范》规定，Ⅰ 型集中器应可安装窄带模块、宽带模块、微功率无线等本地通信模块。（ ）

答案：√

4. Q/GDW 1375.2—2013《电力用户用电信息采集系统型式规范 第 2 部分：集中器型式规范》规定，产品型号 DJGZ23 – XXXX 中的 3 代表温度级别。（ ）

答案：√

5. Q/GDW 1375.2—2013《电力用户用电信息采集系统型式规范 第 2 部分：集中器型式规范》规定，产品型号 DJGZ23 – XXXX 中的 Z 代表载波。（ ）

答案：√

第十节　电力用户用电信息采集系统功能规范

一、填空题

1. Q/GDW 1373—2013《电力用户用电信息采集系统功能规范》规定，采集主站可按设置的电压、电流谐波限值对监测点的电压谐波、电流谐波进行分析，记录分相_____次谐波电压含有率及总畸变率日最大值及发生时间，统计分相谐波越限数据。

答案：2～19

2. Q/GDW 1373—2013《电力用户用电信息采集系统功能规范》规定，分布式能源监控终端是对接入公用电网的_____分布式能源系统进行监测与控制的设备，可以实现对双向电能计量设备的信息采集、电能质量监测，并可接收主站命令对分布式能源系统接入公用电网进行控制。

答案：用户侧

3. Q/GDW 1373—2013《电力用户用电信息采集系统功能规范》规定，电力用户用电信息采集系统采用统一的数据存储管理技术，对采集的各类_____和_____进行分类存储和管理，为数据中心及其他业务应用系统提供数据共享和分析利用。

答案：原始数据 应用数据

4. Q/GDW 1373—2013《电力用户用电信息采集系统功能规范》规定，电力用户用电信息采集系统是对电力用户的用电信息进行_____、_____和_____的系统，实现用电信息的自动采集、计量异常监测、电能质量监测、用电分析和管理、相关信息发布、分布式能源监控、智能用电设备的信息交互等功能。

答案：采集 处理 实时监控

5. Q/GDW 1373—2013《电力用户用电信息采集系统功能规范》规定，遥控跳闸命令包含_____和_____。

答案：告警延时时间 限电时间

6. Q/GDW 1373—2013《电力用户用电信息采集系统功能规范》规定，有序用电方案可采取_____控制和_____控制。

答案：功率定值 远方

7. Q/GDW 1373—2013《电力用户用电信息采集系统功能规范》规定，通电后，由于电磁铁的吸合动作而使低压自动空气断路器跳闸的电气装置，称为_____。

答案：分励脱扣器

8. Q/GDW 1373—2013《电力用户用电信息采集系统功能规范》规定，宽带载波通信芯片应具备唯一的、不可更改的_____。

答案：芯片 ID 号

9. Q/GDW 1373—2013《电力用户用电信息采集系统功能规范》规定，系统采集的主要数据项有_____、交流模拟量、_____、电能质量越限统计数据、事件记录数据及其他数据。

答案：电能量数据 工况数据

10. Q/GDW 1373—2013《电力用户用电信息采集系统功能规范》规定，远方控制中，主站可以向终端下发_____命令，保证终端的被控开关在任何情况下不执行任何跳闸命令。

答案：保电投入

11. Q/GDW 1373—2013《电力用户用电信息采集系统功能规范》规定，自动抄表管理中，根据采集任务的要求，自动采集系统内电力用户的_____数据，获得电费结算所需的用电计量数据和其他信息。

答案：电能表

12. Q/GDW 1373—2013《电力用户用电信息采集系统功能规范》规定，实现费控控制方式有_____、_____、电能表实施费控 3 种形式。

答案：主站实施费控　　终端实施费控

13. Q/GDW 1373—2013《电力用户用电信息采集系统功能规范》规定，用电信息采集系统可靠性 MTBF 用于考核可修复系统的可靠性，它取决于系统设备和软件的_____及_____，一般用平均无故障工作时间 MTBF 的小时数表示，终端的平均无故障工作时间（MTBF）不低于_____h，集中器、采集器的平均无故障工作时间（MTBF）不低于_____h。

答案：可靠性　　系统结构　　2×10^4　　7.6×10^4

14. Q/GDW 1373—2013《电力用户用电信息采集系统功能规范》规定，增值服务中，电力用户用电信息采集系统需具备通过_____进行综合查询功能，满足业务需求。能够按照设定的操作权限，提供不同的数据页面信息及不同的数据查询范围。

答案：Web

15. Q/GDW 1373—2013《电力用户用电信息采集系统功能规范》规定，电力用户用电信息采集系统（或设备）可靠性是指系统（或设备）在规定的条件和规定的时段内完成_____的能力，一般用平均无故障工作时间 MTBF 的小时数表示。

答案：预定功能

16. Q/GDW 1373—2013《电力用户用电信息采集系统功能规范》规定，计量及用电异常监测包括对现场设备运行工况进行检测，发现用电异常，如_____、_____、表计状态等发现异常，记录异常信息。

答案：计量柜门　　TA/TV 回路

二、不定项选择题

1. Q/GDW 1373—2013《电力用户用电信息采集系统功能规范》规定，功率控制方式包括（　　）等。

A. 时段控制　　　　　　　　　　B. 厂休控制

C. 营业报停控制　　　　　　　　D. 当前功率下浮控制

答案：ABCD

2. Q/GDW 1373—2013《电力用户用电信息采集系统功能规范》规定，数据采集中，采集系统的主要采集方式有（　　）。

A. 定时自动采集　　　　　　　　B. 人工召测

C. 主动上报　　　　　　　　　　D. 终端对时

答案：ABC

3. Q/GDW 1373—2013《电力用户用电信息采集系统功能规范》规定，主站可根据用户的缴费信息和定时采集的用户电能表数据，发送催费告警通知，当剩余电费（　　　　）

跳闸门限值时，发送跳闸控制命令，切断供电。用户缴费成功后，可以通过主站直接合闸，或通过主站发送允许合闸命令，允许合闸。

 A. 高于   B. 等于

 C. 低于   D. 高于或等于

 答案：BC

4. Q/GDW 1373—2013《电力用户用电信息采集系统功能规范》规定，系统功能配置表中，采集系统数据采集项目包含（   ）。

 A. 实时和当前数据   B. 历史日数据

 C. 历史月数据   D. 远方控制

 答案：ABC

5. Q/GDW 1373—2013《电力用户用电信息采集系统功能规范》规定，系统功能配置表中，采集系统运行维护管理项目包含（   ）。

 A. 增值服务   B. 权限和密码管理

 C. 终端管理   D. 系统对时

 答案：BCD

6. Q/GDW 1373—2013《电力用户用电信息采集系统功能规范》规定，采用统一的数据存储管理技术，对采集的各类（   ）进行分类存储和管理，为数据中心及其他业务应用系统提供数据共享和分析利用。

 A. 原始数据   B. 基础数据

 C. 应用数据   D. 实时数据

 答案：AC

7. Q/GDW 1373—2013《电力用户用电信息采集系统功能规范》规定，电力用户用电信息采集系统对于采用（   ）接入电力信息网的安全防护，对接入必须制定严格的安全隔离措施。

 A. GPRS 无线公网   B. 230MHz 无线专网

 C. CDMA 无线公网   D. 有线网

 答案：AC

8. Q/GDW 1373—2013《电力用户用电信息采集系统功能规范》规定，终端管理主要对终端运行相关的采集点和终端（   ）等进行管理。

 A. 档案参数   B. 配置参数

 C. 运行状态   D. 运行参数

 答案：ABCD

9. Q/GDW 1373—2013《电力用户用电信息采集系统功能规范》规定，电能表通信参数的自动维护中，集中器自动发现管辖范围内的（   ）的变化，自动更新测量点参数并上报主站。

 A. 电能表   B. 采集器

 C. 互感器   D. 集中器

 答案：AB

10. Q/GDW 1373—2013《电力用户用电信息采集系统功能规范》规定，综合用电分析包括（　　　）。

A. 负荷分析
B. 负荷率分析
C. 电能量分析
D. 实时功率分析
E. 三相平衡度分析

答案：ABCE

11. Q/GDW 1373—2013《电力用户用电信息采集系统功能规范》规定，专变采集终端是对专变用户用电信息采集的设备，可以实现电能表数据的采集、电能计量设备工况和供电电能质量监测，以及客服用电负荷和电能量的监控，并对采集数据进行（　　　）。

A. 管理
B. 双向传输
C. 单向传输
D. 处理

答案：AB

12. Q/GDW 1373—2013《电力用户用电信息采集系统功能规范》规定，谐波数据统计中，按设置的谐波限值对监测点的（　　　）谐波进行分析。

A. 电压
B. 电流
C. 电量
D. 功率

答案：AB

13. Q/GDW 1373—2013《电力用户用电信息采集系统功能规范》规定，用电信息采集系统中数据采集根据不同业务的要求，编制自动采集任务，包括（　　　）、任务执行起止时间、采集周期、执行优先级、正常补采次数等信息，并管理各种采集任务的执行，检查任务执行情况。

A. 任务名称
B. 任务类型
C. 采集群组
D. 采集数据项

答案：ABCD

14. Q/GDW 1373—2013《电力用户用电信息采集系统功能规范》规定，登录系统的所有操作员都要经过授权，进行（　　　）认证，根据授权权限使用规定的系统功能和操作范围。

A. 身份
B. 权限
C. 用户
D. 密码

答案：AB

15. Q/GDW 1373—2013《电力用户用电信息采集系统功能规范》中计量及用电异常监测规定，对采集数据进行比对、统计分析，发现用电异常，如同一计量点不同采集方式的采集数据比对或实时数据和历史数据的比对，发现（　　　）等用电异常，记录异常信息。

A. 时钟超差
B. 功率超差
C. 电能量超差
D. 负荷超容量

答案：BCD

16. Q/GDW 1373—2013《电力用户用电信息采集系统功能规范》规定，档案管理中，主要对维护系统运行必需的（　　　）进行分层分级管理。

 A. 电网结构　　　　　　　　　　B. 用户

 C. 计量点　　　　　　　　　　　D. 采集点

 E. 受电点　　　　　　　　　　　F. 设备

 答案：ABDF

三、判断题

1. Q/GDW 1373—2013《电力用户用电信息采集系统功能规范》规定，用电信息采集系统的模糊查询响应时间应＜15s。（　　　）

 答案：√

2. Q/GDW 1373—2013《电力用户用电信息采集系统功能规范》规定，用电信息采集终端是对各信息采集点用电信息采集的设备，简称采集终端。（　　　）

 答案：√

3. Q/GDW 1373—2013《电力用户用电信息采集系统功能规范》规定，一次数据采集成功率指在特定时刻对系统内指定数据采集点集合（如不同类型用户）采集3次特定数据（如总功率和电能量）的成功率。（　　　）

 答案：×

4. Q/GDW 1373—2013《电力用户用电信息采集系统功能规范》规定，系统数据采集成功率分级，远程信道230MHz无线专网，一次采集成功率≥99%。（　　　）

 答案：×

5. Q/GDW 1373—2013《电力用户用电信息采集系统功能规范》规定，当电能表时钟误差超过允许值后，由采集终端将电能表时钟超差事件报送到主站，并启动对时钟超差电能表的对时。（　　　）

 答案：×

6. Q/GDW 1373—2013《电力用户用电信息采集系统功能规范》规定，在用电信息采集系统中，用户事件响应时间应＜15min。（　　　）

 答案：×

7. Q/GDW 1373—2013《电力用户用电信息采集系统功能规范》规定，主站可以向终端下发剔除投入命令，使终端处于剔除状态，此时终端对所有命令均不响应。（　　　）

 答案：×

8. Q/GDW 1373—2013《电力用户用电信息采集系统功能规范》规定，用电信息采集系统具有点对点控制和面对点控制两种基本方式。（　　　）

 答案：×

9. Q/GDW 1373—2013《电力用户用电信息采集系统功能规范》规定，用电信息采集系统对时方案选用分层设计，主站负责对采集终端进行对时，集中器负责对采集器、电能表进行对时；采集终端对时误差 ≤ ±5s，电能表对时误差 ≤ ±10s；采集终端和电能表日计时误差 ≤ ±0.3s/天。（　　　）

 答案：×

10. Q/GDW 1373—2013《电力用户用电信息采集系统功能规范》规定，当终端时钟误差超过允许值后，主站启动采集终端对时，终端生成对时事件，可由主站召测或终端主动上报对时是否成功。（   ）

答案：√

11. Q/GDW 1373—2013《电力用户用电信息采集系统功能规范》规定，主站可以向终端下发复位命令，使终端自动复位。（   ）

答案：√

12. Q/GDW 1373—2013《电力用户用电信息采集系统功能规范》规定，远方控制中，主站可以根据需要向终端或电能表下发遥控跳闸命令，控制用户开关跳闸。（   ）

答案：√

13. Q/GDW 1373—2013《电力用户用电信息采集系统功能规范》规定，采集主站可以对终端进行远程配置和参数设置，支持新上线终端自动上报的配置信息。（   ）

答案：√

14. Q/GDW 1373—2013《电力用户用电信息采集系统功能规范》规定，系统可用性以运行和检修记录提供的统计资料为依据进行计算。记录所覆盖的时限应不少于 3 个月，并应从第一次故障消失并恢复工作时起算。（   ）

答案：×

15. Q/GDW 1373—2013《电力用户用电信息采集系统功能规范》规定，响应时间一般指系统从发送站发送信息（或命令）到接收站最终信息显示或命令执行完毕所需的时间。常规数据召测和设置响应时间（指主站发送召测命令到主站显示数据的时间）要求小于 15s。（   ）

答案：√

四、简答题

1. Q/GDW 1373—2013《电力用户用电信息采集系统功能规范》规定，什么是分布式能源监控终端？

答案：分布式能源监控终端是对接入公用电网的用户侧分布式能源系统进行监测与控制的设备，可以实现对双向电能计量设备的信息采集、电能质量监测，并可接收主站命令对分布式能源系统接入公用电网进行控制。

2. Q/GDW 1373—2013《电力用户用电信息采集系统功能规范》规定，用电信息采集系统采集的主要数据项有哪些？

答案：系统采集的主要数据项有以下几种：

（1）电能量数据。总正反向电能示值、各费率正反向电能示值、组合有功电能示值、分相电能示值、总电能量、各费率电能量、最大需量等。

（2）交流模拟量。电压、电流、有功功率、无功功率、功率因数等。

（3）工况数据。采集终端及计量设备的工况信息。

（4）电能质量越限统计数据。电压、电流、功率、功率因数、谐波等越限统计数据。

（5）事件记录数据。终端和电能表记录的事件记录数据。

（6）其他数据。

3. Q/GDW 1373—2013《电力用户用电信息采集系统功能规范》规定，采集系统六类用户的分类标准是什么？

答案：（1）大型专变用户（A 类），用电容量在 100kVA 及以上的专变用户。

（2）中小型专变用户（B 类），用电容量在 100kVA 以下的专变用户。

（3）三相一般工商业用户（C 类），包括低压 380V 商业、小动力、办公等用电性质的非居民三相用电。

（4）单相一般工商业用户（D 类），包括低压 220V 商业、小动力、办公等用电性质的非居民单相用电。

（5）居民用户（E 类），用电性质为居民的用户。

（6）公用配变考核计量点（F 类），即公用配变上的用于内部考核的计量点。

五、案例分析题

A 市供电公司在用电信息采集系统中查询日数据，发现某一台区时常会出现零星的表计某天停走的现象（经核实有负荷），某块表计（用户号 01667029）的现象如下：通过主站查询 27、28 日底码均为 6332.5 和 6332.5，29 日底码为 6353.8，主站召测集中器中的日冻结与主站查询一致。通过主站透抄发现 27 日的底码为 6332.5，28 日的底码为 6343.4，29 日底码为 6353.8。经过运维人员对主站原因的排查，发现该表计的时钟偏慢 30min，集中器时钟未有偏差。主站查询到集中器在 27、28 日及 29 日抄读该表计冻结的时间分别为 00：45、00：15 及 00：38（说明：该表计具备日冻结能力，且冻结有时标）。

（1）试述用电信息采集系统中查询日冻结、召测日冻结和透抄日冻结的区别？

（2）试详细分析本案例中采集系统中表计出现 28 日停走的原因？

（3）依据《国家电网公司用电信息采集系统时钟管理办法》，请简述对该表计时钟校时要求？

答案：（1）用电信息采集系统中查询日冻结是指从报表里查询到的数据，召测日冻结是指抄终端中存的冻结的数据，两者查到的结果一样，渠道不同；透抄日冻结是指抄电表中的冻结数据。

（2）从案例中可以分析出表计 28 日出现停走的现象，用采集系统采集该表 27 日冻结与 28 日冻结值相同，经过透抄表计的冻结底码可以看出 28 日表计有走字，出现采集与表真实存冻结不一致的现象。通过案例材料可以判断该表计不属于计量故障，属于采集故障。对比可以发现，27、28 日及 29 日抄读该表计冻结的时间分别为 00：45、00：15 及 00：38，而电表时钟比集中器时钟慢 30min。正常情况下，集中器在零点时刻开始抄表冻结，一般先抄考核表后抄户表，对于表计来说 27、28 日及 29 日抄读该表计冻结的时间分别为 00：15，上一日 23：45 及 00：13，可以发现 28 日集中器抄表的时候，表计时间还在 27 日 23：45，此时未生成 28 日零点冻结，然而集中器存在未判断时标直接抄上一日冻结的问题。

（3）该表计的时钟偏慢 30min。

1）对时钟偏差大于 5min 的电能表，用现场维护终端对其现场校时前，应先用标准时钟源对现场维护终端校时，再对电能表校时。

2）校时时刻应避免在每日零点、整点时刻附近，避免影响电能表数据冻结。

第十一节　多表合一信息采集建设施工工艺规范

一、填空题

1. Q/GDW 11611—2016《"多表合一"信息采集建设施工工艺规范》规定，用电信息采集系统本地通信采用微功率无线方式建立，电能表分散安装且与其他水、气、热表计相距较近，建筑墙体或障碍物不足以影响_____的通信，水、气、热表均具有微功率无线通信方式，可考虑采用电能表无线采集方案实现多表数据采集。

答案：无线信号

2. Q/GDW 11611—2016《"多表合一"信息采集建设施工工艺规范》规定，四表合一典型技术方案中所采用的通信接口转换器上行通信方式包括_____、_____、_____。

答案：微功率　　无线电力线载波　　RS–485

3. Q/GDW 11611—2016《"多表合一"信息采集建设施工工艺规范》规定，国网公司推行的"多表合一"项目是指_____四表。

答案：水、电、气、热

4. Q/GDW 11611—2016《"多表合一"信息采集建设施工工艺规范》规定，"多表合一"采集方案应用中，接口转换器所起的作用是_____。

答案：协议转换

5. Q/GDW 11611—2016《"多表合一"信息采集建设施工工艺规范》规定，电能表的安装位置应与热力管线保持_____以上的距离。

答案：0.5m

6. Q/GDW 11611—2016《"多表合一"信息采集建设施工工艺规范》规定，在进行"多表合一"工程配线时，所有电源线应分色引入_____、_____、_____及水、热表安装处。

答案：电能计量箱　　通信转换器箱　　信号中继设备

7. Q/GDW 11611—2016《"多表合一"信息采集建设施工工艺规范》规定，"多表合一"信息采集方案应根据建筑结构特点，及_____表的分布方式和安装位置等因素合理选择。

答案：电、水、气、热

8. Q/GDW 11611—2016《"多表合一"信息采集建设施工工艺规范》规定，RS–485通信线、M–Bus通信线架空敷设时，应采用_____和_____，通信线、护套线外绝缘应采用防紫外线绝缘材料，使用寿命应不小于30年。

答案：内附钢丝通信线　　内附钢丝护套线

9. 根据 Q/GDW 11611—2016《"多表合一"信息采集建设施工工艺规范》规定，

装入电能计量箱内的单相有功电能表为单层排列时，电能计量箱底部距地面距离应为_____m。

答案：1.7~1.9

10. 根据 Q/GDW 11611—2016《"多表合一"信息采集建设施工工艺规范》规定，本地通信方式采用 RS-485 方式时，多层住宅建筑和高层住宅建筑的每栋楼房宜设计安装一台集中器，每个集中器接入电能表、水表、燃气表、热力表的总数量一般不超过_____只，每个 RS-485 接口接入表计数量一般不多于_____只。

答案：256   128

11. 根据 Q/GDW 11611—2016《"多表合一"信息采集建设施工工艺规范》规定，通信接口转换器、直流开关电源、信号中继设备为金属外壳时，M-Bus 通信线采用_____mm² 护套线。

答案：2×（1.0~1.5）

12. Q/GDW 11611—2016《"多表合一"信息采集建设施工工艺规范》规定，水表安装时应注意水表下游管道出水口应高于水表_____m 以上。

答案：0.5

13. 根据 Q/GDW 11611—2016《"多表合一"信息采集建设施工工艺规范》规定，燃气表安装应横平竖直，中心线垂直度偏差不应大于 1mm，燃气表和燃气灶的水平净距不应小于_____mm。

答案：300

二、不定项选择题

1. 根据 Q/GDW 11611—2016《"多表合一"信息采集建设施工工艺规范》规定，通信接口转换器、直流开关电源、信号中继设备电源进线应采用（   ）。

A. 线径 1.5mm² 护套线
B. 线径 2.5mm² 护套线
C. 线径 1.5mm² 塑铜线
D. 线径 2.5mm² 塑铜线

答案：D

2. Q/GDW 11611—2016《"多表合一"信息采集建设施工工艺规范》规定，"多表合一"中通信接口转换器可通过（   ）等多种通信接口采集电、水、气、热表数据，并能与用电信息采集终端或手持设备进行数据交换的设备。

A. RS-485
B. 微功率无线
C. M-Bus
D. GPRS

答案：ABC

3. 根据 Q/GDW 11611—2016《"多表合一"信息采集建设施工工艺规范》规定，在质量验收时，RS-485 通信成功率应为（   ）%；GPRS 通信成功率应不低于（   ）%。

A. 100，100
B. 100，95
C. 100，99.5
D. 100，99

答案：B

4. Q/GDW 11611—2016《"多表合一"信息采集建设施工工艺规范》规定，"多表合一"电能表双模采集方案中，电能表中的通信单元采用（　　）。

A. M – Bus 总线　　　　　　　　　B. RS – 485 总线

C. 微功率无线　　　　　　　　　　D. 电力线载波

答案：CD

5. Q/GDW 11611—2016《"多表合一"信息采集建设施工工艺规范》规定，"多表合一"改造时应优先选择施工环境相对较好、（　　）、具有示范效应且物业积极配合的小区。

A. 布线方便　　　　　　　　　　　B. 投资较小

C. 易于推广　　　　　　　　　　　D. 施工方便

答案：AB

6. 根据 Q/GDW 11611—2016《"多表合一"信息采集建设施工工艺规范》规定，下列属于几种典型"多表合一"信息采集方案的是（　　）。

A. 电能表无线采集　　　　　　　　B. 电能表双模采集

C. 通信接口转换器采集　　　　　　D. 通信接口转换器采集 + 阀控

答案：ABCD

7. Q/GDW 11611—2016《"多表合一"信息采集建设施工工艺规范》规定，"多表合一"信息采集方案中集中器本地通信方式包括（　　）。

A. 微功率无线　　　　　　　　　　B. 电力线载波

C. 微功率无线/M – Bus　　　　　　D. 电力线载波/微功率无线

答案：ABD

8. Q/GDW 11611—2016《"多表合一"信息采集建设施工工艺规范》规定，资料验收应满足以下（　　）要求。

A. 应有工程验收申请表

B. 应由甲方提供设备的使用情况记录表

C. 应有监理单位验收报告、管理资质

D. 应有监理公司工程实施过程中工程料及相关整改通知单等

答案：ABCD

9. Q/GDW 11611—2016《"多表合一"信息采集建设施工工艺规范》规定，"多表合一"采集方案中，升级无线模块适用于（　　）场景。

A. 载波电能表 + 微功率无线水、气、热表

B. 载波电能表 + 微功率无线水、气、热表 + Ⅰ型无线采集器

C. 微功率无线电能表 + 微功率无线水、气、热表

D. RS – 485 电能表 + 微功率无线水、气、热表 + Ⅰ型无线采集器

答案：CD

三、判断题

1. Q/GDW 11611—2016《"多表合一"信息采集建设施工工艺规范》规定，电、水、

气、热等各类表计的更换安装需有专人负责安排操作流程、施工步骤，并对施工点进行验收，减少重复施工。（　　）

答案：√

2. Q/GDW 11611—2016《"多表合一"信息采集建设施工工艺规范》规定，"多表合一"信息采集建设施工中485通信线的颜色采用红（接RS-485的A）、黑或蓝（接RS-485的B）。（　　）

答案：√

3. Q/GDW 11611—2016《"多表合一"信息采集建设施工工艺规范》规定，嵌入墙体内的电能计量箱采取半镶嵌式安装时，箱盖转轴以后部分可镶嵌在墙内，镶嵌时应横平竖直，电能计量箱门打开角度应不小于120°。（　　）

答案：√

4. Q/GDW 11611—2016《"多表合一"信息采集建设施工工艺规范》规定，住宅小区在建筑设计时应满足：多层住宅建筑应设计专用电缆井、管道井，电缆井和管道井间应有防水、防火的物理隔离。（　　）

答案：×

5. Q/GDW 11611—2016《"多表合一"信息采集建设施工工艺规范》规定，"多表合一"信息采集建设采集电能表无线采集方案的特点是，用电信息采集系统采用微功率无线通信方式，通过无线MESH网络采集电能表数据，同时每块电能表通信单元与水、气、热表内的无线通信模块组成点对多点星形子网进行通信。电能表作为水、气、热表数据接入设备，将数据上传至用电信息采集系统。（　　）

答案：√

6. Q/GDW 11611—2016《"多表合一"信息采集建设施工工艺规范》规定，工程验收时应提供项目实施所有资料，资料应包括且不限于档案清单、工程日志、工程实施方案、设备安装档案信息表、工程竣工验收申请单等。工程施工调试完成后应进入试运行，试运行时间可按照15～30天运行周期，并应以采集成功率为验收依据。（　　）

答案：×

四、简答题

1. Q/GDW 11611—2016《"多表合一"信息采集建设施工工艺规范》规定，"多表合一"信息采集建设质量验收的要求有哪些？

答案：（1）应没有无台区或计量箱的用户。

（2）RS-485通信成功率应为100%（三次平均）；GPRS通信成功率应不低于95%（三次平均）。

（3）每个采集终端的信号强度不应低于-80（dB）。

（4）电、水、气、热表数据正确率应为100%，应无无效数据的用户。

（5）水、气、热表日采集成功率应不低于99.5%。

（6）验收区应包括采集覆盖抄表段下所有用户数据采集。

（7）验收区应包括采集覆盖计量箱中所有的用户。

（8）验收区应包括采集覆盖配变下所有用户电、水、气、热量采集。

2. Q/GDW 11611—2016《"多表合一"信息采集建设施工工艺规范》规定，国网"多表合一"采集方案建设前期，推荐台区的现场勘察非常重要，请简要叙述勘察的内容？

答案：（1）采集器/转换器/计量仪表数量的确定。

（2）采集器/转换器/计量仪表安装位置的确定。

（3）确定采集器/转换器/计量仪表/电子阀使用的交流电源接入点。

（4）核实计量仪表的适用性和通信规约的符合性：水、热、气表是否需更换成符合通信规范的计量仪表。

（5）落实水、气、热表的各项性能参数和通信参数。

（6）结合现场实际环境，与水、热、气公司及物业公司（客户）协商电源、通信线路管道敷设走向、方式，明确需各方协调解决的问题，并充分考虑在施工过程将会遇到的问题。

（7）现场确认水、热、气表接入接口转换器、集中器的对应关系。

（8）做好现场勘查记录，现场多方签字确认。

五、案例分析题

近年来，国务院及有关部委在能源的综合计量、信息集成和数据共享方面提出有关要求。国网公司非常重视"多表合一"的工作，现场推广取得巨大的成效，也制定了一系列企业标准。为了更好地推动"多表合一"的工作，《国家电网公司关于 2018 年计量工作的指导意见》中对 2018 年"多表合一"的工作提出新增"多表合一"信息采集 170 万户，新建 5 个公司级应用示范区新的要求，并且提出加快"多表合一"信息采集建设应用，对加大示范区建设力度和深化数据共享应用提出了工作要求，针对上述情况：

（1）试简述《国家电网公司关于 2018 年计量工作的指导意见》中提出深化数据共享应用的措施？

（2）试简述《"多表合一"信息采集建设施工工艺规范》中通信接口转换器采集方案的适用条件及方案特点？

答案：（1）深化数据共享应用。加强"多表合一"信息采集关键技术和应用策略研究，加强数据质量管理。全面部署应用"多表合一"抄收系统，完善账单合并、清分结算等功能；创新商业模式，深入推进电、水、气、热能源数据分析应用，以用促建。

（2）依据 Q/GDW 11611—2016《"多表合一"信息采集建设施工工艺规范》：

1）通信接口转换器采集方案的适用条件是，用电信息采集系统本地通信采用 RS－485 总线、电力线载波等通信方式，水、气、热表采用不同的数据通信接口方式，包括微功率无线、M－Bus 总线、RS－485 总线等，可考虑采用通信接口转换器采集方案实现多表数据采集。

2）通信接口转换器采集方案的方案特点是，原有用电信息采集系统中电能表的通信方式可保持不变，通信接口转换器通过不同通信接口采集水、气、热表数据，再通过用电信息采集系统本地通信信道将数据上传至集中器，若水、气、热表安装有阀控装置时，还需提供直流 12V/5V 的直流电源。

第十二节 计量现场作业终端技术规范

一、填空题

1.《计量现场作业终端技术规范》规定，用于采集运维故障现场检测的模块，接收计量现场作业终端控制指令，独立实现串户检测、台区识别、接线错误检测、现场环境参数采集，以及电能表计量误差、电压、电流、功率、功率因数、_____等参数检测等功能，并将识别结果反馈给计量现场作业终端。

答案：谐波

2.《计量现场作业终端技术规范》规定，高频 RFID 接口射频的工作场频为_____ MHz。

答案：13.56

3.《计量现场作业终端技术规范》规定，嵌入在计量现场作业终端外设内的 W－ES-AM 模块，可实现安全存储、数据加/解密、_____、存取权限控制、_____等安全控制功能的硬件电路模块。

答案：双向身份认证　　线路加密传输

4.《计量现场作业终端技术规范》规定，计量现场作业终端登录管理密码验证错误次数大于 6 次，应将计量现场作业终端_____，_____才能继续登录。

答案：锁定　　解锁成功后

5.《计量现场作业终端技术规范》规定，计量现场作业终端的静电放电抗扰度试验应在严酷等级_____级、试验电压_____ kV 的条件下，对正常工作状态下的受试样品进行直接放电和间接放电。

答案：4　　8

二、不定项选择题

1.《计量现场作业终端技术规范》规定，计量现场作业终端与采集故障识别模块配合使用可实现（　　）故障识别功能。

A. SIM 卡故障识别　　　　　　　　B. 集中器本地通信故障识别

C. 采集器本地通信故障识别　　　　D. 电能表本地通信故障识别

E. 本地通信模块故障识别

答案：ABCDE

2.《计量现场作业终端技术规范》规定，计量现场作业终端应安装支持国密的（　　）算法安全单元。

A. SM1　　　　　　　　　　　　　B. SM2

C. SM3　　　　　　　　　　　　　D. SM4

E. SM7

答案：ABCE

3.《计量现场作业终端技术规范》规定，计量现场作业终端公网无线通信接口支持（　　）等网络制式。

A. TD – LTE　　　　　　　　　　　B. GPRS

C. CDMA　　　　　　　　　　　　D. GSM

答案：ACD

4.《计量现场作业终端技术规范》规定，计量现场作业终端外设模块是辅助计量现场作业终端，实现计量现场作业相关业务功能的模块，下列属于计量现场作业终端外设模块的是（　　）。

A. 采集故障识别模块　　　　　　　B. 计量故障识别模块

C. 台区识别仪　　　　　　　　　　D. 超高频 RFID 模块

答案：ABD

5.《计量现场作业终端技术规范》规定，计量现场作业终端与计量故障识别模块配合使用时，可完成的功能有（　　）。

A. 串户检测　　　　　　　　　　　B. 谐波检测

C. 运行工况数据采集　　　　　　　D. SIM 卡故障识别

答案：ABC

6.《计量现场作业终端技术规范》规定，下列接口中，（　　）是计量现场作业终端的必备接口硬件配置。

A. 高频 RFID 接口　　　　　　　　B. 调制红外通信接口

C. 蓝牙通信接口　　　　　　　　　D. 外部扩展接口

E. RS – 485 通信接口

答案：ABCD

7.《计量现场作业终端技术规范》规定，计量现场作业终端传感器应包括（　　）。

A. 光线传感器　　　　　　　　　　B. 重力传感器

C. 压力传感器　　　　　　　　　　D. 电子罗盘

答案：ABD

8. 根据《计量现场作业终端技术规范》规定，计量现场作业终端与超高频 RFID 模块配合使用时，可完成的功能有（　　）。

A. 互感器装拆　　　　　　　　　　B. 互感器巡查

C. 本地通信模块故障识别　　　　　D. 资产管理

答案：ABD

9. 根据《计量现场作业终端技术规范》规定，计量现场作业终端按键应具备独立的（　　）开关按键，按键应灵可靠，无卡死或接触不良现象，各部件应紧固无松动。

A. 条码扫描　　　　　　　　　　　B. 电源

C. 摄像头　　　　　　　　　　　　D. 手电筒

答案：ABCD

10.《计量现场作业终端技术规范》规定，计量现场作业终端地图功能应满足（　　）要求。

A. 应支持地图数据与导航算法的升级

B. 地图中应能显示工单位置和概要信息

C. 地图中应能显示现场作业人员位置，并应支持路径规划和导航

D. 工单处理时，应能快速切换到地图界面

E. 开机状态下应定时记录现场作业人员位置

答案：ABCDE

11.《计量现场作业终端技术规范》规定，采集故障识别模块是用于采集运维故障现场检测的模块，接收计量现场作业终端控制指令，独立实现（　　）以及集中器、采集器和电能表整机通信故障检测等功能，并将识别结果反馈给计量现场作业终端。

A. 载波模块故障检测　　　　　　　　B. SIM 卡故障检测

C. 远程通信模块故障检测　　　　　　D. 微功率无线模块故障检测

答案：ABD

12.《计量现场作业终端技术规范》规定，采集故障识别模块能够完成以下（　　）功能检测。

A. SIM 卡故障识别　　　　　　　　　B. 本地通信模块故障识别

C. 采集器本地通信故障识别　　　　　D. 电能表本地通信故障识别

答案：ABCD

三、判断题

1.《计量现场作业终端技术规范》规定，计量现场作业终端时钟应具有实时时钟芯片，实时时钟精度要求小于 0.1s/天，应能提供日历、时钟信息；应具有独立运行的时钟电池，满足 5 年以上时钟供电要求。（　　）

答案：×

2.《计量现场作业终端技术规范》规定，计量现场作业终端的高频 RFID 接口天线可采用内置式或外置式天线。（　　）

答案：×

3.《计量现场作业终端技术规范》规定，按照 GB/T 17626.2—2018 的试验要求，计量现场作业终端在正常工作条件下，应能承受加在其外壳和人员操作部分上的 4kV 直接静电放电及邻近设备的间接静电放电，不应发生错误动作和损坏现象，正常工作。（　　）

答案：×

4.《计量现场作业终端技术规范》规定，计量现场作业终端结合计量故障识别模块的台区识别功能，应能检测用户用电线路与用户电能表的对应关系。（　　）

答案：×

5. 根据《计量现场作业终端技术规范》中集中器Ⅰ型本地通信故障识别的功能要求，采集故障识别模块应能模拟成集中器，识别集中器Ⅰ型载波和微功率无线通信故障，识

别过程应快速准确，识别过程结束后不影响现场集中器正常抄表。（   ）

答案：×

6.《计量现场作业终端技术规范》规定，计量现场作业终端接口硬件可以不配置售电卡接口。（   ）

答案：√

7.《计量现场作业终端技术规范》规定，终端的整机连续工作时间应大于 12h。（   ）

答案：×

8.《计量现场作业终端技术规范》规定，计量现场手持设备采集故障识别模块的 SIM 卡槽的插拔式 SIM 卡接口不支持 Micro 和 Nano 型 SIM 卡。（   ）

答案：×

四、简答题

1. 根据《计量现场作业终端技术规范》规定，请简述什么是计量现场作业终端管理系统。

答案：计量现场作业终端管理系统是指管理计量现场作业终端的信息系统，生成电子工单并下发到计量现场作业终端，接收工单执行结果。

2.《计量现场作业终端技术规范》规定，计量现场作业终端与采集故障识别模块配合使用的功能有哪些？

答案：（1）SIM 卡故障识别。

（2）集中器本地通信故障识别。

（3）采集器本地通信故障识别。

（4）电能表本地通信故障识别。

（5）本地通信模块故障识别。

3.《计量现场作业终端技术规范》中对计量现场作业终端的定义是什么？

答案：计量现场作业终端是一种适用于电力营销计量相关人员现场作业，内嵌安全单元的手持式智能设备，能够从计量现场作业终端管理系统下载工单，在作业现场执行工单，将工单执行结果反馈计量现场作业终端管理系统。计量现场作业终端执行工单过程中，必要时可以通过计量现场作业终端外设模块配合。

第十三节　住宅远传抄表系统

一、填空题

1. JG/T 162—2017《住宅远传抄表系统》规定，住宅远传抄表系统平台层的构成，由远传抄表系统综合信息服务平台和云计算、_____、面向服务的体系结构、中间件等支撑技术构成。

答案：大数据

2. JG/T 162—2017《住宅远传抄表系统》规定，住宅远传抄表系统宜支持基于互联网协议栈、门户技术和_____结构。

答案：WebService

二、不定项选择题

1. JG/T 162—2017《住宅远传抄表系统》规定，采用低压电力线载波传输数据时，载波信号频率应为（　　）kHz，或 1～30MHz，并应符合 DL/T 698.35—2010 的规定。

A. 3～500　　　　　　　　　　　B. 1～200

C. 3～400　　　　　　　　　　　D. 1～300

答案：A

2. JG/T 162—2017《住宅远传抄表系统》规定，住宅远传抄表系统由（　　）、采集器或/和集中器、主站通过信道连接起来组成网结构，并运行抄表系统软件，能实现住宅自动抄表的系统。

A. 采集表　　　　　　　　　　　B. 远传表

C. 传输器　　　　　　　　　　　D. 数据表

答案：B

3. JG/T 162—2017《住宅远传抄表系统》规定，集中器的上行信道是指（　　），下行信道是指（　　）。

A. 集中器和主站；集中器和采集器　　B. 集中器和采集器；集中器和远传表

C. 集中器和主站；集中器和远传表　　D. 集中器和采集器；集中器和主站

答案：AC

4. JG/T 162—2017《住宅远传抄表系统》规定，住宅远传系统中，集中器的通信功能有（　　）。

A. 收集、集合并检测采集器的数据　　B. 与主站双向通信

C. 将设备故障信息上报给主站　　　　D. 完成远传数据的读取

答案：ABC

三、判断题

1. JG/T 162—2017《住宅远传抄表系统》规定，远传抄表系统在指定试验条件下，直传远传表读出数据的误差应不大于基表的一个计费计量单位。（　　）

答案：√

2. JG/T 162—2017《住宅远传抄表系统》规定，远传抄表系统具有感知控制层、网络层、数据层、平台层、应用层、用户层 6 层架构。（　　）

答案：√

3. JG/T 162—2017《住宅远传抄表系统》规定，对水表和燃气表进行系统试验，启动系统抄表，每隔 5～10min 对远传表进行采集工作，连续采集不少于 500 个测量数据，记录主站采集数据和远传表数据。（　　）

答案：×

4. JG/T 162—2017《住宅远传抄表系统》规定，住宅远传抄表系统中各设备应具有完善的操作安全权限管理功能，防止人为破坏与误操作的锁定功能。（　　　）

答案：√

四、简答题

JG/T 162—2017《住宅远传抄表系统》规定，采集器和集中器发生哪些情况应有记录和报警功能？

答案：（1）有故障检测功能的采集器或集中器通信线路发生断路或短路故障时。

（2）采集器或集中器的采集信道或通信信道发生故障时。

（3）采集器或集中器工作所需的主备电源发生故障时。

（4）远传表计量数据发生突变等异常现象时。

第十四节　电、水、气、热能源计量管理系统

一、填空题

1. T/CEC 122—2016《电、水、气、热能源计量管理系统》规定，水、电、气、热计量管理系统是指对水、电、气、热计量等信息的采集、_____处理和_____的系统。

答案：实时　监控

2. T/CEC 122—2016《电、水、气、热能源计量管理系统》规定，水、气、热表的数据实现采集后，应筛选数据_____、_____等异常数据，确保推送数据完整准确。

答案：突变　负值

3. T/CEC 122—2016《电、水、气、热能源计量管理系统》规定，四表合一采集项目建设以_____、_____、_____、_____合一采集为重点推广内容。

答案：电　热　水　气

4. T/CEC 122—2016《电、水、气、热能源计量管理系统》规定，集中器采集各类表计的实时示值、日冻结示值、月冻结示值。能量数据保存时应带有_____。

答案：时标

5. T/CEC 122—2016《电、水、气、热能源计量管理系统》规定，电、水、气、热能源计量管理系统的一次采集成功率指在特定时刻对系统内指定数据_____（如不同类型用户）的特定数据一次采集成功率。

答案：采集点集合

6. T/CEC 122—2016《电、水、气、热能源计量管理系统》规定，集中器和一定数量的表计组成一个数据采集网络，在试验条件下，下行信道为_____时，统计的一次采集成功率为98%。

答案：无线

7. T/CEC 122—2016《电、水、气、热能源计量管理系统》规定，采集器应能识别从 M‑Bus 接口通信状态。主 M‑Bus 接口的采集通信，应选择在_____时进行。

答案：从 M‑Bus 接口的通信空闲

8. T/CEC 122—2016《电、水、气、热能源计量管理系统》规定，_____应支持对称密钥算法和非对称密钥算法。

答案：硬件安全模块

9. T/CEC 122—2016《电、水、气、热能源计量管理系统》规定，采集器供电电源中断后，应不出现误读数据，数据和时钟应保持_____月。

答案：两个

二、不定项选择题

1. T/CEC 122—2016《电、水、气、热能源计量管理系统》规定，低功耗微功率无线网络是发射功率不超过（　　）mW、工作频带为 490～495MHz 的低功耗无线通信网络，可实现水、气、热等表计的信息采集与交互。

A. 40 　　　　　　　　　　　　B. 50

C. 60 　　　　　　　　　　　　D. 100

答案：B

2. T/CEC 122—2016《电、水、气、热能源计量管理系统》规定，电、水、气、热能源计量管理系统主站和采集终端的年可用率不应小于（　　）%。

A. 99.5 　　　　　　　　　　　B. 99

C. 98 　　　　　　　　　　　　D. 98.5

答案：A

3. T/CEC 122—2016《电、水、气、热能源计量管理系统》规定，电、水、气、热能源计量管理系统的数据采集层负责测量控制设备的信息采集和监控，包括（　　）。

A. 集中器 　　　　　　　　　　B. 采集器

C. GPRS 　　　　　　　　　　 D. M‑Bus 总线

答案：AB

4. T/CEC 122—2016《电、水、气、热能源计量管理系统》规定，电、水、气、热能源计量系统中，气相关的采集数据分为（　　）及工商业用户、居民用户 5 种。

A. 城市储配站 　　　　　　　　B. 加压站

C. 气源 　　　　　　　　　　　D. 输配气管网与压气站

答案：ABD

5. T/CEC 122—2016《电、水、气、热能源计量管理系统》规定，供热质量分析包括以下（　　）几种方式。

A. 水力工况分析 　　　　　　　B. 供水压力分析

C. 流量分析 　　　　　　　　　D. 供回水温差分析

答案：ACD

6. T/CEC 122—2016《电、水、气、热能源计量管理系统》规定，集中器 I 型本地通信指示灯 T/R 灯红灯闪烁表示（　　　）。

    A. 模块上电
              B. 模块接收数据

    C. 模块正在注册
          D. 模块发送数据

    答案：B

7. T/CEC 122—2016《电、水、气、热能源计量管理系统》规定，采集器的数据传输下行通信方式可采用（　　　）。

    A. 电力线载波
          B. RS－485

    C. M－Bus
             D. 微功率无线

    答案：BCD

8. T/CEC 122—2016《电、水、气、热能源计量管理系统》规定，以下（　　　）不属于采集器Ⅱ型的功能。

    A. 时钟召测和对时
         B. 中继（路由）

    C. 模块信息
            D. 本地维护接口

    答案：AC

9. T/CEC 122—2016《电、水、气、热能源计量管理系统》规定，电、水、气、热能源计量管理系统逻辑架构中远程通信层为系统管理层与数据采集层之间数据交互提供通信信道，可采用（　　　）、3G/4G 等数据传输网络。

    A. 无线公网
           B. 光纤

    C. 无线专网
           D. GPRS

    答案：BCD

三、判断题

1. T/CEC 122—2016《电、水、气、热能源计量管理系统》规定，在水、气、热采集时，对已存在抄表计划的抄表段不能重新制订。（　　　）

    答案：√

2. T/CEC 122—2016《电、水、气、热能源计量管理系统》规定，通信介质可采用无线（GPRS、CDMA、微功率无线、载波等）、有线（以太网、光纤）等。（　　　）

    答案：×

3. T/CEC 122—2016《电、水、气、热能源计量管理系统》规定，采集系统主站侧应采用国家密码管理局认可的密码机实现数据的加解密，密码机必须集成对称密钥加密算法和非正确称密钥加密算法。（　　　）

    答案：√

4. T/CEC 122—2016《电、水、气、热能源计量管理系统》规定，当集中器远程通信单元为光纤介质时，不需要在模块上单独提供以太网接口。（　　　）

    答案：√

5. T/CEC 122—2016《电、水、气、热能源计量管理系统》规定，能源计量管理系统中，采集器采用无线信道时，应保证在打开采集器封印的情况下才能将天线拔出或拆下。（　　　）

答案：√

四、简答题

1. T/CEC 122—2016《电、水、气、热能源计量管理系统》规定，电、水、气、热能源计量管理系统的结构层级及各层的主要功能是什么？

答案：（1）系统管理层，负责整个系统的信息采集、用能管理，以及数据管理和数据应用等。

（2）远程通信层，为系统管理层与数据采集层之间的数据交互提供通信信道。

（3）数据采集层，负责测量控制设备的信息采集和监控。

（4）本地通信层，为数据采集层与测量控制层之间的数据交互提供通信信道。

（5）测量控制层，负责电、水、气、热等信息的测量和控制。

2. T/CEC 122—2016《电、水、气、热能源计量管理系统》规定，专变终端在电、水、气、热能源计量管理系统必备的数据采集项有哪些？

答案：（1）计量数据：累积电量、累积流量、累积热量等。

（2）监测数据：电压、电流、压力、温度等。

（3）工况数据：采集终端、智能表及测控设备的工况信息。

（4）事件记录：采集终端和智能表记录的事件。

（5）其他：余额、余量、费率等。

3. T/CEC 122—2016《电、水、气、热能源计量管理系统》规定，电、水、气、热能源计量管理系统对各类信息的响应时间要求有哪些？

答案：（1）远程控制操作响应时间应小于1min。

（2）重要信息巡检时间应小于15min。

（3）常规数据召测和设置响应时间应小于15s。

（4）历史数据召测响应时间应小于30s。

（5）用户事件响应时间应小于30min。

第四章　电力计量管理办法

第一节 计量资产全寿命周期管理办法

一、填空题

1.《国家电网公司计量资产全寿命周期管理办法》［国网（营销/4）390—2017］规定，对计量检定/检测/校准数据，工作人员应每日保存检定结果，在每月_____完成当月检定数据的电子备份后移交电子文档至档案室。

答案：月底前

2.《国家电网公司计量资产全寿命周期管理办法》规定，_____是指同一到货批次的单个计量资产库龄的平均值。

答案：批次计量资产库龄

3.《国家电网公司计量资产全寿命周期管理办法》规定，在应急状态结束后，执行应急调配双方须向_____部门提出应急授权终止。

答案：当地省级计量行政管理

4.《国家电网公司计量资产全寿命周期管理办法》中所称的计量资产，包括各种类型电能表、计量互感器、_____、计量标准（试验）设备、低压计量箱、计量周转柜、封印、抢修计量周转柜、采集通信单元、计量现场手持设备、互感器回路状态巡检仪、开关等。

答案：用电信息采集终端

5.《国家电网公司计量资产全寿命周期管理办法》规定，计量资产的条形码应由_____统一管理，其编制规则应符合 Q/GDW 1205—2013《电能计量器具条码》企业技术标准的要求。

答案：省公司营销部

6.《国家电网公司计量资产全寿命周期管理办法》规定，计量装置故障流程拆回的电能表，如无需开展检定的，由业务办理单位与用户确认电量退补_____后完成业务流程归档，拆回电能表即可开展分拣。

答案：无异议

二、不定项选择题

1.《国家电网公司计量资产全寿命周期管理办法》规定，拆回智能电能表设备分拣包含拆回后（　　）等环节。

A. 设备分选 　　　　　　　　　　B. 设备识别

C. 分拣检测   D. 鉴定核查

E. 分类处置   F. 分拣处置分析

答案：ACF

2.《国家电网公司计量资产全寿命周期管理办法》规定，计量资产的报废工作应分别在（ ）中实现。

A. ERP 系统   B. 营销业务应用系统

C. MDS 系统   D. 电子商务平台

答案：ABD

3.《国家电网公司计量资产全寿命周期管理办法》规定，实验室的设置应充分考虑（ ）等要求。

A. 安全   B. 运输

C. 保密   D. 试验条件

答案：ABD

4.《国家电网公司计量资产全寿命周期管理办法》规定，成品库龄超过 6 个月的电能表在安装使用前应检查（ ）。

A. 表计功能   B. 时钟电池

C. 校验记录   D. 抄表电池

答案：ABD

5.《国家电网公司计量资产全寿命周期管理办法》规定，计量器具到货后，省公司计量中心统一进行（ ）后，将验收报告提交省物资公司，并组织配送工作。

A. 抽样验收   B. 批次验收

C. 全检验收   D. 部分验收

答案：AC

6.《国家电网公司计量资产全寿命周期管理办法》规定，省级计量资产调配分为（ ）两种类型。

A. 代维   B. 代料

C. 代工   D. 代采购

答案：BC

7.《国家电网公司计量资产全寿命周期管理办法》规定，拆回电能表分拣后处置方式主要为（ ）。

A. 待校验   B. 待回收

C. 待赔付   D. 待报废

答案：ACD

8.《国家电网公司计量资产全寿命周期管理办法》规定，库房存放管理要求各分区货架宜采用彩色标示，以下规定正确的是（ ）。

A. 返厂区—紫色   B. 待检区—黄色

C. 待处理区—白色   D. 待报废区—蓝色

答案：BC

9. 《国家电网公司计量资产全寿命周期管理办法》规定，档案管理人员与移交人员应履行档案移交手续，注明（　　）。

 A. 归档日期   B. 归档内容

 C. 载体形式   D. 签收人姓名

 答案：ABCD

10. 《国家电网公司计量资产全寿命周期管理办法》规定，电子档案的保存正确的有（　　）。

 A. 计量装置台账按照计量装置寿命周期保存

 B. 计量器具检定/检测/校准的原始数据应按照计量器具寿命周期保存

 C. 出具的计量标准/计量器具检定证书应保存电子版，保存期至少为一个检定周期

 D. 现场表计拍摄的表码图片，竣工验收等拍摄的图片、音频、视频等资料，应按照计量装置的全寿命周期保存

 答案：ABCD

11. 《国家电网公司计量资产全寿命周期管理办法》规定，单个计量资产表龄是指运行计量资产从新品入库开始到目前为止的存续时间，即表龄为（　　）之和。

 A. 新品库龄   B. 成品库龄

 C. 领出待装时间   D. 配送在途时间及运行时间

 答案：ABCD

12. 《国家电网公司计量资产全寿命周期管理办法》规定，全寿命周期质量管理是按照8个关键环节对计量资产开展包括（　　）的分析和管理。

 A. 状态分析   B. 质量分析

 C. 寿命预测与评价   D. 面向质量管理的供应商评价

 答案：ABCD

三、判断题

1. 《国家电网公司计量资产全寿命周期管理办法》规定，计量资产管理实施省级集中管理模式，业务管理的内容包括采购项目储备、预算编报、需求计划、ERP 系统项目创建、物资招投标、合同签订、到货/检定配送、资产调拨、运行管理、发票校验与付款、资产报废管理。（　　）

 答案：√

2. 《国家电网公司计量资产全寿命周期管理办法》规定，计量资产全寿命周期管理分为采购到货、设备验收、检定校准、仓储配送、设备安装、设备运行、设备拆除、资产报废等8个关键环节。（　　）

 答案：×

3. 《国家电网公司计量资产全寿命周期管理办法》规定，分拣检测用于对全量具备检测条件的拆回电能表开展标准化的检测试验。（　　）

 答案：√

4. 《国家电网公司计量资产全寿命周期管理办法》规定，地市（县）供电企业的采

购需求计划提报应通过省计量中心 MDS 系统和营销业务应用系统实现，审核后的采购需求计划申请应经由 ERP 系统和电子商务平台系统实现提交。（   ）

答案：√

5.《国家电网公司计量资产全寿命周期管理办法》规定，省公司营销部对于公司统一招标、省公司集中采购的计量资产实施招标前入网检测和质量监督。（   ）

答案：×

6.《国家电网公司计量资产全寿命周期管理办法》规定，开展申校服务的实验室，应建立满足《计量标准管理规范》环境条件的实验室。（   ）

答案：×

7.《国家电网公司计量资产全寿命周期管理办法》规定，计量资产购置合同的签订应按照公司物资相关制度规定执行。（   ）

答案：√

8.《国家电网公司计量资产全寿命周期管理办法》规定，集中器交采信息的设置与抄读，可利用掌机或计算机等设备，输入终端地址，通过 RS - 485 抄表端口进行抄读。（   ）

答案：×

9.《国家电网公司计量资产全寿命周期管理办法》规定，在 RS - 485 通信线缆现场建设过程中，在确保线材质量的情况下，可以与电源线同管敷设。（   ）

答案：×

10.《国家电网公司计量资产全寿命周期管理办法》规定，电能表拆回业务流程归档后即可开展设备分拣。拆回的非智能电能表存放满 2 个电费结算周期后可进行报废处置。（   ）

答案：√

11.《国家电网公司计量资产全寿命周期管理办法》规定，拆回智能电能表退库地市供电企业、县供电企业或省计量中心后应在 5 个工作日内完成设备分选；分选后待检测的智能电能表应在 5 个工作日内完成分拣检测；完成分拣检测后的智能电能表应在 2 个工作日内开展分拣处置分析，分析为质量故障智能电能表的，需由省计量中心与供应商协商确认处置方式。（   ）

答案：√

12.《国家电网公司计量资产全寿命周期管理办法》规定，计量现场作业产生的工单及数据材料，现场业务工作人员应在任务工单办结 2 个工作日内在营销信息系统中维护业务数据；在 5 个工作日内移交纸质文档及相关电子材料至本部门整理存放，并在每月月底移交至档案室归档。（   ）

答案：×

四、简答题

1.《国家电网公司计量资产全寿命周期管理办法》中计量资产全寿命周期管理包括什么？

答案：计量资产全寿命周期管理包括计量资产管理、全寿命周期质量管理、实验室管理、库房管理、计量档案管理等内容。

2. 《国家电网公司计量资产全寿命周期管理办法》规定，国家法律法规、公司相关制度明确规定必须采用纸质文档方式保存的，在工作中客户履行签字确认手续需要保存留证的纸质文档，应采用纸质档案保存。请简述纸质档案保存的具体要求？

答案：（1）计量标准档案应按计量标准建标后的全寿命周期保存，直至报废为止。国网（省）计量中心最高计量标准档案应保存至计量标准报废后一年。

（2）客户申校申请工作单、计量装置装拆工单、检测记录等客户履行签字手续的材料应至少保存 3 年。

（3）现场校验档案应至少保存 3 年。

（4）用电信息采集建设工程档案保管期限参照电网建设项目档案保管期限执行。

（5）其他档案可视其重要程度而定。

3. 《国家电网公司计量资产全寿命周期管理办法》规定，实验室管理单位应根据所开展项目的技术要求，选择适合的质量控制方法，制订内部质量监控计划，经审批后实施。请问，监控计划中的监控方法可以从哪些方法中选取？

答案：（1）定期使用有证核查标准进行内部质量控制。

（2）参加实验室间的比对或能力验证计划。

（3）利用相同或不相同方法进行重复检定。

（4）对存留物品进行再次检定。

（5）分析一个物品不同特性结果的相关性。

（6）其他有效的技术核查方法。

第二节　计量现场手持设备管理办法

一、填空题

1. 《国家电网公司计量现场手持设备管理办法》［国网（营销/4）389 – 2014］规定，计量现场手持设备属于用电信息采集密码设备，其管理应坚持保证安全、强化管理的原则，实现_____、_____、验收、_____、报废的全过程、全寿命周期管理，切实保障密钥安全。

答案：选型　采购　使用

2. 《国家电网公司计量现场手持设备管理办法》规定，多人共用一台计量现场手持设备（包括业务卡）的，_____人即为保管人，保管人负责妥善保管，并做好具体人员的使用与归还记录。

答案：领用

3. 《国家电网公司计量现场手持设备管理办法》规定，如果多人共用一台计量现场手持设备，使用前，插入当前_____人的操作员卡，使用完毕应取回操作员卡。

答案：使用

4.《国家电网公司计量现场手持设备管理办法》规定，计量现场手持设备是指适用于计量人员现场应用，通过应用_____技术实现与电能表、采集终端等设备进行数据交换。

答案：密码

5.《国家电网公司计量现场手持设备管理办法》规定，计量现场手持设备到货后抽样验收由_____负责，依据规定项目进行试验。

答案：省公司计量中心

二、不定项选择题

1.《国家电网公司计量现场手持设备管理办法》自 2014 年（　　）月 1 日起施行。
A. 9　　　　　　　　　　　　　　　B. 10
C. 11　　　　　　　　　　　　　　D. 12
答案：B

2.《国家电网公司计量现场手持设备管理办法》规定，各级供电企业应记录营销业务应用系统、（　　）接口间交互数据的内容、时间等日志信息，确保相关信息准确、全面。
A. MDS 平台系统　　　　　　　　B. 用电信息采集系统
C. GIS 信息系统　　　　　　　　　D. 计量现场手持设备管理系统
答案：ABD

3.《国家电网公司计量现场手持设备管理办法》规定，计量现场手持设备到货验收试验结果及建档信息应录入（　　）。
A. SG186 营销系统
B. 用电信息采集系统
C. 省级计量生产调度平台（MDS 系统）
D. 95598 系统
答案：C

4.《国家电网公司计量现场手持设备管理办法》规定，计量现场手持设备安全单元所使用的非对称算法是国密（　　）算法。
1. SM1　　　　　　　　　　　　　B. SM2
C. SM3　　　　　　　　　　　　　D. SM7
答案：B

5.《国家电网公司计量现场手持设备管理办法》规定，计量现场手持设备配备有业务员卡和（　　）。
A. 操作员卡　　　　　　　　　　　B. 权限卡
C. GRPS 卡　　　　　　　　　　　D. TF（内存）卡
答案：A

6.《国家电网公司计量现场手持设备管理办法》规定，地市（区、州）供电公司营销部、县（市、区）供电公司营销部的主要职责是（ ）。

    A. 负责本单位计量现场手持设备需求计划、到货计划制订

    B. 负责本单位计量现场手持设备的发放、领取、使用、保养、回收、报废等

    C. 负责本单位计量现场手持设备使用培训和管理系统运行维护

    D. 负责本单位计量现场手持设备使用与管理情况监督、考核

    答案：ABD

7.《国家电网公司计量现场手持设备管理办法》规定，国网计量中心的主要职责是（ ）。

    A. 负责计量现场手持设备的招标前全性能试验

    B. 负责计量现场手持设备密码相关部分的方案设计

    C. 参与计量现场手持设备技术标准制定

    D. 负责各级供电企业计量现场手持设备使用的培训与技术支持

    答案：ABCD

8.《国家电网公司计量现场手持设备管理办法》规定，省（自治区、直辖市）电力公司营销部归口本省计量现场手持设备管理工作，其主要职责是（ ）。

    A. 负责组织本省计量现场手持设备的选型审查

    B. 负责协调本省计量现场手持设备管理系统与营销业务应用系统、用电信息采集系统及计量生产调度平台接口开发与维护

    C. 负责本省各级供电企业计量现场手持设备使用与管理情况的监督、考核

    D. 负责本单位计量现场手持设备的资产建档、发放、使用、回收、报废

    答案：ABC

9.《国家电网公司计量现场手持设备管理办法》规定，为规范国家电网公司计量现场手持设备的管理，有效防范泄密风险，维护公司经营安全，根据国家商用密码管理有关法律、法规，以及（ ）等规章制度和技术标准，制定本办法。

    A.《国家电网公司用电信息密钥管理办法》

    B.《国家电网公司计量标准管理办法》

    C.《国家电网公司计量现场手持设备技术规范》

    D.《国家电网公司计量工作管理规定》

    答案：AC

10.《国家电网公司计量现场手持设备管理办法》规定，选型产品应通过（ ）开展的计量现场手持设备全性能试验检测。

    A. 国网计量中心   B. 国家质量监督局

    C. 省计量中心   D. 省质量监督局

    答案：A

11.《国家电网公司计量现场手持设备管理办法》规定，计量现场手持设备变更时，申请人应填写（ ），办理变更手续。

    A. 计量现场手持设备领用登记表   B. 计量现场手持设备领用审批表

    C. 计量现场手持设备回收登记表   D. 计量现场手持设备变更登记表

答案：D

12.《国家电网公司计量现场手持设备管理办法》规定，建档信息至少应包括计量现场手持设备的（　　）等设备信息。

A. 类型、型号、规格

B. 资产编号、出厂编号、软件版本号

C. 建档（入库）人

D. 建档（入库）日期

答案：ABCD

13.《国家电网公司计量现场手持设备管理办法》规定，废旧计量现场手持设备在移交集中处置之前，应将其中操作员卡和业务卡取出，并按照国家电网公司电子数据（　　）的技术要求销毁。

A. 销毁

B. 清除

C. 回收

D. 加密

答案：AB

三、判断题

1.《国家电网公司计量现场手持设备管理办法》规定，县供电企业营销部（客户服务中心）的计量现场手持设备台账应由地市供电企业营销部（客户服务中心）建立，并指定专人负责设备发放和领用。（　　）

答案：×

2.《国家电网公司计量现场手持设备管理办法》规定，工作人员领用设备时，应查验所有功能是否完好、使用是否正常。（　　）

答案：√

3.《国家电网公司计量现场手持设备管理办法》规定，计量现场手持设备配套使用的操作员卡，每张卡只能发放（或指定）给一人使用，不得多人共用。（　　）

答案：√

4.《国家电网公司计量现场手持设备管理办法》规定，国网计量中心负责计量现场手持设备使用与管理情况的监督、考核。（　　）

答案：×

5.《国家电网公司计量现场手持设备管理办法》规定，计量现场手持设备（包括操作员卡、业务卡）出现遗失时，应立即逐级上报至省公司营销部，采取必要的防范措施。（　　）

答案：√

四、简答题

1.《国家电网公司计量现场手持设备管理办法》规定，计量现场手持设备使用人员在使用前应检查哪些内容？

答案：使用人员在使用前应检查计量现场手持设备（包括操作员卡、业务卡）是否完好无缺，计量现场手持设备的电池电量是否充足、系统时间与标准时间是否一致，并按照《国家电网公司计量现场手持设备管理办法》要求规范使用；如果多人共用一台计量现场手持设备，使用前，插入当前使用人的操作员卡，使用完毕应取回操作员卡。

2. 根据《国家电网公司计量现场手持设备管理办法》规定，请简述计量现场手持设备能够实现的操作？

答案：计量现场手持设备是指适用于计量人员现场应用，通过应用密码技术实现与电能表、采集终端等设备进行数据交换的便携式手持设备。其可实现安全认证、数据采集、参数设置、应急停复电、密钥更新、标识读写和封印管理等操作。

五、案例分析题

2018 年 5 月 11 日，某供电所台区用户费控停电操作成功，用户在进行缴费后，系统提示自动复电失败，经核实该用户家中确实没电后，李某在营销系统多次下发复电指令后指令执行状态仍为执行失败，于是转人工处理，李某在采集系统查询该用户并进行电表复电操作，多次下发指令依然是执行失败，核对采集系统用户信息无异常，便转至采集闭环运维管理系统，现场掌机进行复电，到达现场后发现掌机电池电量低，进行复电操作成功后，掌机自动关机。该案例中李某有无操作不当的情况？复电失败转至闭环运维管理系统后应如何处理？

答案：（1）根据《国家电网公司计量现场手持设备管理办法》第二十条规定，使用人员在使用前应检查计量现场手持设备（包括操作员卡、业务卡）是否完好无缺，计量现场手持设备的电池电量是否充足、系统时间与标准时间是否一致，并按照本管理办法要求规范使用。

该案例中李××使用前未检查掌机电池电量情况，有可能导致工作时间延长，容易引发用户投诉。

（2）采集系统用户复电控制命令下发失败后，单击转至运维闭环工单按钮，系统提示转至运维闭环工单成功后，登录采集运维闭环管理系统（若系统提示转至运维闭环工单失败，可进入采集运维闭环管理系统手工创建复电工单），查找到复电工单，选中工单派发至绑定掌机的运维账号，掌机会收到该工单的提醒，下载工单查看明细，至现场核对现场表计与系统信息无误，掌机现场复电操作时掌机红外发射窗口应对准电表红外接收口。

执行的工单若为直接合闸，单击复电按钮，执行成功后电表会直接合闸。执行的工单若为允许合闸，单击复电按钮（09 版表计需在执行命令的同时按着电表里面的编程键），如果操作成功掌机会显示执行成功，电表跳闸灯会不断闪烁，按着电表上的按键3s，跳闸熄灭复电成功。执行成功之后单击提交按钮。

第三节　低压计量箱质量监督管理办法

一、填空题

1. 《国家电网公司低压计量箱质量监督管理办法》［国网（营销/4）866—2017］规

定，到货检查、样品比对和抽样验收试验合格后，地市（县）供电企业营销部（客户服务中心）按照供货合同，核对到货计量箱_____、_____、_____情况等信息，并将相关信息系统中计量箱状态改变为待安装；如不合格，公司营销部门通报物资部门，由物资部门按照供货产品批次质量不合格处理。

答案：数量　　型号　　配件

2.《国家电网公司低压计量箱质量监督管理办法》规定，地市（县）供电企业营销部（客户服务中心）针对具备 ID 身份号码计量箱的质量故障原因、拆回原因的分析和鉴定结果应分别录入_____和_____。

答案：营销业务应用系统　　省级计量生产调度平台（MDS 系统）

3.《国家电网公司低压计量箱质量监督管理办法》规定，国网计量中心负责计量箱招标前质量监督，内容应包括招标前_____检测、合格样品资料存档工作。

答案：全性能

4.《国家电网公司低压计量箱质量监督管理办法》规定，运行计量箱故障类别分为_____、工作质量、_____、不可抗力和其他五大类。

答案：设备质量　　故障外部因素

5.《国家电网公司低压计量箱质量监督管理办法》规定，计量箱招标前全性能试验中，样品中出现任意一只任意一项不合格，即判定该类计量箱不合格，定为_____类质量问题。

答案：二

二、不定项选择题

1.《国家电网公司低压计量箱质量监督管理办法》规定，低压计量箱供货前到厂抽样检测中，检测样品首次检测不合格，限期（　　）天整改，整改延期或整改后仍不合格，暂缓供应商供货，定为二类质量问题。

A. 5　　　　　　　　　　　　B. 10
C. 15　　　　　　　　　　　D. 20

答案：B

2.《国家电网公司低压计量箱质量监督管理办法》规定，（　　）负责开展计量箱重大质量问题预警。

A. 国网营销部　　　　　　　　B. 国网计量中心
C. 省公司营销部　　　　　　　D. 省计量中心

答案：A

3.《国家电网公司低压计量箱质量监督管理办法》规定，（　　）负责向公司安质部门、物资部门通报计量箱质量问题定级和质量监督结果。

A. 国网营销部　　　　　　　　B. 国网计量中心
C. 省公司营销部　　　　　　　D. 省计量中心

答案：C

4.《国家电网公司低压计量箱质量监督管理办法》规定，计量箱（　　）、内部结构及制造工艺发生变化时，生产商应重新进行送检和备案。

    A. 主要元器件   B. 内部主要配件

    C. 制造材料   D. 内部次要配件

    答案：A

5. 《国家电网公司低压计量箱质量监督管理办法》规定，220V 电能计量装置采用箱式结构分为（   ）形式。

    A. 分体式   B. 单体独立式

    C. 单体组合箱组式   D. 整体式

    答案：BCD

6. 《国家电网公司低压计量箱质量监督管理办法》规定，供应商质量监督内容应包括（   ）产能等方面的综合评价。

    A. 供应商的经营实力   B. 质量管理水平

    C. 研发生产能力   D. 履约服务能力

    E. 运行业绩

    答案：ABCDE

7. 《国家电网公司低压计量箱质量监督管理办法》规定，（   ）不是计量箱质量评价结论中的一类质量问题。

    A. 设计原理

    B. 存在漏电，微型断路器质量，导线线径过小导致烧毁，火灾等安全隐患的

    C. 生产能力

    D. 标识、配件不全或不正确经现场整改与补配，能满足供货合同及技术规约要求

    答案：ABC

8. 《国家电网公司低压计量箱质量监督管理办法》规定，计量箱批次故障或质量隐患处置包括（   ），由各级营销、安质、物资部门配合完成。

    A. 问题逐级报送   B. 质量预警

    C. 质量问题诊断   D. 质量问题处置

    E. 问题产品召回

    答案：ABCDE

9. 《国家电网公司低压计量箱质量监督管理办法》规定，计量箱质量监督工作涵盖（   ）的全过程、全寿命周期各个环节

    A. 招标前、供货前、到货后、运行中、退出运行

    B. 招标、供货、运行、报废

    C. 招标前、招标后、供货前、到货后、运行中、退出运行

    D. 招标前、到货后、运行中、退出运行

    答案：A

三、判断题

1. 《国家电网公司低压计量箱质量监督管理办法》规定，省计量中心是计量箱质量

监督工作的具体实施部门。（　　　）

答案：√

2.《国家电网公司低压计量箱质量监督管理办法》规定，低压计量箱到货后抽样验收试验在样品比对合格前进行。（　　　）

答案：×

3.《国家电网公司低压计量箱质量监督管理办法》规定，计量箱到货验收质量监督结果应录入省级计量生产调度平台（MDS 系统）。（　　　）

答案：√

4.《国家电网公司低压计量箱质量监督管理办法》规定，省公司计量中心负责计量箱招标前质量监督，内容应包括招标前全性能检测、合格样品资料存档工作。（　　　）

答案：×

5.《国家电网公司低压计量箱质量监督管理办法》规定，国网计量中心自收取供应商样品之日起，30 个工作日内完成招标前全性能试验检测、合格样品资料存档、报告出具等工作，在出具报告后完成合格样品留样等工作。（　　　）

答案：×

6.《国家电网公司低压计量箱质量监督管理办法》规定，计量箱质量评价结论二类质量问题是指标识、配件不全或不对经现场整改与补配，部分箱体有破损或变形经现场修理，能满足供货合同及技术规约要求。（　　　）

答案：×

7.《国家电网公司低压计量箱质量监督管理办法》规定，供货前，产品监造巡视有任一项内容不满足要求，均判定为不合格，限期 3 天整改，若整改延期，定为二类质量问题。（　　　）

答案：√

四、简答题

根据《国家电网公司低压计量箱质量监督管理办法》规定，请简述运行计量箱分批故障率和运行计量箱重大质量问题故障率的计算公式？

答案：（1）运行计量箱分批故障率 = 该批次发生故障的计量箱数/该批次计量箱总数 × 100%。

（2）运行计量箱重大质量问题故障率 = 发生重大质量问题故障的计量箱数/统计范围内运行的计量箱总数 × 100%。

第四节　电能表质量监督管理办法

一、填空题

1.《国家电网公司电能表质量监督管理办法》［国网（营销/4）274—2014］规定，

按照国家电网公司电能表质量监督管理办法要求，_____负责组织开展电能表技术研究和计量新技术推广应用。

答案：国网营销部

2. 《国家电网公司电能表质量监督管理办法》规定，电能表质量监督应坚持_____、公正透明的工作方针，遵循标准统一、内容完整、流程规范、方法一致的工作原则。

答案：质量至上

3. 《国家电网公司电能表质量监督管理办法》规定，供货前样品比对内容应包括_____、_____、工艺、所用元器件等信息。

答案：型式　结构

4. 《国家电网公司电能表质量监督管理办法》规定，电能表批量到货后，省计量中心应在_____个工作日内完成该到货批次电能表样品比对和抽样验收试验。

答案：10

5. 《国家电网公司电能表质量监督管理办法》规定，运行质量监督包括巡检、_____、故障表质量监督。

答案：定期抽检

6. 《国家电网公司电能表质量监督管理办法》规定，库存超期表复检，凡库存时间超过_____个月的电能表，应送回省计量中心重新进行全检验收。

答案：6

二、不定项选择题

1. 《国家电网公司电能表质量监督管理办法》规定，运行电能表批次不合格率大于或等于（　　）％，定为三类质量问题；大于或等于（　　）％，定为四类质量问题。

A. 10　　　　　　　　　　　　B. 20

C. 30　　　　　　　　　　　　D. 40

答案：AC

2. 《国家电网公司电能表质量监督管理办法》规定，属于工作质量问题的有（　　）。

A. 参数设置不正确　　　　　　B. 接线错误

C. 潜动　　　　　　　　　　　D. 谐波

E. 停走

答案：AB

3. 《国家电网公司电能表质量监督管理办法》规定，电能表质量监督应坚持（　　）工作原则。

A. 标准统一　　　　　　　　　B. 内容完整

C. 流程规范　　　　　　　　　D. 方法一致

答案：ABCD

4. 《国家电网公司电能表质量监督管理办法》规定，属于计量性能故障的有（　　）。

A. 不显示　　　　　　　　　　B. 误差超差

C. 不启动　　　　　　　　　　D. 潜动

答案：BCD

5.《国家电网公司电能表质量监督管理办法》规定，（　　　）属于国网物资部的主要职责。

A. 负责电能表生产制造环节质量监督，并组织开展电能表产品巡视（监造）

B. 负责制定供应商质量监督标准，并组织开展供应商质量监督

C. 负责将技术联络函发送至各供应商，督促其对照所列举的质量风险隐患点，进行认真排查和全面整改

D. 负责制作招标前全性能试验电能表合格样品的比对资料，并按中标结果发至各省公司。

答案：ABC

6.《国家电网公司电能表质量监督管理办法》规定，省计量中心负责（　　　）工作。

A. 生产前适应性检查　　　　　B. 供货前样品比对

C. 供货前软件比对　　　　　　D. 供货前全性能试验检测

答案：ABCD

7.《国家电网公司电能表质量监督管理办法》规定，电能表报废前质量监督包括（　　　）工作。

A. 提交报废申请　　　　　　　B. 报废前技术鉴定

C. 审批报废手续　　　　　　　D. 履行报废手续

答案：ABD

8.《国家电网公司电能表质量监督管理办法》规定，电能表换装前，应在小区和单元张贴告知书，在（　　　）备案。

A. 营销部　　　　　　　　　　B. 物业公司

C. 村委会　　　　　　　　　　D. 派出所

答案：BC

9.《国家电网公司电能表质量监督管理办法》规定，在智能表质量监督管理流程中，地市公司要做的工作有（　　　）。

A. 运行抽检表的现场检验或换表　　B. 发现故障或质量隐患

C. 故障换表　　　　　　　　　D. 周期轮换

答案：ABCD

10.《国家电网公司电能表质量监督管理办法》规定，电能表质量监督评价结论分为四类质量问题，其中一类质量问题是指在电能表质量监督中发现供应商某一供货批次电能表产品由于（　　　）、测试试验等原因导致批量质量隐患或故障。

A. 制造工艺　　　　　　　　　B. 生产能力

C. 元器件质量　　　　　　　　D. 软件程序缺陷

答案：ACD

三、判断题

1. 《国家电网公司电能表质量监督管理办法》规定，电能表发生过负荷烧表、短路烧表等故障抢修时应在 12h 内完成电能表更换。（　　）

答案：×

2. 《国家电网公司电能表质量监督管理办法》规定，各级物资部门应按月填报质量监督信息报表、按年编报质量监督工作总结并上报国网物资部。（　　）

答案：×

3. 《国家电网公司电能表质量监督管理办法》规定，国网计量中心是公司系统电能表质量监督工作的技术支撑部门，主要职责之一为负责对省公司检测设备配置、检测方法、疑难问题分析等提供技术支持与指导，开展相关技术培训。（　　）

答案：√

4. 《国家电网公司电能表质量监督管理办法》规定，省计量中心是电能表质量监督工作的具体实施部门，履行职责之一为负责组织批次电能表故障/质量隐患排查及调查处理，编制提交电能表重大质量问题分析报告。（　　）

答案：×

5. 《国家电网公司电能表质量监督管理办法》规定，电能表质量监督工作涵盖招标前、供货前、到货后、运行中直至退出运行的全过程、全寿命周期各个环节，包括供应商质量监督、招标前质量监督、供货前质量监督、到货验收质量监督、运行中质量监督、报废前质量监督等内容。（　　）

答案：√

6. 《国家电网公司电能表质量监督管理办法》规定，地市（县）供电企业营销部负责实施电能表轮换技术方案。（　　）

答案：√

7. 《国家电网公司电能表质量监督管理办法》规定，加强运行电能表质量监督检查的管控，应分别在电能表运行后第 1 年、第 3 年、第 5 年、第 7 年开展定期抽样检测。（　　）

答案：×

8. 《国家电网公司电能表质量监督管理办法》规定，在电能表软件备案时同步开展备案时软件比对，将比对样本同时与招标前全性能检测样表及现场烧录程序的电能表进行软件比对，比对结果应归档。（　　）

答案：√

9. 《国家电网公司电能表质量监督管理办法》规定，不合格及寿命终结的电能表拆回后，由地市（县）供电企业营销部（客户服务中心）负责检查封印情况并抄录表底电量示值（照相），至少保留两个抄表周期后，按批次定期向省公司营销部提出报废申请。（　　）

答案：×

10. 《国家电网公司电能表质量监督管理办法》规定，电能表供货前全性能试验、到货后抽检试验项目分为 A、B 两类，A 类为否决项，B 类为非否决项。样品出现任一项 A 类不合格，判定此样品为不合格；出现 B 类不合格，经整改后试验通过，判定此样品合格。（　　　）

答案：√

四、简答题

1.《国家电网公司电能表质量监督管理办法》规定，运行电能表故障类别分为哪几类？

答案：运行电能表故障类别分为工作质量、外部因素、不可抗力、设备质量故障和其他五大类。

2.《国家电网公司电能表质量监督管理办法》规定，电能表到货验收质量监督都包含哪些方面？

答案：内容应包括到货后样品比对、到货后软件比对、抽样验收试验、全检验收试验、库存超期表复检工作。

3.《国家电网公司电能表质量监督管理办法》规定，电能表的到货批次不合格率计算公式、统计范围和统计周期是什么？

答案：计算公式：到货批次不合格率 = 到货不合格批次数/到货后验收批次总数 ×100%。

统计范围：某一供应商各类型电能表到货后样品比对、软件比对、抽样验收试验和全检验收试验的全部批次。整改前和整改后的批次数按两个批次计算。

统计周期：在公司系统定期滚动累进统计，按月报送。

第五节　电能计量封印管理办法

一、填空题

1.《国家电网公司电能计量封印管理办法》［国网（营销/4）275—2014］规定，按照公司技术标准《电能计量封印技术规范》的规定，计量封印分为＿＿＿＿＿＿、＿＿＿＿＿＿、＿＿＿＿＿＿，应根据使用对象、应用场合，结合封印结构型式，严格按规定安装使用。

答案：卡扣式　　封印穿线式　　封印电子式

2.《国家电网公司电能计量封印管理办法》规定，卡扣式封印的安装位置应包括电能表、用电信息采集终端的＿＿＿＿＿＿、＿＿＿＿＿＿、＿＿＿＿＿＿，计量箱（柜）门的现场封印。

答案：出厂封印　　检定封印　　现场封印

3.《国家电网公司电能计量封印管理办法》规定，＿＿＿＿＿＿的安装位置应包括Ⅰ、Ⅱ、Ⅲ电能计量装置及重点关注客户。

答案：电子式封印

4. 《国家电网公司电能计量封印管理办法》规定，按照分级管理、逐级考核的原则，每年至少开展_____次封印管理工作的监督、评价与考核。

答案：1

5. 《国家电网公司电能计量封印管理办法》规定，_____负责辖区内封印的抽检、到货验收。

答案：省计量中心

6. 《国家电网公司电能计量封印管理办法》规定，国网计量中心负责开展电能计量封印全性能试验，供应商自愿送检，全性能试验每次送检样品_____只。

答案：500

二、不定项选择题

1. 《国家电网公司电能计量封印管理办法》规定，室内检定过程中检定封与被加封计量设备的绑定信息应录入（　　　）。

A. 计量生产调度平台（MDS 系统）　　B. 营销业务应用系统

C. 营销稽查系统　　D. 用电信息采集系统

答案：A

2. 《国家电网公司电能计量封印管理办法》规定，现场运行电能计量装置的封印信息应录入（　　　），并实现封印的跟踪查询和统计分析。

A. 计量生产调度平台（MDS 系统）　　B. 营销业务应用系统

C. 营销稽查系统　　D. 用电信息采集系统

答案：B

3. 《国家电网公司电能计量封印管理办法》规定，计量封印应根据使用对象、应用场合，结合封印结构型式，严格按（　　　）安装使用。

A. 《电能计量装置技术管理规程》　　B. 《电能计量器具条码》

C. 《电能计量封印技术规范》　　D. 《国家电网公司电能计量封印管理办法》

答案：C

4. 《国家电网公司电能计量封印管理办法》规定，电能计量封印按照使用用途、使用场合和权限，分为（　　　）。

A. 出厂封　　B. 检定封

C. 安装维护封　　D. 现场检验封

E. 用电检查封　　F. 管理封

答案：ABCDE

5. 《国家电网公司电能计量封印管理办法》规定，穿线式封印的安装位置应包括（　　　）联合试验接线盒、计量箱（柜）等设备的现场封印。

A. 电能表　　B. 用电信息采集终端的端子盖

C. 互感器二次端子盒　　D. 开关操作把手

答案：ABC

6. 《国家电网公司电能计量封印管理办法》规定，属于穿线式封印使用范畴的是

（　　　）。

A. 电能表联合接线盒用封印　　　B. 采集终端端子盖用封印

C. 计量箱门用封印　　　　　　　D. 单相电能表检定用封印

答案：ABC

7.《国家电网公司电能计量封印管理办法》规定，（　　　）造成公司经济损失的应依据法律和公司相关规定严肃处理，直至追究刑事责任。

A. 复制　　　　　　　　　　　　B. 伪造

C. 利用封印徇私舞弊　　　　　　D. 丢失封印

E. 以权谋私

答案：ABCE

8.《国家电网公司电能计量封印管理办法》规定，电能计量封印应按使用场合分为实验室检定（测）和现场使用两类，其中现场使用的电能计量封印按持有人分为（　　　）等电能计量封印。

A. 现场检验人员　　　　　　　　B. 装表接电人员

C. 采集运维人员　　　　　　　　D. 用电检查人员

E. 室内检定人员　　　　　　　　F. 电能表和用电信息采集终端供应商

答案：ABCD

9.《国家电网公司电能计量封印管理办法》规定，电能计量封印，是指具有唯一编码、（　　　）等功能，用来防止未授权的人员非法开启电能计量装置或确保电能计量装置不被无意开启，且具有法定效力的一次性使用的专用标识物体。

A. 自锁　　　　　　　　　　　　B. 防撬

C. 防伪　　　　　　　　　　　　D. 防窃电

答案：ABC

三、判断题

1.《国家电网公司电能计量封印管理办法》规定，违规使用、私自转借、丢失封印等造成工作失误的，应根据相关规定对责任人进行处罚。（　　　）

答案：√

2.《国家电网公司电能计量封印管理办法》规定，国网营销部负责组织开展封印技术型式审查、技术研究和新技术推广应用。（　　　）

答案：√

3.《国家电网公司电能计量封印管理办法》规定，省计量中心负责组织开展辖区内封印选型、购置计划审批等工作。（　　　）

答案：×

4.《国家电网公司电能计量封印管理办法》规定，封印到货验收试验结果及建档信息应录入营销业务应用系统。（　　　）

答案：×

5.《国家电网公司电能计量封印管理办法》规定，拆下的封印应妥善保管，统一销

毁。（　　）

答案：×

6.《国家电网公司电能计量封印管理办法》规定，地市、县供电企业运维检修人员在完成辖区内电能计量装置应急抢修工作后，应及时通知地市、县供电企业营销部（客户服务中心）计量人员到现场对电能计量装置施封。（　　）

答案：√

7.《国家电网公司电能计量封印管理办法》规定，封印发放人员填写电能计量封印发放登记表并签字后，方可向封印领用人履行封印发放手续。（　　）

答案：×

8.《国家电网公司电能计量封印管理办法》规定，抽样验收合格后，省计量中心负责封印建档入库，并采取必要的防潮措施，对封印实施库存管理。（　　）

答案：×

9.《国家电网公司电能计量封印管理办法》规定，室内检定过程中检定封与被加封计量设备的绑定信息、现场运行电能计量装置的封印信息应录入营销业务应用系统，并实现封印的跟踪查询和统计分析。（　　）

答案：×

四、简答题

1. 根据《国家电网公司电能计量封印管理办法》规定，请简述封印按照使用用途、使用场合和权限，分为哪 5 种类型？

答案：封印按照使用用途、使用场合和权限，分为出厂封、检定封、安装维护封、现场检验封、用电检查封 5 种。

2. 根据《国家电网公司电能计量封印管理办法》规定，请简述封印的使用原则？

答案：封印使用人员在安装使用封印时应按照谁使用、谁负责的原则，严格按照规定的权限使用封印，使用人只限于从事计量检定、采集运维、用电检查、装表接电等专业人员，不允许跨区域、超越职责范围使用。

第六节　用电信息采集终端质量监督管理办法

一、填空题

1.《国家电网公司用电信息采集终端质量监督管理办法》［国网（营销/4）279—2017］规定，采集终端质量监督工作涵盖招标前、_____、_____、运行中直至退出运行的全过程、全寿命周期各个环节。

答案：供货前　　到货后

2.《国家电网公司用电信息采集终端质量监督管理办法》规定，电能表的内部分流器、端钮螺钉、引线之间，以及线路板之间应保持_____和_____。

答案：足够的间隙　　安全距离

3.《国家电网公司用电信息采集终端质量监督管理办法》规定，16 进制数 2F，转换成 10 进制数是_____；10 进制数 50，转换成 16 进制数是_____。

答案：47　　32

4.《国家电网公司用电信息采集终端质量监督管理办法》规定，采集终端供货前全性能试验项目分为 A、B 两类，A 类为_____，B 类为_____。

答案：否决项　　非否决项

5.《国家电网公司用电信息采集终端质量监督管理办法》规定，国网计量中心负责建立采集终端质量监督数据库，维护省级计量中心计量生产_____故障类型代码，定期完成质量监督信息的统计分析和发布工作。

答案：调度平台（MDS 系统）

6.《国家电网公司用电信息采集终端质量监督管理办法》规定，国网计量中心负责采集终端招标前_____试验、合格样品资料存档工作。

答案：全性能

7.《国家电网公司用电信息采集终端质量监督管理办法》规定，运行设备分批故障率大于或等于_____，定位三类质量问题。

答案：0.02

8.《国家电网公司用电信息采集终端质量监督管理办法》规定，采集终端运行状态下的质量监督包括_____、_____及处理、软件升级等。

答案：终端隐患排查　　故障分析

9.《国家电网公司用电信息采集终端质量监督管理办法》规定，运行状态下的采集终端需要进行软件升级时，需经省营销部门确定，省计量中心对新版软件采集终端进行_____检测合格后方可开展。

答案：全功能

二、不定项选择题

1.《国家电网公司用电信息采集终端质量监督管理办法》规定，采集终端到货验收环节关键指标主要包括（　　）。

A. 试验项目　　　　　　　　　　B. 中标批次合格率
C. 到货批次不合格率　　　　　　D. 全检验收合格率

答案：CD

2.《国家电网公司用电信息采集终端质量监督管理办法》规定，省计量中心是采集终端质量监督工作的具体实施部门，履行的职责有（　　）。

A. 负责采集终端质量问题调查和技术诊断
B. 负责采集终端报废前技术鉴定
C. 负责建立采集终端质量监督数据库，及时统计、分析、编报质量监督报表和报告
D. 负责组织召开采集终端供货前技术联络会

答案：ABC

3. 《国家电网公司用电信息采集终端质量监督管理办法》规定，合格样品资料存档工作中，在出具招标前全性能试验报告后（　　）个工作日内完成合格样品留样、样品资料制作存档工作。

A. 5　　　　　　　　　　　　　　B. 15

C. 10　　　　　　　　　　　　　　D. 20

答案：B

4. 《国家电网公司用电信息采集终端质量监督管理办法》规定，当省计量中心在验收试验环节，或地市、县供电企业营销部（客户服务中心）在运行中发现采集终端批次故障或质量隐患时，应立即上报省公司营销部，报告内容包括（　　）。

A. 采集终端供应商　　　　　　　　B. 采集终端类别、型号、数量

C. 故障现象及初步原因分析　　　　D. 应对措施

答案：ABCD

5. 《国家电网公司用电信息采集终端质量监督管理办法》规定，到货验收质量监督内容应包括（　　），试验项目及试验方法按公司技术标准执行。

A. 到货后样品比对　　　　　　　　B. 抽样验收试验

C. 到货后全部产品外观检查　　　　D. 全检验收试验

答案：ABD

6. 《国家电网公司用电信息采集终端质量监督管理办法》规定，采集终端投入运行环节关键指标主要包括运行设备分批故障率、运行设备分类故障率、（　　），根据运行环节的采集终端质量数据，分析评价采集终端运行质量和监督管理水平。

A. 到货批次不合格率　　　　　　　B. 全检验收合格率运行

C. 运行端终批次不合格率　　　　　D. 运行端终可靠率

答案：CD

7. 《国家电网公司用电信息采集终端质量监督管理办法》规定，采集终端供货前质量监督指对中标供应商在供货前产品生产期间的质量监督，包括（　　）等工作。

A. 供货前技术联络会　　　　　　　B. 产品巡视（监造）

C. 生产前适应性检查　　　　　　　D. 全性能试验

答案：ABCD

8. 《国家电网公司用电信息采集终端质量监督管理办法》规定，供应商质量监督内容应包括对供应商的经营实力、（　　）、运行业绩、产能等方面的综合评价。

A. 经济实力　　　　　　　　　　　B. 履约服务能力

C. 质量管理水平　　　　　　　　　D. 研发生产能力

答案：BCD

9. 《国家电网公司用电信息采集终端质量监督管理办法》规定，营销部门定期汇总采集终端质量监督过程中发现的由于（　　）等缺陷造成的质量问题，提出相应技术改进及防范措施，以技术联络函形式提交物资部门，并通报安质部门。

A. 软件设计　　　　　　　　　　　B. 研发生产能力

C. 元器件选型　　　　　　　　　　D. 制造工艺

答案：ACD

10. 《国家电网公司用电信息采集终端质量监督管理办法》规定，采集终端报废前质量监督，包括（　　）等工作。

A. 提交报废申请
B. 报废前技术鉴定
C. 履行报废手续
D. 设备报废

答案：ABC

三、判断题

1. 《国家电网公司用电信息采集终端质量监督管理办法》规定，采集终端质量监督评价结论分为四类质量问题，其中二类质量问题是指在采集终端质量监督中发现供应商某一供货批次采集终端产品由于制造工艺、元器件质量、软件程序缺陷、测试试验等原因导致批量质量隐患或故障。（　　）

答案：×

2. 《国家电网公司用电信息采集终端质量监督管理办法》规定，在到货后样品比对、软件比对和抽样验收试验合格后，按计划开展全检验收试验，对全部到货产品按批次抽样进行试验验收。（　　）

答案：×

3. 《国家电网公司用电信息采集终端质量监督管理办法》规定，国网营销部定期向国网物资部通报采集终端质量问题定级和质量监督结果，国网物资部将其应用于招投标工作中。（　　）

答案：×

4. 《国家电网公司用电信息采集终端质量监督管理办法》规定，运行设备批次不合格率大于或等于10%，定为三类质量问题；大于或等于30%，定为四类质量问题。（　　）

答案：√

5. 《国家电网公司用电信息采集终端质量监督管理办法》规定，采集终端某一到货批次全检验收试验合格率大于或等于95.5%，且不出现5只或以上同类故障采集终端，即评定为该批次合格，并更换不合格产品。（　　）

答案：×

6. 《国家电网公司用电信息采集终端质量监督管理办法》规定，采集终端主要元器件、线路板设计、程序重大变更、内部结构及制造工艺发生变化时，供应商应重新进行送检和备案。（　　）

答案：√

7. 《国家电网公司用电信息采集终端质量监督管理办法》规定，在统计运行设备批次不合格率时，应将同一供应商所有到货批次的采集终端都列入统计范围。（　　）

答案：×

8. 《国家电网公司用电信息采集终端质量监督管理办法》规定，供货前全性能试验中，出现任一样品A类不合格，限期30天整改，整改延期或整改后仍不合格，定为一类

质量问题。（　　）

答案：×

9.《国家电网公司用电信息采集终端质量监督管理办法》规定，全检验收试验合格率小于 98.5% 或出现同类故障采集终端数大于或等于 2 只时，确认为批量质量隐患的，经供应商签字确认后，即定为一类质量问题。（　　）

答案：×

四、简答题

1.《国家电网公司用电信息采集终端质量监督管理办法》规定，采集终端的中标批次合格率计算公式、统计范围和统计周期是什么？

答案：计算公式：中标批次合格率 = 合格中标批次数 / 中标批次总数 ×100% 。

统计范围：某一供应商各类型采集终端供货前全性能试验的全部批次。

统计周期：在公司系统定期滚动累进统计，按月报送。

2.《国家电网公司用电信息采集终端质量监督管理办法》规定，地市、县供电企业营销部（客户服务中心）在采集终端质量监督管理方面的主要职责是什么？

答案：（1）负责辖区内采集终端全寿命周期相关环节管理，按要求开展采集终端质量监督工作。

（2）负责组织开展采集终端故障诊断。

（3）负责编报采集终端报废申请，并履行报废手续。

（4）负责及时统计、分析、编报质量监督报表和报告。

第五章

电能计量技术规范

第一节　单相静止式多费率电能表技术规范

一、填空题

1. Q/GDW 1828—2013《单相静止式多费率电能表技术规范》规定，智能电能表只接受小于或等于_____ min 的时钟误差广播校时。

答案：5

2. Q/GDW 1828—2013《单相静止式多费率电能表技术规范》规定，单相静止式多费率电能表全检验收基本误差的误差限值按照 JJG 596 中要求误差限的_____要求进行验收。

答案：60%

3. Q/GDW 1828—2013《单相静止式多费率电能表技术规范》规定，三相智能电能表全检验收合格率低于_____，则判定验收不合格。

答案：99%

4. Q/GDW 1828—2013《单相静止式多费率电能表技术规范》规定，单相智能电能表全检验收检测过程中发现有_____只及以上样品存在因生产工艺、元器件等同一原因引起的质量隐患问题，则判定验收不合格。

答案：3

5. Q/GDW 1828—2013《单相静止式多费率电能表技术规范》规定，抽样验收试验合格的三相智能表样品抽取_____只与供货前全性能试验对应厂家的留样进行元器件、软件和工艺比对。

答案：2

6. Q/GDW 1828—2013《单相静止式多费率电能表技术规范》规定，单相智能电能表电压线路视在功率消耗不应超过_____ VA。

答案：10

7. Q/GDW 1828—2013《单相静止式多费率电能表技术规范》规定，单相智能电能表时钟电池采用绿色环保锂电池，在电能表寿命周期内无需更换，断电后可维持内部时钟正确工作时间累计不少于_____年。

答案：5

8. Q/GDW 1828—2013《单相静止式多费率电能表技术规范》规定，单相智能电能表在做绝缘性能试验时，交流电压的试验电压是_____ kV。

答案：4

9. Q/GDW 1828—2013《单相静止式多费率电能表技术规范》规定，临界电压是指电能表能够启动工作的最低电压，此值为参比电压的_____%。

答案：60

10. Q/GDW 1828—2013《单相静止式多费率电能表技术规范》规定，单相智能电能表电压扩展的工作范围为_____。

答案：$0.8U_N \sim 1.15 U_N$

11. Q/GDW 1828—2013《单相静止式多费率电能表技术规范》规定，当其他设备通过接口与单相静止式多费率电能表交换信息时，电能表的_____、_____和_____不应受到影响和改变。

答案：计量性能　　存储的数据信息　　参数

12. Q/GDW 1828—2013《单相静止式多费率电能表技术规范》规定，单相静止式多费率电能表潜动试验时，电能表电压回路通以_____U_n，电流回路无电流，在规定时间内电能表不应产生多于一个的脉冲输出。

答案：1.15

13. Q/GDW 1828—2013《单相静止式多费率电能表技术规范》规定，单相静止式多费率电能表线路板之间，线路板和电流、电压元件之间，显示单元和其他部分之间的连接应采用_____或可靠的_____。

答案：导线焊接　　接插件连接

14. Q/GDW 1828—2013《单相静止式多费率电能表技术规范》规定，远程费控智能电能表是通过_____远程实现费控功能的电能表。

答案：网络等虚拟介质

15. Q/GDW 1828—2013《单相静止式多费率电能表技术规范》规定，电能表清零应能清除电能表内存储的_____、_____、_____等数据。

答案：电能量　　冻结量　　事件记录

16. Q/GDW 1828—2013《单相静止式多费率电能表技术规范》规定，电能表的时钟应具有_____、_____、_____功能，时钟端子输出频率为_____Hz。

答案：日历　　计时　　闰年自动转换　　1

17. Q/GDW 1828—2013《单相静止式多费率电能表技术规范》规定，交流电压试验应在装上表壳和端子盖情况下进行试验，试验电压应在（5～10）s内由零升到规定值，并保持_____min，随后试验电压以同样速度降到零。

答案：1

18. Q/GDW 1828—2013《单相静止式多费率电能表技术规范》规定，RS-485端子的孔径应能容纳2根_____mm²的导线。

答案：0.75

19. Q/GDW 1828—2013《单相静止式多费率电能表技术规范》规定，除接线端子盖的装表封印外，电能表表盖上应施加封印，右耳为_____，左耳为_____，封印结构能防止未授权人打开表盖而触及电能表内部。

答案：出厂封　　检定封

二、不定项选择题

1. Q/GDW 1828—2013《单相静止式多费率电能表技术规范》规定，按照约定的时刻及时间间隔冻结电能量数据；每个冻结量至少应保存（　　）次。

A. 10　　　　　　　　　　　　　　B. 20

C. 30　　　　　　　　　　　　　　D. 60

答案：D

2. Q/GDW 1828—2013《单相静止式多费率电能表技术规范》规定，瞬时冻结量应保存最后（　　）次的数据。

A. 1　　　　　　　　　　　　　　B. 2

C. 3　　　　　　　　　　　　　　D. 5

答案：C

3. Q/GDW 1828—2013《单相静止式多费率电能表技术规范》规定，在电能表电源断电的情况下，所有与结算有关的数据应至少保存（　　）年，其他数据至少保存（　　）年。

A. 10，3 年　　　　　　　　　　　B. 3，10

C. 5，3　　　　　　　　　　　　　D. 3，5

答案：A

4. Q/GDW 1828—2013《单相静止式多费率电能表技术规范》规定，单相静止式多费率电能表的 RS-485 接口通信速率可设置，标准速率为2400bit/s、（　　）bit/s，默认值为2400bit/s。

A. 1200　　　　　　　　　　　　　B. 4800

C. 7200　　　　　　　　　　　　　D. 9600

答案：ABD

5. Q/GDW 1828—2013《单相静止式多费率电能表技术规范》规定，单相静止式多费率电能表在参比频率、参比电流和参比电压条件下，电能表处于非通信状态，背光关闭，电压线路的有功功率和视在功率消耗不应大于（　　）。

A. 1W，10VA　　　　　　　　　　B. 1.5W，10VA

C. 1W，15VA　　　　　　　　　　D. 1.5W，15VA

答案：B

6. Q/GDW 1828—2013《单相静止式多费率电能表技术规范》规定，带通信模块电能表在模块通信状态下，电压线路的有功功率不应大于（　　）W。

A. 2　　　　　　　　　　　　　　B. 3

C. 4　　　　　　　　　　　　　　D. 5

答案：B

7. Q/GDW 1828—2013《单相静止式多费率电能表技术规范》规定，下列电能表的表座及表盖要求描述正确的是（　　）。

A. 采用嵌入式表座，在90℃的高温环境下不应出现变形

B. 表座应耐腐蚀、抗老化、有足够的硬度，上紧螺钉后不应变形

C. 表盖的透明窗口应采用透明度好、阻燃、防紫外线的聚碳酸酯（PC）材料

D. 盖上按钮的材料应与表盖一致，透明窗口与上盖应无缝紧密结合

答案：ABCD

8. Q/GDW 1828—2013《单相静止式多费率电能表技术规范》规定，电能表的设计和结构应能保证在额定条件下使用时不引起任何危险，尤其保证（　　）。

A. 防过高温影响的人身安全　　　　B. 防火焰蔓延的安全

C. 防电击的人身安全　　　　　　　D. 防固体异物

E. 灰尘及水的保护

答案：ABCDE

9. 根据 Q/GDW 1828—2013《单相静止式多费率电能表技术规范》规定，下列电能表的端子座及接线端子要求描述正确的是（　　）。

A. 接线端子的截面面积和载流量应满足 1.2 倍最大电流长期使用而温升不超过限定值

B. 强弱电端子之间必须有绝缘板隔离

C. 电能表端子座与电能表底座之间应有密封垫带，密封良好

D. 电压、电流接线端子在受到轴向 60N 的压力时，接线端子不应松动和位移

答案：ABCD

10. 根据 Q/GDW 1828—2013《单相静止式多费率电能表技术规范》规定，下列关于电能表 RS-485 通信接口描述错误的是（　　）。

A. RS-485 接口必须和电能表内部电路实行电气隔离，并有失效保护电路

B. 能耐受交流电压 500V，2min 不损坏的试验

C. 电能表上电完成后 3s 内可以使用 RS-485 接口进行通信

D. RS-485 接口应能保证在 485 总线上正、反接线都能正常通信

答案：B

11. 根据 Q/GDW 1828—2013《单相静止式多费率电能表技术规范》规定，下列说法不正确的是（　　）。

A. 通信时，电能表的计量性能、存储的计量数据和参数不应受到影响和改变

B. 当有重要事件发生时，宜支持主动上报

C. 具有通信模块的单相电能表，通信模块接口 VCC 电压 +12V±1V，负载电流 0~400mA

D. 电能表应具备载波通信模块与微功率无线通信模块的互换功能

答案：C

12. 根据 Q/GDW 1828—2013《单相静止式多费率电能表技术规范》规定，温升试验要求：电能表电压线路通以（　　）倍参比电压，电流线路通以（　　）倍最大电流，环境温度为 40℃，试验时间为 2h；试验期间仪表不应受到风吹或直接的阳光辐射，仪表应无损坏并应通过标准规定的绝缘试验。

A. 1.15，1.2　　　　　　　　　　B. 1.15，2

C. 1.1，1.2　　　　　　　　　　　D. 1.1，2

答案：A

13. 根据 Q/GDW 1828—2013《单相静止式多费率电能表技术规范》规定，下列关于电能表清零功能描述正确的是（　　　　）。

A. 清除电能表内存储的电能量、冻结量、事件记录等数据

B. 清零操作应作为事件永久记录

C. 清零操作应有防止非授权人操作的安全措施

D. 电能表底度值可设定并清零

答案：ABC

三、判断题

1. Q/GDW 1828—2013《单相静止式多费率电能表技术规范》规定，停电时刻错过日冻结时刻，上电时补全日冻结数据，最多补冻最近 7 个日冻结数据。（　　　　）

答案：√

2. Q/GDW 1828—2013《单相静止式多费率电能表技术规范》规定，单相静止式多费率电能表具有正向、反向有功电能量计量功能。（　　　　）

答案：√

3. Q/GDW 1828—2013《单相静止式多费率电能表技术规范》规定，单相静止式多费率电能表的外部供电为电能表正常工作电压范围（$0.8U_N \sim 1.15U_N$）时，但电能表内部处理器工作电压异常导致处理器进入到低功耗状态，且持续时间大于 5s，应记录电源异常事件记录。（　　　　）

答案：×

4. Q/GDW 1828—2013《单相静止式多费率电能表技术规范》规定，单相静止式多费率电能表的设计和结构应能保证在额定条件下使用时不引起任何危险。（　　　　）

答案：√

5. Q/GDW 1828—2013《单相静止式多费率电能表技术规范》规定，在电能表正常使用条件下，LCD 使用寿命应大于 10 年。在安装有表盖的条件下，其电子显示器外部应能承受 15kV 试验电压的静电直接放电。（　　　　）

答案：×

6. Q/GDW 1828—2013《单相静止式多费率电能表技术规范》规定，单相静止式多费率电能表功耗，在参比电流、参比温度和参比频率下，电流线路的视在功率消耗不应超过 1VA。（　　　　）

答案：√

7. Q/GDW 1828—2013《单相静止式多费率电能表技术规范》规定，LCD 液晶屏应具有宽视角，即视线垂直于液晶屏正面，上下视角应不小于 ±45°。（　　　　）

答案：×

8. Q/GDW 1828—2013《单相静止式多费率电能表技术规范》规定，电能表在进入低功耗后记录且仅记录一次电源异常事件。（　　　　）

答案：√

9. Q/GDW 1828—2013《单相静止式多费率电能表技术规范》规定，电能表的时钟电池采用绿色环保锂电池，在电能表寿命周期内无需更换；电表时钟正确情况下，电池电压不足时，电能表会给予 Err – 08 报警提示。（　　　）

答案：×

第二节　电能计量装置通用设计规范

一、填空题

1. Q/GDW 10347—2016《电能计量装置通用设计规范》规定，采用交流充电桩对电动汽车充电时，交流电能表安装在充电桩交流_____端。

答案：进线

2. Q/GDW 10347—2016《电能计量装置通用设计规范》规定，智能变电站计量装置若采用户内开关柜布置，宜采用常规电磁式互感器或_____，并用带模拟量插件的合并单元进行数字转换；若采用户外敞开式布置，宜采用数字量输出的电子式互感器。

答案：模拟小信号输出电子式互感器

3. Q/GDW 10347—2016《电能计量装置通用设计规范》规定，电子式互感器与合并单元之间的数据宜采用串行传输；采用异步方式时宜采用 UART 方式传输数据；采用同步方式时宜采用_____编码。

答案：曼彻斯特

4. Q/GDW 10347—2016《电能计量装置通用设计规范》规定，由于用户的供用电关系，以及电力系统负荷潮流变化引起的具有正反向有、无功电量的电能计量点，应配置具有计量_____和_____的多功能电能表。

答案：双向有功　　四象限无功

5. Q/GDW 10347—2016《电能计量装置通用设计规范》规定，屏内主副电能表电流回路按照从端子排—主表试验接线盒—主电能表—主表试验接线盒—副表试验接线盒—副电能表—副表试验接线盒—端子排的顺序连接，其电压回路按照_____的顺序连接。

答案：端子排　　试验接线盒　　电能表

6. Q/GDW 10347—2016《电能计量装置通用设计规范》规定，由电流互感器和电压互感器组合成一体的互感器称为_____。

答案：组合互感器

7. Q/GDW 10347—2016《电能计量装置通用设计规范》规定，_____是用以进行电能表现场试验或换表时，不影响计量单元各电气设备正常工作的专用部件。

答案：试验接线盒

8. Q/GDW 10347—2016《电能计量装置通用设计规范》规定，_____是指收集各采集器或电能表数据，并进行处理存储，同时能和主站或手持设备进行数据交换的设备。

答案：集中器

9. Q/GDW 10347—2016《电能计量装置通用设计规范》规定，电能计量封印具有自锁、防撬、防伪等功能，用来防止未授权的人员非法开启电能计量装置及相关设备，或确保电能计量装置不被随意开启，且具有_____的一次性使用的专用标识物体。

答案：法定效力

10. Q/GDW 10347—2016《电能计量装置通用设计规范》规定，电流互感器的二次回路接入静止式电能表时，二次额定电流为 1A 的计量专用电流互感器的额定二次负荷不宜超过 5VA，下限负荷为_____。

答案：1VA

11. Q/GDW 10347—2016《电能计量装置通用设计规范》规定，为提高低负荷计量的准确性，选用过载_____倍及以上的电能表。

答案：4

12. Q/GDW 10347—2016《电能计量装置通用设计规范》规定，低压三相用户的负荷电流大于 60A 时，宜使用经电流互感器接入式电能表，电流互感器额定二次电流为 5A，电能表电流规格宜选用_____A；电流互感器额定二次电流为 1A，电能表电流规格宜选用_____A。

答案：3×1.5（6）　　　3×0.3（1.2）

13. Q/GDW 10347—2016《电能计量装置通用设计规范》规定，二次回路的连接导线应采用铜质绝缘导线。电压二次回路导线截面面积应不小于_____ mm²，电流二次回路导线截面面积应不小于_____ mm²。

答案：2.5　　　4

14. Q/GDW 10347—2016《电能计量装置通用设计规范》规定，户外式组合互感器侧应加装避雷器、断路器或跌落式熔断器，客户侧总开关_____处应加装避雷器。

答案：出线

15. Q/GDW 10347—2016《电能计量装置通用设计规范》规定，在相同二次负荷下，两台电流互感器对应负荷点的误差偏差不大于额定电流下误差限值的_____。每台电流互感器 5% 与 20% 额定电流下的误差变化不大于额定电流下误差限值的_____。

答案：1/4　　　1/2

16. Q/GDW 10347—2016《电能计量装置通用设计规范》规定，按照电能计量装置通用设计规范要求，专变采集终端宜由_____供电。

答案：独立的工作电源

17. Q/GDW 10347—2016《电能计量装置通用设计规范》规定，计量屏底部应设有截面面积不小于_____ mm² 的接地铜排，并与接地网可靠连接。

答案：100

18. Q/GDW 10347—2016《电能计量装置通用设计规范》规定，用户缴费成功后，可通过主站向电能表发送_____命令，由电能表控制外置断路器合闸。

答案：允许合闸

二、不定项选择题

1. Q/GDW 10347—2016《电能计量装置通用设计规范》规定，安装于 SF6 全封闭组合电器内或 110kV 及以下电压等级的互感器宜采用 （　　） 电压互感器。

A. 电磁式 　　　　　　　　　　　　B. 电容式

C. 电子式 　　　　　　　　　　　　D. 光电式

答案：A

2. Q/GDW 10347—2016《电能计量装置通用设计规范》规定，通信接口转换器 M –Bus 通信应采用不小于 0.75mm² 的 （　　　），并采用穿管工艺保护。

A. 无极性铜芯线 　　　　　　　　　B. 无极性双绞线

C. 双绞铜芯线 　　　　　　　　　　D. 多股铜芯线

答案：B

3. Q/GDW 10347—2016《电能计量装置通用设计规范》规定，户外式计量箱或户外式配电计量综合箱（JP 柜）的底部安装高度不宜低于 （　　） m。

A. 1.2 　　　　　　　　　　　　　　B. 1.4

C. 1.5 　　　　　　　　　　　　　　D. 1.6

答案：C

4. Q/GDW 10347—2016《电能计量装置通用设计规范》规定，330kV 以下电压等级电流互感器二次额定电流根据具体情况选择 （　　） A。

A. 1 　　　　　　　　　　　　　　　B. 1.5

C. 5 　　　　　　　　　　　　　　　D. 5 或 1

答案：D

5. Q/GDW 10347—2016《电能计量装置通用设计规范》规定，二次回路接入静止式电能表时，线路计量专用电压互感器（或专用二次绕组）的额定二次负荷一般情况下不宜超过 10VA，一般情况下，下限负荷按 （　　） VA 选取。

A. 1 　　　　　　　　　　　　　　　B. 1.5

C. 2 　　　　　　　　　　　　　　　D. 2.5

答案：D

6. Q/GDW 10347—2016《电能计量装置通用设计规范》规定，二次额定电流为 5A 的计量专用电流互感器，根据二次回路实际负荷计算值确定额定二次负荷及下限负荷，一般情况下，额定二次负荷不宜超过 15VA，下限负荷为 （　　） VA。

A. 3.75 　　　　　　　　　　　　　B. 2.5

C. 1.5 　　　　　　　　　　　　　　D. 1

答案：A

7. Q/GDW 10347—2016《电能计量装置通用设计规范》规定，经电流互感器接入的电能表，其额定电流宜不超过电流互感器额定二次电流的 （　　）%，其最大电流宜为电流互感器额定二次电流的 （　　）% 左右。

A. 30 　　　　　　　　　　　　　　B. 50

C. 80 　　　　　　　　　　　　　　D. 100

E. 120

答案：AE

8. Q/GDW 10347—2016《电能计量装置通用设计规范》规定，电子式电流互感器模拟输出额定值宜选择（   ）V。

A. 5

B. 4

C. 2. 5

D. 1. 5

答案：B

9. Q/GDW 10347—2016《电能计量装置通用设计规范》规定，电能计量装置各器具应进行统一的标识管理，实施规则参照 Q/GDW 1893—2013 或 Q/GDW 1205—2013 的要求。当使用电子标签时，电子标签应使用符合（   ）的加密芯片，安装方式应考虑防损（如加装保护套），安装后其通信距离应不小于所用计量器具电压等级的安全距离。

A. 安全要求

B. 国网信息管理要求

C. 所在省保密管理要求

D. 国密算法要求

答案：D

10. Q/GDW 10347—2016《电能计量装置通用设计规范》规定，电能表应具有自检功能，并提供相应的报警信号输出，如（   ）。

A. 电压互感器失压

B. 电流互感器断线

C. 电源失常

D. 自检故障

答案：ABCD

11. Q/GDW 10347—2016《电能计量装置通用设计规范》规定，低压三相和单相电力客户，宜选用具有费控功能的三相或单相智能电能表，并具备（   ）功能。

A. 分时功能

B. 阶梯电价

C. 事件记录

D. 电量冻结

答案：ABCD

12. Q/GDW 10347—2016《电能计量装置通用设计规范》规定，二次电压并列装置应至少满足以下（   ）功能要求。

A. 具有禁止并列和允许并列两个挡位。置于禁止并列挡位，分段母线电压互感器二次始终处于非并列运行状态；分段母线并列运行时，置于允许并列挡位，分段母线电压互感器二次处于并列运行状态

B. 有效防止向停电的电压互感器反充电

C. 具有并列装置工作状态指示信号

D. 具备防误操作功能

答案：ABC

13. Q/GDW 10347—2016《电能计量装置通用设计规范》规定，（   ）的进线侧应设置避雷器。

A. 专用计量柜

B. 计量用配电柜

C. JP 柜

D. 电容补偿柜

答案：ABC

14. Q/GDW 10347—2016《电能计量装置通用设计规范》规定，失压脱扣控制线一端应串接在被控开关的跳闸回路上，另一端应接终端（   ）接点上。

A. 常开　　　　　　　　　　　B. 常闭

C. 辅助　　　　　　　　　　　D. 其他

答案：B

15. Q/GDW 10347—2016《电能计量装置通用设计规范》规定，RS-485 接口采用的是（　　）。

A. 单端驱动差分接收方式　　　B. 单端驱动非差分接收方式

C. 平衡驱动差分接收方式　　　D. 平衡驱动非差分接收方式

答案：C

16. Q/GDW 10347—2016《电能计量装置通用设计规范》规定，数字化电能表是指对（　　）的数字量进行计量的电能计量设备。

A. 电压　　　　　　　　　　　B. 电流

C. 功率　　　　　　　　　　　D. 功率因数

答案：AB

三、判断题

1. Q/GDW 10347—2016《电能计量装置通用设计规范》规定，接入非中性点绝缘系统的 3 台电压互感器采用 YNyn 方式接线，3 台电流互感器的二次绕组与电能表之间采用六线分相接法。（　　）

答案：√

2. Q/GDW 10347—2016《电能计量装置通用设计规范》规定，多功能电能表由测量单元和数据处理单元等组成，除计量有功、无功电能量外，还具有分时、测量需量等两种以上功能，并能显示、存储和输出数据的电能表。（　　）

答案：√

3. Q/GDW 10347—2016《电能计量装置通用设计规范》规定，合并单元是用以对来自二次转换器的电流/电压数据进行时间相关组合的物理单元。合并单元是互感器的一个组件，而不是一个分立单元。（　　）

答案：×

4. Q/GDW 10347—2016《电能计量装置通用设计规范》规定，分布式电源指在用户所在场地或附近建设安装，运行方式以用户端自发自用为主、多余电量上网，且配电网系统平衡调节为特征的发电设施，或有电力输出的能量综合梯级利用多联供设施。其包括太阳能、天然气、生物质能、风能、地热能、海洋能、资源综合利用发电（不含煤矿瓦斯发电）等。（　　）

答案：×

5. Q/GDW 10347—2016《电能计量装置通用设计规范》规定，采用非车载充电动机对电动汽车充电，使用交流计量时，电能表安装在非车载充电动机交流进线端；使用直流计量时，电能表安装在非车载充电动机直流输出端和电动汽车接口之间。（　　）

答案：√

6. Q/GDW 10347—2016《电能计量装置通用设计规范》规定，110kV 及以上贸易结算用电能表及 110kV 及以上专线用电客户电能表应优先选用支持辅助电源且可自动切换电源的多功能电能表或智能电能表。（ ）

答案：√

7. Q/GDW 10347—2016《电能计量装置通用设计规范》规定，交流充电桩具备多个可同时充电接口时，每个接口可单独配备电能表，也可以安装一只总表。（ ）

答案：×

8. Q/GDW 10347—2016《电能计量装置通用设计规范》规定，电能计量屏、柜内的电能表宜装在 800～1800mm 的高度（表水平中心线距地面尺寸），两只三相电能表之间的水平距离不小于 80mm，单相电能表之间的水平距离不小于 40mm。（ ）

答案：×

9. Q/GDW 10347—2016《电能计量装置通用设计规范》规定，屏内设置交流试验电源回路和电能表专用的交流或直流电源回路，每只电能表的电源回路安装一个小型断路器。交、直流电源电缆不得共用，且交流相与地之间、直流正负极之间，以及交、直流之间应有明确的分界点（宜间隔 1 个端子），且标识清晰。（ ）

答案：×

10. Q/GDW 10347—2016《电能计量装置通用设计规范》规定，电压互感器二次回路装设的微型断路器，瞬时脱扣器的动作电流，应按大于电压互感器二次回路的最大负荷电流来整定。（ ）

答案：√

11. Q/GDW 10347—2016《电能计量装置通用设计规范》规定，厂站采集终端的安装方式有机架式和壁挂式两种。（ ）

答案：√

12. Q/GDW 10347—2016《电能计量装置通用设计规范》规定，经互感器接入的贸易结算用电能计量装置按计量点配置计量专用电压、电流互感器或专用二次绕组，不准接入与电能计量无关的设备。（ ）

答案：√

13. Q/GDW 10347—2016《电能计量装置通用设计规范》规定，当用电客户采用 2 个及以上电源供电时，每个电源受电点分别设置电能计量装置。（ ）

答案：√

四、简答题

1. Q/GDW 10347—2016《电能计量装置通用设计规范》规定，本地通信方式如何选择使用？

答案：（1）本地通信距离较短，宜选用 RS－485 通信方式。

（2）电力线信号干扰小，宜选用载波通信方式。

（3）无线信号通信效果好，宜选用微功率无线通信方式。

（4）对通信速率要求较高，宜选用速率较高的通信方式，包括窄带高速载波、宽带载波、高速微功率无线等。

（5）采集水、热表数据宜选用 RS－485、微功率无线、M－Bbs 等通信方式，采集气表数据宜选用微功率无线通信方式。

2. Q/GDW 10347—2016《电能计量装置通用设计规范》规定，造成电能表潜动的原因主要有哪些？

答案：（1）由于某种原因导致电流采样回路异常，如电阻烧坏，造成电流错误采样。

（2）由于加工工艺问题致使计量回路中器件虚焊，导致无法正常采样。

（3）受到外界干扰导致感应电流产生，如单相电能表采样回路中的锰铜片受到工频磁场的干扰产生感应电动势，从而产生感应电流。

3. Q/GDW 10347—2016《电能计量装置通用设计规范》规定，10kV 及以上接入管理控制的高压断路器选择原则是什么？

答案：户内式高压断路器选用非人力操作机构，具备自动脱扣功能的高压断路器；户外式断路器选用内置电压互感器的自动真空断路器，其电压互感器输出电压作为控制、信号回路工作电源。

4. 根据 Q/GDW 10347—2016《电能计量装置通用设计规范》规定，电能计量装置是如何定义的？

答案：由各种类型的电能表或与计量用电压、电流互感器（或专用二次绕组）及其二次回路相连接组成的用于计量电能的装置，包括成套的电能计量柜（箱、屏）。

5. Q/GDW 10347—2016《电能计量装置通用设计规范》规定，为了保证电能表内部参数的安全性，通常可采取哪些措施？

答案：（1）软件编程加密，如状态识别或口令校对。

（2）线路板上加硬件使能开关。

（3）将某些固定不变的参数写入程序中。

第三节　三相智能电能表技术规范

一、填空题

1. Q/GDW 1827—2013《三相智能电能表技术规范》规定，经互感器接入的电能表标准参比电流为＿＿＿＿＿和＿＿＿＿＿两种。

答案：0.3A　　1.5A

2. Q/GDW 1827—2013《三相智能电能表技术规范》规定，机械试验分为防尘和防水试验、弹簧锤试验、＿＿＿＿＿、振动试验、耐热和阻燃试验。

答案：冲击试验

3. Q/GDW 1827—2013《三相智能电能表技术规范》规定，温升试验条件为电压线路通以 1.15 倍参比电压；电流线路通以＿＿＿＿＿倍最大电流；环境温度为 40℃；试验时间为 2h。

答案：1.2

4. Q/GDW 1827—2013《三相智能电能表技术规范》规定，电能表处于工作状态，将其放置在 300mT 恒定磁场干扰中，电能表应_____、_____。

答案：不死机　　不黑屏

5. Q/GDW 1827—2013《三相智能电能表技术规范》规定，CPU 卡在卡座中连续插拔_____次后，卡片及触点应无划裂，并能用该卡座正常读写。

答案：20

6. Q/GDW 1827—2013《三相智能电能表技术规范》规定，电能表电能量脉冲输出宽度为_____。

答案：80ms±16ms

二、不定项选择题

1. Q/GDW 1827—2013《三相智能电能表技术规范》规定，在电能表正常使用条件下，LCD 使用寿命应大于（　　）年。在安装有表盖的条件下，其电子显示器外部应能承受 15kV 试验电压的静电空气放电。

A. 8　　　　　　　　　　　　B. 10

C. 12　　　　　　　　　　　D. 14

答案：B

2. Q/GDW 1827—2013《三相智能电能表技术规范》规定，准确度等级分为有功（　　），无功 2 级。

A. 0.2S 级　　　　　　　　　B. 0.5S 级

C. 1 级　　　　　　　　　　D. 2 级

答案：ABC

3. Q/GDW 1827—2013《三相智能电能表技术规范》规定，在参比温度及工作电压范围内，三相智能表内部时钟准确度应优于（　　）s/d。

A. 0.1　　　　　　　　　　B. 0.2

C. 0.5　　　　　　　　　　D. 1

答案：C

4. Q/GDW 1827—2013《三相智能电能表技术规范》规定，在对三相智能表进行抗接地故障抑制试验时，在三线中的某一线上进行模拟接地故障状态的试验中，各线电压提高至标称电压的（　　）。

A. 1.1 倍历时 6h　　　　　　B. 1.2 倍历时 6h

C. 1.1 倍历时 4h　　　　　　D. 1.2 倍历时 4h

答案：C

5. Q/GDW 1827—2013《三相智能电能表技术规范》规定，时钟电池在电能表寿命周期内无需更换，断电后可维持内部时钟正确工作时间累计不少于（　　）年。

A. 1　　　　　　　　　　　B. 3

C. 5　　　　　　　　　　　D. 10

答案：C

6. Q/GDW 1827—2013《三相智能电能表技术规范》规定，三相智能表直接接入的标准参比电压是（　　）V。

A. 3×220/380　　　　　　　　B. 3×57.7/100

C. 3×100　　　　　　　　　　D. 3×380

答案：A

7. Q/GDW 1827—2013《三相智能电能表技术规范》规定，电能表的（　　）部分有重大变动时，必须重新进行全性能试验和可靠性验证试验。

A. 功能　　　　　　　　　　B. 结构

C. 线路　　　　　　　　　　D. 关键器件

答案：ABCD

8. Q/GDW 1827—2013《三相智能电能表技术规范》规定，智能表载波模块中，RXD灯在通信时闪烁为（　　）。

A. 蓝色　　　　　　　　　　B. 红色

C. 黄色　　　　　　　　　　D. 绿色

答案：D

9. Q/GDW 1827—2013《三相智能电能表技术规范》规定，当电能表只加电压，电流线路无电流时，其测试输出不应产生多于（　　）的脉冲。

A. 1个　　　　　　　　　　B. 2个

C. 3个　　　　　　　　　　D. 5个

答案：A

10. Q/GDW 1827—2013《三相智能电能表技术规范》规定，短时过电流影响要求：直接接入三相表应能经受（　　）（允差为+0～-10%）的短时过电流，施加时间为参比频率的半个周期；经互感器接入仪表应能经受（　　）（允差为+0～-10%）的电流，施加时间为0.5s。试验后，被试表正常工作且误差改变量满足标准要求。

A. 30I_{max}，30 I_{max}　　　　　　B. 30 I_{max}，20 I_{max}

C. 20 I_{max}，20 I_{max}　　　　　　D. 20 I_{max}，30 I_{max}

答案：B

三、判断题

1. Q/GDW 1827—2013《三相智能电能表技术规范》规定，在任何情况下，电能表存储、记录的电量数据及运行参数不应因非法操作和干扰而发生改变。（　　）

答案：√

2. Q/GDW 1827—2013《三相智能电能表技术规范》规定，对三相四线经互感器工作的，并且接入非有效接地系统或中性点不接地的星形配电网上的电能表，当电能表某一线发生接地故障，且三线对地有10%过电压情况下，没有接地的两线应能耐受1.9倍的额定电压。（　　）

答案：√

3. Q/GDW 1827—2013《三相智能电能表技术规范》规定，电能表应能承受6000V脉

冲电压影响。（　　）

答案：×

4. Q/GDW 1827—2013《三相智能电能表技术规范》规定，电能表表壳采用Ⅱ类防护绝缘包封，在90℃的高温环境下不应出现变形，在650℃±10℃温度下不助燃，可熄灭。端子座在960℃±10℃温度下不助燃、可熄灭。（　　）

答案：√

5. Q/GDW 1827—2013《三相智能电能表技术规范》规定，三相智能电能表采用外部辅助电源供电时，辅助电源线路的视在功耗不应大于10VA。（　　）

答案：√

6. Q/GDW 1827—2013《三相智能电能表技术规范》规定，电能表电能量脉冲输出宽度为80ms±16ms，电脉冲输出在有脉冲输出时，通过5mA电流时脉冲输出口的压降不得高于0.8V。（　　）

答案：√

7. Q/GDW 1827—2013《三相智能电能表技术规范》规定，电能表电压规定的工作范围是 $0.9U_n \sim 1.1U_n$。（　　）

答案：√

8. Q/GDW 1827—2013《三相智能电能表技术规范》规定，直接接入式的1级三相电能表启动电流为0.004倍的基本电流。（　　）

答案：√

9. Q/GDW 1827—2013《三相智能电能表技术规范》规定，电压规格 $3 \times 220/380V$、电流规格5（60）A的三相电能表在参比电流和参比频率下，每一电流线路的视在功率消耗不应超过0.4VA。（　　）

答案：×

10. Q/GDW 1827—2013《三相智能电能表技术规范》规定，电能表内软件和操作应用软件应成熟、完整，表内软件出厂后不允许远程升级更改；根据现场实际情况，可现场升级更改表内软件。（　　）

答案：×

11. Q/GDW 1827—2013《三相智能电能表技术规范》规定，三相电能表的外部恒定磁感应影响要求：通以参比电压、参比电流，将 $50mm \times 50mm \times 50mm$ 表面磁场强度为200mT的磁铁分别放置在电能表正面、侧面、底面靠近电源模块的位置，每个平面试验持续20min，电能表应不死机、不黑屏。（　　）

答案：×

四、简答题

1. 简述 Q/GDW 1827—2013《三相智能电能表技术规范》中对时钟准确度的要求？

答案：在参比温度及工作电压范围内，时钟准确度不应超过0.5s/天，在工作温度25～+60℃范围内，时钟准确度随温度的改变量不应超过0.1s/（天·℃），在该温度范围内时钟准确度不应超过1s/天。

2. Q/GDW 1827—2013《三相智能电能表技术规范》规定，如何用相位表法判断三相三线电能表接线？

答案：（1）检查电压：

1）测量电压值。

2）判断 B 相。

3）测定三相电压的排列顺序。

（2）检查电流。

（3）检查电压、电流之间的相位关系。

第四节　智能电能表信息交换安全认证技术规范

一、填空题

1. Q/GDW 1365—2013《智能电能表信息交换安全认证技术规范》规定，本地费控电能表本地初始化功能通过_____实现。

答案：参数预置卡

2. Q/GDW 1365—2013《智能电能表信息交换安全认证技术规范》规定，密钥是控制密码变换操作的_____或_____。

答案：关键信息　　参数

3. Q/GDW 1365—2013《智能电能表信息交换安全认证技术规范》规定，加/解密过程实际上就是_____与_____之间相互转换的过程。

答案：明文　　密文

4. Q/GDW 1365—2013《智能电能表信息交换安全认证技术规范》规定，智能电能表均应支持安全认证功能，采用加密保护方式进行身份认证、红外认证、对传输数据进行加密保护和 MAC 验证，做到数据_____和_____保护。

答案：机密性　　完整性

5. Q/GDW 1365—2013《智能电能表信息交换安全认证技术规范》规定，电能表更新 ESAM 模块钱包的间隔时间不应小于_____ min。

答案：15

二、不定项选择题

1. Q/GDW 1365—2013《智能电能表信息交换安全认证技术规范》规定，安全模块通过固态介质或虚拟介质对费控电能表进行远程命令操作时，应通过 ESAM 模块进行安全认证、数据加解密处理，以确保数据传输的安全性和完整性，以下（　　）选项不需要通过 ESAM 进行操作。

A. 参数设置　　　　　　　　　　B. 事件记录

C. 信息返写　　　　　　　　　　D. 远程控制命令操作

答案：B

2. Q/GDW 1365—2013《智能电能表信息交换安全认证技术规范》规定，电能表应支持数据回抄功能，具体要求包括（　　）。

A. 回抄数据应带 MAC 返回

B. 抄读钱包文件时，剩余金额应带 MAC 返回

C. 抄读钱包文件时，购电次数应带 MAC 返回

D. 应支持抄读 ESAM 中的所有文件和数据

答案：ABCD

3. Q/GDW 1365—2013《智能电能表信息交换安全认证技术规范》规定，用户卡根据应用状态分为（　　）3 种类型。

A. 开户卡

B. 参数预置卡

C. 购电卡

D. 补卡

答案：ACD

4. Q/GDW 1365—2013《智能电能表信息交换安全认证技术规范》规定，智能电能表均应支持安全认证功能，应通过电能表内嵌安全模块采用加密保护方式进行（　　）操作，做到数据机密性和完整性保护，有效防止重放攻击和非法操作。

A. 身份认证

B. 红外认证

C. 对传输数据进行加密保护

D. MAC 验证

答案：ABCD

5. Q/GDW 1365—2013《智能电能表信息交换安全认证技术规范》规定，费控电能表应支持远程控制功能，远程控制功能包括（　　）、报警、报警解除、保电和保电解除功能。

A. 跳闸允许

B. 跳闸

C. 合闸允许

D. 直接合闸

答案：BCD

6. Q/GDW 1365—2013《智能电能表信息交换安全认证技术规范》规定，下列关于电能表的远程控制操作描述正确的是（　　）。

A. 保电命令优先级高于远程跳闸命令，远程跳闸命令优先级高于本地合闸命令

B. 电能表在保电状态时收到远程跳闸命令，应返回含未授权信息的错误应答帧

C. 电能表在执行跳闸命令延时过程中掉电，重新上电后应立即跳闸

D. 电能表在跳闸状态时收到远程跳闸命令，应回正常应答帧

答案：ABCD

7. Q/GDW 1365—2013《智能电能表信息交换安全认证技术规范》规定，下列关于电能表的事件记录功能描述正确的是（　　）。

A. 电能表负荷开关动作时应记录拉、合闸记录

B. 电能表密钥更新时，应记录密钥更新记录

C. 远程清零命令应记录清零记录

D. 在电能表进入编程状态到结束编程状态期间，对电能表进行编程操作，应记录编程记录

答案：ABCD

8. Q/GDW 1365—2013《智能电能表信息交换安全认证技术规范》规定，下列关于电能表数据加密保护描述正确的是（　　　）。

A. 电能表应支持明文＋MAC 和密文＋MAC 设置参数的功能

B. 电能表应先验证 MAC 校验的有效性，验证通过方可进行后续操作

C. 电能表应采用解密和验证 MAC 的方式验证数据的有效性，具有防攻击能力

D. 电能表的安全认证功能可随机配置

答案：ABC

9. Q/GDW 1365—2013《智能电能表信息交换安全认证技术规范》规定，电能表具有清零功能，以下描述正确的是（　　　）。

A. 本地远程费控电能表应通过参数预置卡和钱包初始化命令实现电能表清零功能，支持远程电能表清零命令

B. 远程费控电能表只能通过远程清零命令实现电能表清零功能，不支持钱包初始化命令

C. 清除除电能表清零事件记录以外的所有事件记录，同时保存该次电能表清零事件记录

D. 清除表内电能量、最大需量及发生时间、冻结量、负荷记录等数据

答案：BCD

10. Q/GDW 1365—2013《智能电能表信息交换安全认证技术规范》规定，如用户卡丢失，售电系统应为用户办理补卡业务，新办理的用户卡写为补卡类型，补卡操作应满足的条件有（　　　）。

A. 未开户电能表，不支持补卡功能　　B. 已开户电能表，且表号和客户编号一致

C. 电能表透支金额超过透支金额限值　　D. 电能表透支金额未达到透支金额限值

答案：AB

三、判断题

1. Q/GDW 1365—2013《智能电能表信息交换安全认证技术规范》规定，本地费控电能表所用 CPU 卡包括参数预置卡和用户卡两种类型。（　　　）

答案：√

2. Q/GDW 1365—2013《智能电能表信息交换安全认证技术规范》规定，本地费控电能表应支持本地参数更新和远程参数更新，其他类型电能表应支持远程参数更新。（　　　）

答案：√

3. Q/GDW 1365—2013《智能电能表信息交换安全认证技术规范》规定，日期和时间的设置必须有防止非授权人操作的安全措施。（　　　）

答案：√

4. Q/GDW 1365—2013《智能电能表信息交换安全认证技术规范》规定，智能电能表在红外认证前可以读取历史用电信息和用电曲线数据。（　　　）

答案：×

5. Q/GDW 1365—2013《智能电能表信息交换安全认证技术规范》规定，停电唤醒情况下，智能电能表应支持红外认证功能。（　　　）

答案：×

6. Q/GDW 1365—2013《智能电能表信息交换安全认证技术规范》规定，远程费控智能电能表不支持初始化功能。（　　）

答案：√

7. Q/GDW 1365—2013《智能电能表信息交换安全认证技术规范》规定，本地费控电能表支持 CPU 卡、射频卡等固态介质进行充值及参数设置，不支持通过虚拟介质远程实现充值、参数设置及控制。（　　）

答案：×

8. Q/GDW 1365—2013《智能电能表信息交换安全认证技术规范》规定，远程费控电能表，本地主要实现计量功能，不支持本地计费功能。（　　）

答案：√

9. Q/GDW 1365—2013《智能电能表信息交换安全认证技术规范》规定，电能表充值功能是在电能表剩余金额的基础上增加购电金额完成的充值操作。电能表仅支持本地充值功能。（　　）

答案：×

10. Q/GDW 1365—2013《智能电能表信息交换安全认证技术规范》规定，安全模块 ESAM 是嵌入在设备内，实现安全存储、数据加/解密、单向身份认证、存取权限控制、线路加密传输等安全控制功能的硬件电路模块。（　　）

答案：×

11. Q/GDW 1365—2013《智能电能表信息交换安全认证技术规范》规定，智能电能表均应支持数据回抄功能，通过数据回抄功能可以读取 ESAM 中的所有数据。（　　）

答案：√

12. Q/GDW 1365—2013《智能电能表信息交换安全认证技术规范》规定，使用 CPU 卡对电能表进行参数设置及用户充值时，应先进行本地身份功能，认证通过方可进行后续操作。（　　）

答案：√

四、简答题

1. Q/GDW 1365—2013《智能电能表信息交换安全认证技术规范》规定，本地费控电能表应支持电价切换，测试电价切换功能时，至少应测试哪些内容？

答案：通过本地参数更新功能进行电价修改的执行情况、通过数据块方式进行远程电价修改的执行情况、电价切换执行情况、电价切换冻结记录、电能表运行状态字、液晶显示等信息的提示功能。

2. Q/GDW 1365—2013《智能电能表信息交换安全认证技术规范》规定，电能表应支持数据回抄功能，应具备什么要求？

答案：（1）回抄数据应带 MAC 返回。

（2）抄读电子钱包文件时，剩余金额和购电次数应分别带 MAC 返回。

（3）应支持抄读 ESAM 中的所有文件和数据。

第五节　单相智能电能表技术规范

一、填空题

1. Q/GDW 1364—2013《单相智能电能表技术规范》规定，当采用内置负荷开关时电能表最大电流不宜超过_____A。

答案：60

2. Q/GDW 1364—2013《单相智能电能表技术规范》规定，采用_____时，允许合闸状态下表内继电器直接合闸，用户不需按单相智能电能表按键，只需合上外部继电器开关即可。

答案：外置负荷开关

3. Q/GDW 1364—2013《单相智能电能表技术规范》规定，直接接入式单相智能电能表应能经受_____I_{max} 的短时过电流，施加时间为参比频率的半个周期。

答案：30

4. Q/GDW 1364—2013《单相智能电能表技术规范》规定，单相智能电能表_____试验是对同一被试样品相同的测试点，在负荷电流为 I_b、功率因数为 1 和 0.5L 的负载点进行重复测试，相邻测试结果间的最大误差变化的绝对值不应超过 0.2%。

答案：误差变差

5. Q/GDW 1364—2013《单相智能电能表技术规范》规定，带通信模块的单相电能表，其通信模块接口带载能力要求为 VCC 电压_____、负载电流 0～125mA。

答案：+12V±1V

6. Q/GDW 1364—2013《单相智能电能表技术规范》规定，在参比频率、参比电流和参比电压条件下，单相电能表处于非通信状态电压线路的有功功率不应大于_____；在通信状态下，电压线路的有功功率不应大于_____。

答案：1.5W　　3W

7. Q/GDW 1364—2013《单相智能电能表技术规范》规定，电能表电压线路通以 115% U_n，电流回路无电流，将 0.5mT 工频磁场施加在电能表受磁场影响最敏感处，在_____倍的理论启动时间内电能表不应产生多于一个的脉冲输出。

答案：20

8. Q/GDW 1364—2013《单相智能电能表技术规范》规定，单相电能表通信模块接口的带载能力试验方法：在电能表通信模块接口的 VCC 和地之间接入_____Ω 纯阻性负载（±5% 精度），用电压表测量 VCC 与地两端电压，电压值应在 +12V±1V 范围内。

答案：10

二、不定项选择题

1. Q/GDW 1364—2013《单相智能电能表技术规范》规定，电能表工作的相对湿度是
（　　）

    A. 45%～75%　　　　　　　　　　　B. 25%～55%

    C. 25%～75%　　　　　　　　　　　D. 45%～85%

答案：A

2. Q/GDW 1364—2013《单相智能电能表技术规范》规定，单相智能电能表在做交流
电压试验时，试验设备的跳闸电流设定为（　　）mA。

    A. 2　　　　　　　　　　　　　　　B. 3

    C. 4　　　　　　　　　　　　　　　D. 5

答案：D

3. 根据 Q/GDW 1364—2013《单相智能电能表技术规范》规定，以下（　　）imp/
kWh 是单相智能表推荐常数。

    A. 1200　　　　　　　　　　　　　B. 1600

    C. 400　　　　　　　　　　　　　　D. 800

答案：AD

4. Q/GDW 1364—2013《单相智能电能表技术规范》规定，单相智能电能表电流回路
阻抗值是在电流回路通以最大电流 I_{max} 时，测试电流回路进出两端电压，然后除以最大电
流 I_{max} 计算所得。内置负荷开关单相智能电能表在负荷开关通断后，其电流回路阻抗平均
值应小于（　　）mΩ。

    A. 1　　　　　　　　　　　　　　　B. 2

    C. 3　　　　　　　　　　　　　　　D. 4

答案：B

5. Q/GDW 1364—2013《单相智能电能表技术规范》规定，电能表的全检验收试验由
国网公司省级计量中心按照 JJG596 检定规程规定的试验要求和试验方法对到货产品进行
100% 验收检定，全检验收基本误差的误差限值按照 JJG596 中要求误差限的（　　）% 的
要求进行验收。

    A. 50　　　　　　　　　　　　　　　B. 60

    C. 70　　　　　　　　　　　　　　　D. 80

答案：B

6. Q/GDW 1364—2013《单相智能电能表技术规范》规定，单相智能电能表在极限工
作环境试验时，环境温度设定为（　　）℃。

    A. 55　　　　　　　　　　　　　　　B. 60

    C. 65　　　　　　　　　　　　　　　D. 70

答案：D

7. Q/GDW 1364—2013《单相智能电能表技术规范》规定，单相智能电能表电能量脉

冲输出宽度为（　　）ms。

A. 60 ± 20 　　　　　　　　　　　　B. 60 ± 16

C. 80 ± 16 　　　　　　　　　　　　D. 80 ± 20

答案：C

8. Q/GDW 1364—2013《单相智能电能表技术规范》规定，对于户外式单相智能电能表防水要求应达到（　　）防护等级。

A. IPX1 　　　　　　　　　　　　B. IPX2

C. IPX4 　　　　　　　　　　　　D. IPX5

答案：C

9. Q/GDW 1364—2013《单相智能电能表技术规范》规定，在交流电压试验过程中和试验后，仪表应（　　）。

A. 不发生闪络现象 　　　　　　　B. 不发生破坏性放电或击穿现象

C. 无机械损坏 　　　　　　　　　D. 能正常工作

答案：ABCD

10. Q/GDW 1364—2013《单相智能电能表技术规范》规定，以下（　　）属于单相智能表的电压工作范围。

A. 规定的工作范围：$0.9U_N \sim 1.1U_N$ 　　　B. 扩展的工作范围：$0.8U_N \sim 1.15U_N$

C. 极限工作范围：$0.6U_N \sim 1.15U_N$ 　　　D. 极限工作范围：$0.0U_N \sim 1.15U_N$

答案：ABD

11. Q/GDW 1364—2013《单相智能电能表技术规范》规定，单相智能电能表可通过（　　）等通信介质对电能表进行编程，并具备编程防护措施。

A. 调制型红外 　　　　　　　　　B. RS – 485

C. 载波 　　　　　　　　　　　　D. 微功率无线

答案：ABCD

12. Q/GDW 1364—2013《单相智能电能表技术规范》规定，电能表到货后，由国网公司省级计量中心按照 Q/GDW 206 规定抽样方法进行抽样和抽样验收试验，出现下列（　　）情形之一者则判定验收不合格。

A. 未经招标方有效书面确认，出现元器件不符、工艺简化、软件改动等情况

B. 试验中，依据本标准试验出现样品中任意一只任意一项不合格

C. 样品出现任一项 A 类不合格即判定该批样品不合格

D. 发现有 3 只及以上样品存在因生产工艺、元器件等同一原因引起的质量隐患问题

答案：ACD

三、判断题

1. Q/GDW 1364—2013《单相智能电能表技术规范》规定，在工作温度 – 25 ~ +60℃ 范围内，时钟准确度随温度的改变量不应超过 0.1s/（天·℃），在该温度范围内时钟准确度不应超过 1s/天。（　　）

答案：√

2. Q/GDW 1364—2013《单相智能电能表技术规范》规定，单相智能电能表有抄表及全失压电池。（　　）

答案：×

3. Q/GDW 1364—2013《单相智能电能表技术规范》规定，当其他设备通过接口与电能表交换信息时，单相智能电能表的计量性能、存储的数据信息和参数不应受到影响和改变。（　　）

答案：√

4. Q/GDW 1364—2013《单相智能电能表技术规范》规定，单相智能电能电脉冲输出在有脉冲输出时，通过 5mA 电流时脉冲输出口的压降不得高于 0.8V，在没有脉冲输出时，脉冲输出口直流阻抗应不小于 100kΩ。（　　）

答案：√

5. Q/GDW 1364—2013《单相智能电能表技术规范》规定，单相智能电能表在正常工作状态下，将金属片插入卡座（卡座电气接口应在表内部与强电进行隔离）5min 后拔出，试验后电能表能正常工作，内存数据不丢失。（　　）

答案：√

6. Q/GDW 1364—2013《单相智能电能表技术规范》规定，单相智能电能 CPU 卡应能以 90°垂直方向插入电能表卡座底部，插入底部后，卡尾露出电能表部分应为 35mm ± 3mm。（　　）

答案：√

7. Q/GDW 1364—2013《单相智能电能表技术规范》规定，在单相智能电能表正常使用条件下，LCD 使用寿命应大于 10 年。（　　）

答案：√

8. Q/GDW 1364—2013《单相智能电能表技术规范》规定，单相智能电能表施加参比电压、参比电流，在热拔插更换通信模块的情况下，单相智能电能表应能正确计量，但表内存储的计量数据和参数可以受到影响和改变。（　　）

答案：×

9. Q/GDW 1364—2013《单相智能电能表技术规范》规定，在参比温度及工作电压范围内，电能表时钟准确度不应超过 5s/天。（　　）

答案：×

10. Q/GDW 1364—2013《单相智能电能表技术规范》规定，从验收合格之日起，电能表在现场运行 1 年后，由于电能表质量原因引起的故障，其允许故障率应小于或等于 0.2%。（　　）

答案：√

11. Q/GDW 1364—2013《单相智能电能表技术规范》规定，电能表潜动试验要求是电能表电压回路通以参比电压，电流回路无电流，在规定时间内电能表不应产生多于 1 个的脉冲输出。（　　）

答案：×

12. Q/GDW 1364—2013《单相智能电能表技术规范》规定，电能表的极限工作环境试验：将电能表放置在温度试验箱内，环境温度设定为 70℃，电能表电压线路施加 115% U_n，电流线路施加 I_max，运行 4h，在试验过程中电能表不应出现死机、黑屏现象。（　　）

答案：√

13. Q/GDW 1364—2013《单相智能电能表技术规范》规定，单相智能电能表的准确度等级要求为有功 2 级，无功 2 级。（　　）

答案：×

四、简答题

Q/GDW 1364—2013《单相智能电能表技术规范》规定，单相智能电能表电磁兼容性试验有哪些试验项目？

答案：静电放电抗扰度、射频电磁场抗扰度、快速瞬变脉冲群抗扰度、射频场感应的传导骚扰抗扰度、浪涌抗扰度、无线电干扰抑制电磁兼容试验。

五、案例分析题

为实现用电信息采集系统全采集、全覆盖、全费控的建设目标，根据 Q/GDW 1364—2013《单相智能电能表技术规范》规定，采用远程费控方案对智能电能表的负荷开关有何要求？

答案：负荷开关可采用内置或外置方式。当采用内置负荷开关时电能表最大电流不宜超过 60A，负荷开关技术要求符合 IEC 62055-31：2005，负荷开关类型选择 Uc2。

采用内置负荷开关的电能表进行开关操作时，应有相应的硬件或软件的消弧措施，其出口回路应有防误动作和便于现场测试的安全措施。电能表在扩展的工作电压范围内，负荷开关应能正常工作。

采用外置负荷开关的电能表可采取以下两种方式之一实现对外置负荷开关的控制：

（1）从电能表跳闸控制端子 5 和端子 6 输出一对无源无极性控制开关信号，开关节点容量为交流 250V、2A。开关节点的非激励态为闭合，激励态为断开（亦可由供需双方协议商定）。当控制开关处于非激励态时，外置负荷开关闭合，允许用户用电；当控制开关处于激励态时，外置负荷开关断开，中断用户供电。

（2）从电能表跳闸控制端子 5 直接输出一个交流电压控制信号，该控制信号引自该电能表供电线路的相线，驱动能力应不小于 20mA。控制信号的非激励态输出电压应为供电电压的 90%～100%，激励态输出电压应为供电电压的 0%～25%。当控制信号处于非激励态时，外置负荷开关闭合，允许用户用电，当控制信号处于激励态时，外置负荷开关断开，中断用户供电。表内的跳闸控制开关宜采用电磁继电器。该控制输出回路应具备长时间过载和短路保护能力。过载和短路保护机构的动作电流阈值应不大于 100mA。

电能表负荷开关无论内置、外置，用户购电成功后，可由主站通过远程发送直接合闸命令或允许合闸命令。电能表处于允许合闸状态，可通过本地方式由用户自行合闸。

第六节　三相智能电能表型式规范

一、填空题

1. Q/GDW 1356—2013《三相智能电能表型式规范》规定，线路板焊接应采用_____、_____工艺。

答案：回流焊　　波峰焊

2. Q/GDW 1356—2013《三相智能电能表型式规范》规定，端子座的电压电流接线端子孔深度应能容纳至少_____mm 长去掉绝缘的导线。

答案：18

3. Q/GDW 1356—2013《三相智能电能表型式规范》规定，三相费控智能表铭牌灯孔定义依次顺序为有功、无功、_____、红外。

答案：跳闸

4. Q/GDW 1356—2013《三相智能电能表型式规范》规定，电能表最大电流应是参比电流的整数倍，倍数不宜小于_____倍。

答案：4

二、不定项选择题

1. Q/GDW 1356—2013《三相智能电能表型式规范》规定，户外式电能表的工作温度范围是（　　）℃。

A. −25～60　　　　　　　　　B. −25～50

C. −15～60　　　　　　　　　D. −15～50

答案：A

2. Q/GDW 1356—2013《三相智能电能表型式规范》规定，三相智能电能表应具备（　　）等显示要求。

A. 红外遥控显示　　　　　　　B. 自动循环显示

C. 按键循环显示　　　　　　　D. 自检显示

答案：BCD

3. Q/GDW 1356—2013《三相智能电能表型式规范》规定，载波通信模块状态指示说明：载波通信模块指示灯说明：TXD 灯——红灯闪烁时，表示（　　）；RXD 灯——绿灯闪烁时表示（　　）。

A. 模块和公网之间正在进行数据交换　B. 模块从电网接收数据

C. 网络信号足够　　　　　　　　　　D. 登录主站成功

E. 模块与基表之间通信故障　　　　　F. 模块向电网发送数据

答案：BF

4. Q/GDW 1356—2013《三相智能电能表型式规范》规定，电能表电流端子接线孔孔径为（　　）mm。

A. φ7.5　　　　　　　　　　　B. φ6

C. φ8.5　　　　　　　　　　　D. φ4

答案：ABC

5. Q/GDW 1356—2013《三相智能电能表型式规范》规定，有功电能脉冲指示灯颜色为（　　）。

A. 黄色　　　　　　　　　　　B. 红色

C. 蓝色　　　　　　　　　　　D. 绿色

答案：B

6. Q/GDW 1356—2013《三相智能电能表型式规范》规定，电能表通信模块有（　　）。

A. 无线通信　　　　　　　　　B. 载波通信

C. 微功率无线通信　　　　　　D. 光纤通信

答案：ABCD

三、判断题

1. Q/GDW 1356—2013《三相智能电能表型式规范》规定，三相智能电能表应在 63.0 ~ 106.0kPa（海拔 4000m 及以下）的大气压力下正常工作，特殊订货要求除外。（　　）

答案：√

2. Q/GDW 1356—2013《三相智能电能表型式规范》规定，强弱电端子之间必须有绝缘板隔离；绝缘板使用 PC +（10% ±2%）GF 材料制成，颜色同表盖。要求可靠固定，并不能挡住辅助接线端子，安装后应有防脱落功能。（　　）

答案：×

3. Q/GDW 1356—2013《三相智能电能表型式规范》规定，表盖封印，右耳为出厂封，左耳为检定封。（　　）

答案：√

4. Q/GDW 1356—2013《三相智能电能表型式规范》规定，三相智能电能表采用延伸型或嵌入型表座。（　　）

答案：×

5. Q/GDW 1356—2013《三相智能电能表型式规范》规定，电压、电流接线端子在受到轴向 60N 的压力时，接线端子不应松动和移位；辅助接线端子在受到轴向 10N 的压力时，接线端子不应松动和移位。（　　）

答案：√

6. Q/GDW 1356—2013《三相智能电能表型式规范》规定，低温型 LCD 液晶屏的性能应不低于 HTN 类型的材质，其工作温度范围为 −40 ~ +70℃。（　　）

答案：√

7. Q/GDW 1356—2013《三相智能电能表型式规范》规定，常温型 LCD 的性能应不低于 FSTN 类型的材质，其工作温度范围为 −25 ~ +80℃。（　　）

答案：√

四、简答题

1. Q/GDW 1356—2013《三相智能电能表型式规范》规定，三相智能电能表采样元件如采用精密互感器，精密互感器的固定方式有哪些要求？

答案：用硬连接可靠地固定在端子上，采用焊接方式固定在线路板上，不应使用胶类物质或捆扎方式固定。

2. Q/GDW 1356—2013《三相智能电能表型式规范》规定，三相电能表显示屏上显示 – Ia – Ib – Ic 表示什么含义？

答案：三相实时电流状态指示，I_a、I_b、I_c 分别对应于 A、B、C 相电流。某相失流时，该相对应的字符闪烁；某相断流时则不显示，当失流和断流同时存在时，优先显示失流状态。某相功率反向时，显示该相对应符号前的"–"。

3. Q/GDW 1356—2013《三相智能电能表型式规范》中，三相电能表显示屏上显示 $U_aU_bU_c$ 表示什么含义？

答案：三相实时电压状态指示，U_a、U_b、U_c 分别对于 A、B、C 相电压。某相失压时，该相对应的字符闪烁；三相都处于分相失压状态或全失压时，U_a、U_b、U_c 同时闪烁。

第七节 单相智能电能表型式规范

一、填空题

1. Q/GDW B55—2016《单相智能电能表型式规范》规定，单相智能电能表液晶显示关闭后，可用按键或其他非接触方式唤醒液晶显示。唤醒后如无操作，自动循环显示一遍后关闭显示。按键显示操作结束_____s后关闭显示。

答案：30

2. Q/GDW B55—2016《单相智能电能表型式规范》规定了单相智能电能表的环境条件、_____、显示要求、外观结构、安装尺寸、_____及_____等型式要求。

答案：规格要求 材料 工艺

3. Q/GDW B55—2016《单相智能电能表型式规范》规定，RS – 485 端子的孔径应能容纳 2 根_____mm²的导线。

答案：0.75

4. Q/GDW B55—2016《单相智能电能表型式规范》规定，单相智能电能表出厂封印为一次性编码封印，表盖封印，_____耳为出厂封。

答案：右

5. Q/GDW B55—2016《单相智能电能表型式规范》规定，通信模块要有_____、_____、_____、_____等标识。

答案：厂家名称 模块名称 规格型号 出厂编号

6. Q/GDW B55—2016《单相智能电能表型式规范》规定，单相智能电能表的环境条件：参比温度为_____℃，参比相对湿度为_____。

答案：23   45% ~75%

7. Q/GDW B55—2016《单相智能电能表型式规范》规定，RS – 485 接口驱动输出电压，在负载阻抗 54Ω 时，最大_____ V，最小_____ V。

答案：5   1.5

二、不定项选择题

1. Q/GDW B55—2016《单相智能电能表型式规范》规定，单相智能电能表最大电流应是参比电流的整数倍，倍数不宜小于（   ）倍。

A. 1
B. 2
C. 3
D. 4

答案：D

2. Q/GDW B55—2016《单相智能电能表型式规范》规定，单相智能电能表电压、电流端子接线柱在受到轴向（   ）N 的压力时，接线柱不应松动和位移。

A. 10
B. 30
C. 60
D. 90

答案：C

3. Q/GDW B55—2016《单相智能电能表型式规范》规定，端子盖采用与表壳连体方式，端子盖可以向上翻转并能可靠固定，翻转角度应不小于（   ）。

A. 135°
B. 130°
C. 125°
D. 120°

答案：A

4. Q/GDW B55—2016《单相智能电能表型式规范》规定，端子座的电压电流接线端子孔深度应能容纳至少（   ）mm 长去掉绝缘的导线。

A. 17
B. 18
C. 19
D. 20

答案：B

5. Q/GDW B55—2016《单相智能电能表型式规范》规定，电能表 LCD 应具有宽视角，即视线垂直于液晶屏正面，上下视角应不小于 ±（   ）。

A. 30°
B. 45°
C. 60°
D. 90°

答案：C

6. Q/GDW B55—2016《单相智能电能表型式规范》规定，电能表采用 LCD 显示信息，LCD 应具有背光功能，背光颜色为（   ）。

A. 绿色
B. 白色
C. 黄色
D. 蓝色

答案：B

7. Q/GDW B55—2016《单相智能电能表型式规范》规定，以下（   ）内容会出现在上铭牌上。

A. 生产许可证   B. 制造标准

C. 常数   D. 型号

答案：AB

8. Q/GDW B55—2016《单相智能电能表型式规范》规定，脉冲指示灯为（   ），平时灭，计量有功电能时闪烁。

A. 红色   B. 黄色

C. 绿色   D. 橙色

答案：A

9. Q/GDW B55—2016《单相智能电能表型式规范》规定，接线端子的截面面积和载流量应满足（   ）倍最大电流长期使用而温升不超过限定值。

A. 1.2   B. 1.3

C. 1.5   D. 1.9

答案：A

三、判断题

1. Q/GDW B55—2016《单相智能电能表型式规范》规定，2013 版企标单相智能表在停电唤醒显示时能显示密钥状态。（   ）

答案：√

2. Q/GDW B55—2016《单相智能电能表型式规范》规定，单相智能表 5、6 号辅助端子不使用时不装端子。（   ）

答案：√

3. Q/GDW B55—2016《单相智能电能表型式规范》规定，单相智能表的参比电压为 100V 和 220V。（   ）

答案：×

4. Q/GDW B55—2016《单相智能电能表型式规范》规定，有功电能量显示单位为千瓦时（kWh），显示位数为 8 位，含 2 位小数；只显示有效位。剩余金额显示单位是元；显示位数为 10 位，含 0 位小数，只显示有效位。（   ）

答案：×

5. Q/GDW B55—2016《单相智能电能表型式规范》规定，单相智能电能表 LCD 上显示小房子为测试密钥状态，不显示为正式密钥状态。（   ）

答案：√

四、简答题

Q/GDW B55—2016《单相智能电能表型式规范》规定，单相智能电能表至少应能显示哪些信息？

答案：当月和上月月度累计用电量、当前剩余金额、各费率累计电能量示值和总累计电能量示值、插卡及通信状态提示、表地址、表计在显示时（包含停电唤醒显示）应显示密钥状态。

第八节　智能电能表功能规范

一、填空题

1. Q/GDW 1354—2013《智能电能表功能规范》规定，智能电能表上电完成后_____ s 内可以使用 RS‐485 接口进行通信。

答案：3

2. Q/GDW 1354—2013《智能电能表功能规范》规定，在三相供电系统中，若三相电压均低于智能电能表的临界电压，且有任一相或多相负荷电流大于_____% 额定（基本）电流，且持续时间大于 60s，此种工况称为全失压。

答案：5

3. Q/GDW 1354—2013《智能电能表功能规范》规定，智能电能表 RS‐485 接口应满足 DL/T 645—2007 电气要求，并能耐受交流电压_____ V、_____ min 不损坏的试验。

答案：380　　2

4. Q/GDW 1354—2013《智能电能表功能规范》规定，智能电能表上电_____ s 内可以进行载波通信。

答案：5

5. Q/GDW 1354—2013《智能电能表功能规范》规定，智能电能表根据其费控功能在_____与在_____区分为本地费控电能表和远程费控电能表。

答案：本地实现　　远程实现

6. Q/GDW 1354—2013《智能电能表功能规范》规定，在电能表电源断电的情况下，所有与结算有关的数据应至少保存_____年，其他数据至少保存_____年。

答案：10　　3

7. Q/GDW 1354—2013《智能电能表功能规范》规定，电能表液晶上显示的内容分为_____、_____、_____ 3 种。

答案：数值　　代码　　符号

8. 根据 Q/GDW 1354—2013《智能电能表功能规范》对智能电能表的定义，智能电能表是由测量单元、_____、通信单元等组成的，具有_____、信息存储及处理、实时监测、自动控制、信息交互等功能的电能表。

答案：数据处理单元　　电能量计量

9. Q/GDW 1354—2013《智能电能表功能规范》规定，将一天中的 24h 划分成的若干时间区段称之为时段；一般分为尖、峰、平、谷时段。与电能消耗时段相对应的计算电费的价格体系称为_____。

答案：费率

10. Q/GDW 1354—2013《智能电能表功能规范》规定，介质是用于在售电系统与电能表之间以某种方法传递信息的媒体。根据使用不同，可以将介质分为两类：_____、_____。

答案：固态介质　虚拟介质

11. Q/GDW 1354—2013《智能电能表功能规范》规定，电能表能够正常计量、显示、记录事件的最低电压值为参比电压的_____%。

答案：60

12. Q/GDW 1354—2013《智能电能表功能规范》规定，电能表能够启动工作的最低电压称为_____。

答案：临界电压

13. Q/GDW 1354—2013《智能电能表功能规范》规定，单相电能表供电电压低于电能表启动工作电压，三相电能表供电电压均低于电能表临界电压，且三相负荷电流均不大于5%额定（基本）电流，此种工况称为_____。

答案：掉电

14. Q/GDW 1354—2013《智能电能表功能规范》规定，时钟备用电源在电能表寿命周期内无需更换，断电后应维持内部时钟正确工作时间累计不少于_____年；电池电压不足时，电能表应给予报警提示。

答案：5

15. Q/GDW 1354—2013《智能电能表功能规范》规定，电能表公网通信支持_____、_____两种工作模式；工作模式可由主站设定。

答案：永久在线　被动激活

16. Q/GDW 1354—2013《智能电能表功能规范》规定，电能表负荷记录间隔时间可以在1~60min范围内设置，默认间隔时间为_____min；每类负荷记录的间隔时间可以相同，也可以不同。

答案：15

17. Q/GDW 1354—2013《智能电能表功能规范》规定，ESAM模块的加密算法应符合国家密码管理的有关政策，推荐使用_____算法。

答案：SM1

18. Q/GDW 1354—2013《智能电能表功能规范》规定，智能电能表数据存储至少应能存储上_____个结算日的单向或双向总电能和各费率电能数据。

答案：12

二、不定项选择题

1. Q/GDW 1354—2013《智能电能表功能规范》规定，下列（　　）s时间延时可能触发三相表过电流时间判定。

A. 5 　　　　　　　　　　　　　B. 9

C. 150 　　　　　　　　　　　　D. 50

答案：CD

2. Q/GDW 1354—2013《智能电能表功能规范》规定，虚拟介质是采用非固态介质传输信息的介质，可以是（　　）等。

A. 电力线载波   B. 无线电

C. 电话   D. 线缆

答案：ABCD

3. Q/GDW 1354—2013《智能电能表功能规范》规定，当三相电流中的任一相电流大于（　　）额定（基本）电流，电流不平衡率大于设定的电流不平衡率限值，且持续时间大于设定的电流不平衡判定延时时间，此种工况为电流不平衡。

A. 3%   B. 5%

C. 7%   D. 10%

答案：B

4. Q/GDW 1354—2013《智能电能表功能规范》规定，对于三相电能表，掉电（　　）日后，禁止非接触方式唤醒。

A. 3   B. 5

C. 7   D. 9

答案：C

5. Q/GDW 1354—2013《智能电能表功能规范》规定，日冻结指存储每天零点的电能量，应可存储（　　）天的数据量。停电时刻错过日冻结时刻，上电时补全日冻结数据，最多补冻最近（　　）个日冻结数据。

A. 60，7   B. 62，7

C. 62，12   D. 60，12

答案：B

6. Q/GDW 1354—2013《智能电能表功能规范》规定，每套费率时段全年至少可设置2个时区；24h 内至少可以设置（　　）个时段；时段最小间隔为（　　）min，且应大于电能表内设定的需量周期；时段可以跨越零点设置。各时段设置按时间从小到大排列。

A. 8，12   B. 12，8

C. 8，15   D. 12，15

答案：C

7. Q/GDW 1354—2013《智能电能表功能规范》规定，下列属于 ESAM 模块实现的功能（　　）。

A. 安全存储   B. 双向身份认证

C. 线路加密传输   D. 数据加/解密

答案：ABCD

8. Q/GDW 1354—2013《智能电能表功能规范》规定，（　　）具备中性线电流测量功能。

A. 单相智能表   B. 1 级三相智能表

C. 0.5S 级三相智能表   D. 0.2S 级智能表

答案：A

9. Q/GDW 1354—2013《智能电能表功能规范》规定，本地费控表插卡操作异常代码液晶上显示 ERR-36，表示（　　）。

A. 接触不良　　　　　　　　　B. 售电操作错误

C. 超囤积　　　　　　　　　　D. 无效卡片

答案：C

10. Q/GDW 1354—2013《智能电能表功能规范》规定，以下（　　）属于三相智能表报警事件。

A. 失压　　　　　　　　　　　B. 逆相序

C. 电池欠压　　　　　　　　　D. 时段切换

答案：ABC

11. Q/GDW 1354—2013《智能电能表功能规范》规定，下列关于清零的说法正确的是（　　）。

A. 电能表底度值能清零并设定

B. 电表清零操作应作为事件永久记录，应有防止非授权人操作的安全措施

C. 需量清零，是清空电能表内当前的最大需量及发生的日期、时间等数据

D. 需量清零应有防止非授权人操作的措施

答案：BCD

12. Q/GDW 1354—2013《智能电能表功能规范》规定，下列关于电能表费控功能描述正确的是（　　）。

A. 若电能表处于允许合闸状态，需由人工本地恢复供电

B. 在保证安全的情况下，可通过虚拟介质对电能表内的用电参数进行设置

C. 远程费控电能表应能够支持远程直接合闸与远程允许合闸

D. 本地费控电能表可通过固态介质对电能表内的用电参数进行设置

答案：ABCD

13. Q/GDW 1354—2013《智能电能表功能规范》规定，下列关于智能电能表需量测量功能描述正确的是（　　）。

A. 总的最大需量测量应连续进行各费率时段最大需量的测量应在相应的费率时段内完整的测量周期内进行

B. 需量周期默认值为 15min，滑差时间默认值为 5min

C. 在不完整的需量周期内，不应做最大需量的记录

D. 智能电能表能存储 12 个结算日最大需量数据

答案：ACD

14. Q/GDW 1354—2013《智能电能表功能规范》规定，下列关于智能电能表辅助电源的说法，正确的有（　　）。

A. 电能表可配置辅助电源接线端子

B. 辅助电源供电电压为 100~240V 交、直流自适应

C. 具备辅助电源的电能表，应以辅助电源供电优先

D. 线路和辅助电源两种供电方式应能实现无间断自动转换

答案：ABCD

15. Q/GDW 1354—2013《智能电能表功能规范》规定，电能表在正常工作状态进行
（   ）等操作时，LCD 应启动背光。

A. RS - 485 接线　　　　　　　　　　B. 按键

C. 插卡　　　　　　　　　　　　　　D. 红外通信

答案：BCD

三、判断题

1. Q/GDW 1354—2013《智能电能表功能规范》规定，智能电能表显示应具备通过通
信命令使带电电能表液晶屏全显示、背光点亮及 LED 灯全亮功能（脉冲灯除外），液晶显
示、背光点亮与 LED 灯亮维持时间为 10s。（   ）

答案：√

2. Q/GDW 1354—2013《智能电能表功能规范》规定，RS - 485 接口必须和电能表内
部电路实行电气隔离，并有失效保护电路。（   ）

答案：√

3. Q/GDW 1354—2013《智能电能表功能规范》规定，智能电能表可输出电脉冲或电
平开关信号，但不能控制外部报警装置或负荷开关。（   ）

答案：×

4. Q/GDW 1354—2013《智能电能表功能规范》规定，智能电能表底度值可以清零，
也可以根据要求设定。（   ）

答案：×

5. Q/GDW 1354—2013《智能电能表功能规范》规定，需量是指规定时间内的平均功
率（   ）

答案：√

6. Q/GDW 1354—2013《智能电能表功能规范》规定，虚拟介质为采用非固态介质传
输信息的介质，可以为电力线载波、无线电、电话或线缆、非接触式 IC 卡等。（   ）

答案：×

7. Q/GDW 1354—2013《智能电能表功能规范》规定，ESAM 模块嵌入在设备内，实
现安全存储、数据加/解密、双向身份认证、存取权限控制、线路加密传输等安全控制功
能。（   ）

答案：√

8. Q/GDW 1354—2013《智能电能表功能规范》规定，负荷开关内置电能表，如果表
内负荷开关实际状态与电表发给负荷开关的命令状态不一致，且持续 60s 以上，应记录负
荷开关误动作事件记录。（   ）

答案：×

9. Q/GDW 1354—2013《智能电能表功能规范》规定，当电能表供电电源符合掉电的
条件，当电能表有辅助电源供电时，不记录掉电状况。（   ）

答案：×

10. Q/GDW 1354—2013《智能电能表功能规范》规定，通过 RS – 485、红外等通信接口对电能表校时，日期和时间的设置必须有防止非授权人操作的安全措施，除广播校时外，校时必须使用密文进行。（　　）

答案：√

11. Q/GDW 1354—2013《智能电能表功能规范》规定，三相电能表检测到外部有 100mT 强度以上的恒定磁场，且持续时间大于 5s，记录为恒定磁场干扰事件。（　　）

答案：√

12. Q/GDW 1354—2013《智能电能表功能规范》规定，智能电能表最大需量测量采用滑差方式，需量周期可在 5、10、15、30、60min 中选择；滑差式需量周期的滑差时间可以在 1、2、3、5min 中选择；需量周期应为滑差时间的 5 的整倍数。（　　）

答案：√

13. Q/GDW 1354—2013《智能电能表功能规范》规定，电能表底度值只能清零，禁止设定。（　　）

答案：√

14. Q/GDW 1354—2013《智能电能表功能规范》规定，在三相供电系统中，电压（电流）不平衡率为最大相电压（电流）和最小相电压（电流）之差占最小相电压（电流）的百分比。（　　）

答案：×

四、简答题

1. 根据 Q/GDW 1354—2013《智能电能表功能规范》规定，请简述智能电能表电压不平衡的定义。

答案：当三相电压中的任一相大于电能表的临界电压，电压不平衡率大于设定的电压不平衡率限值，且持续时间大于设定的电压不平衡率判定延时时间，此种工况称为电压不平衡。

2. 根据 Q/GDW 1354—2013《智能电能表功能规范》规定，请简述三相电能表断相事件的定义。

答案：在三相供电系统中，当某相电压低于设定的断相事件电压触发上限，同时该相电流小于设定的断相事件电流触发上限，且持续时间大于设定的断相事件判定延时时间，此种工况称为断相。

3. 根据 Q/GDW 1354—2013《智能电能表功能规范》规定，请简述智能电能表冻结功能的要求有哪些内容。

答案：（1）定时冻结：按照约定的时刻及时间间隔冻结电能量数据；每个冻结量至少应保存 60 次。

（2）瞬时冻结：在非正常情况下，冻结当前的日历、时间、所有电能量和重要测量的数据；瞬时冻结量应保存最后 3 次的数据。

（3）日冻结：存储每天零点的电能量，应可存储 62 天的数据量。停电时刻错过日冻结时刻，上电时补全日冻结数据，最多补冻最近 7 个日冻结数据。

（4）约定冻结：在新老两套费率/时段转换、阶梯电价转换或电力公司认为有特殊需要时，冻结转换时刻的电能量以及其他重要数据。

（5）整点冻结：存储整点时刻或半点时刻的有功总电能，应可存储 254 个数据。

（6）冻结内容及标识符应符合 DL/T645—2007 及其备案文件要求。

第九节　多功能电能表通信协议技术规范

一、填空题

1. DL/T 645—2007《多功能电能表通信协议技术规范》规定，数据域包括数据标识、_____、_____、_____等，其结构随控制码的功能而改变。

答案：密码　　操作者代码　　数据帧序号

2. DL/T 645—2007《多功能电能表通信协议技术规范》规定，磁钢与钢板接触时，吸力 $F \geqslant$ _____ N。

答案：5

二、不定项选择题

1. DL/T 645—2007《多功能电能表通信协议技术规范》规定，多功能表接触式红外光口的默认速率为（　　）bit/s。

A. 2400　　　　　　　　　　　　B. 9600

C. 1200　　　　　　　　　　　　D. 1800

答案：A

2. DL/T 645—2007《多功能电能表通信协议技术规范》规定，多功能表调制型红外光口的一般使用条件是（　　）。

A. 避免强光（日光和荧光）直射红外接收器的接收窗口

B. 工作时应尽量使接收器的光轴与发射器的光轴保持一致

C. 避免数据中出现连续多个"0"

D. 避免数据中出现连续多个"1"

答案：ABC

3. DL/T 645—2007《多功能电能表通信协议技术规范》规定，多功能电能表通信协议中通信地址（　　）H 为广播地址，只针对特殊命令有效，如广播校时和广播冻结等。广播命令时，不要求从站应答。

A. 099999999999　　　　　　　　B. 199999999999

C. 999999999999　　　　　　　　D. 000000000000

答案：C

4. DL/T 645—2007《多功能电能表通信协议技术规范》规定，多功能电能表通信协议中数据链路层规定标准速率为（　　）bit/s。

A. 600　　　　　　　　　　　　B. 1200

C. 1800　　　　　　　　　　　　D. 9600

答案：ABD

5. DL/T 645—2007《多功能电能表通信协议技术规范》规定，多功能电能表红外光口红外线波长（　　）nm。

A. 100～1000　　　　　　　　　B. 900～1000

C. 200～500　　　　　　　　　　D. 100～1500

答案：B

6. DL/T 645—2007《多功能电能表通信协议技术规范》规定，多功能电能表由测量单元和数据处理单元等组成，除计量有功/无功电能量外，还具有分时、测量需量等两种以上功能，并能（　　）数据的电能表。

A. 显示　　　　　　　　　　　　B. 存储

C. 输出　　　　　　　　　　　　D. 分析

答案：ABC

三、判断题

1. DL/T 645—2007《多功能电能表通信协议技术规范》是为了统一和规范多功能电表与数据终端设备进行数据交换时的物理连接和协议。（　　）

答案：√

2. DL/T 645—2007《多功能电能表通信协议技术规范》规定，RS-485 接口默认速率为2400bit/s。（　　）

答案：√

3. DL/T 645—2007《多功能电能表通信协议技术规范》规定，地址码由 6 字节组成。（　　）

答案：√

四、简答题

1. DL/T 645—2007《多功能电能表通信协议技术规范》规定，主动上报模式字和状态字的功能分别是什么？

答案：主动上报模式字用于开启、关闭主动上报事件，主动上报状态字表示上报事件的发生状态。

2. DL/T 645—2007《多功能电能表通信协议技术规范》规定，在多功能电能表通信协议中，数据链路层指的是什么？

答案：负责数据终端设备与多功能电能表之间通信链路的建立并以帧为单位传输信息，保证信息的顺序传送，具有传输差错检测功能。

第十节 电能计量装置技术管理规程

一、填空题

1. DL/T 448—2016《电能计量装置技术管理规程》规定，低压供电，计算负荷电流为_____A 及以下时，宜采用直接接入电能表的接线方式。

答案：60

2. DL/T 448—2016《电能计量装置技术管理规程》规定，关口电能计量点是指电网企业之间、电网企业与发电或供电企业之间进行电能量_____、考核的计量点。

答案：结算

3. DL/T 448—2016《电能计量装置技术管理规程》规定，接入中性点绝缘系统的电能计量装置，应采用_____有功、无功或多功能电能表。

答案：三相三线

4. DL/T 448—2016《电能计量装置技术管理规程》规定，运行中的低压电流互感器，宜在_____时进行变比、二次回路及其负荷的检查。当现场检验条件可比性较高，相邻两次现场检验数据变差大于误差限的 1/3，或误差的变比趋势持续向一个方向变化时，应加强运行监测，增加现场检验次数。

答案：电能表更换

5. DL/T 448—2016《电能计量装置技术管理规程》规定，电能计量器具订货验收内容包括_____、_____、_____、_____、_____、_____以及功能和技术指标测试等。

答案：装箱单   出厂检验报告（合格证）   使用说明书   铭牌   外观结构安装尺寸   辅助部件

6. DL/T 448—2016《电能计量装置技术管理规程》规定，电能计量器具经验收合格的办理入库手续，验收不合格的由_____负责更换或退货。

答案：订货单位

7. DL/T 448—2016《电能计量装置技术管理规程》规定，运行中的电压互感器其二次回路电压降引起的误差应定期检测。35kV 及以上电压互感器二次回路电压降引起的误差，宜每_____年检测一次。

答案：2

8. DL/T 448—2016《电能计量装置技术管理规程》规定，运行中的电流互感器，宜在电能表更换时进行_____、_____及其_____的检查。

答案：变比   二次回路   负荷

二、不定项选择题

1. DL/T 448—2016《电能计量装置技术管理规程》规定，安装在电力用户处的电能计量装置，由（　　）负责保护其封印完好，装置本身不受损坏或丢失。

  A. 运行人员   B. 营销人员

  C. 生产人员   D. 用户

  答案：D

  2. DL/T 448—2016《电能计量装置技术管理规程》规定，安装在发、供电企业生产运行场所的电能计量装置，（　　）应负责监护，保证其封印完好。

  A. 运行人员   B. 营销人员

  C. 生产人员   D. 用户

  答案：A

  3. DL/T 448—2016《电能计量装置技术管理规程》规定，某客户变压器容量为400kVA，并采用10kV计量装置，其有功电能表、电流互感器准确度等级应配置为（　　）。

  A. 0.5S，0.2   B. 0.2，0.2S

  C. 0.5S，0.2S   D. 0.5S，0.5S

  答案：D

  4. DL/T 448—2016《电能计量装置技术管理规程》规定，Ⅲ类电能计量装置有功电能表、无功电能表、电压互感器、电流互感器准确度等级分别为（　　）。

  A. 0.5S，2，0.5，0.5S   B. 0.5S，2，0.5，0.5

  C. 0.5，2，0.5，0.5S   D. 0.5S，2，0.5，0.2S

  答案：A

  5. DL/T 448—2016《电能计量装置技术管理规程》规定，运行中的高压电容式电压互感器宜每（　　）年现场检验一次。

  A. 10   B. 5

  C. 4   D. 2

  答案：C

  6. DL/T 448—2016《电能计量装置技术管理规程》规定，互感器额定二次负荷的选择应保证接入其二次回路的实际负荷在（　　）额定二次负荷范围内。

  A. 20%～80%   B. 25%～75%

  C. 25%～100%   D. 30%～100%

  答案：C

  7. DL/T 448—2016《电能计量装置技术管理规程》规定，经电流互感器接入的电能表，其额定电流宜不超过电流互感器额定二次电流的（　　），其最大电流宜为电流互感器额定二次电流的（　　）%左右。

  A. 20   B. 30

  C. 100   D. 120

  答案：BD

  8. DL/T 448—2016《电能计量装置技术管理规程》规定，首批购入的电能计量装置应随机抽取（　　）只以上进行全面的、全性能检测，全部合格后再按有关要求进行验收。

A. 3

B. 4

C. 5

D. 6

答案：D

9. DL/T 448—2016《电能计量装置技术管理规程》规定，电能计量标准装置在考核（复查）期满前（ ）个月应申请复查考核。

A. 3

B. 6

C. 9

D. 12

答案：B

10. DL/T 448—2016《电能计量装置技术管理规程》规定，110kV贸易结算用电能计量装置属于（ ）类电能计量装置。

A. Ⅰ

B. Ⅱ

C. Ⅲ

D. Ⅳ

答案：B

11. DL/T 448—2016《电能计量装置技术管理规程》规定，（ ）贸易结算电量的电能计量装置和电网企业之间购销电量的110kV及以上的电能计量装置，宜配置型号、准确度等级相同的计量有功电量的主副两只电能表。

A. Ⅰ类电能计量装置

B. 计量单机容量300MW及以上发电机组上网

C. Ⅱ类电能计量装置

D. 计量单机容量100MW及以上发电机组上网

答案：AD

12. DL/T 448—2016《电能计量装置技术管理规程》规定，接入中性点绝缘系统的电压互感器，35kV及以上的宜采用（ ）方式接线，35kV以下的宜采用（ ）方式接线。

A. Yy

B. Vv

C. Y0y0

D. △Y

答案：AB

13. DL/T 448—2016《电能计量装置技术管理规程》规定，（ ）进行电能量结算、考核的计量点，简称关口计量点。

A. 电网企业之间

B. 电网企业与发电企业之间

C. 供电企业之间

D. 供电企业与客户之间

答案：ABC

14. DL/T 448—2016《电能计量装置技术管理规程》规定，计量印证主要包括（ ）。

A. 检定证书

B. 不合格通知书

C. 检定合格标记

D. 校准证书

E. 注销证

答案：ABCD

15. DL/T 448—2016《电能计量装置技术管理规程》规定，电能计量装置技术管理的目的是保证电能量值的（　　　），保障电能计量装置安全可靠运行。

    A. 准确性　　　　　　　　　　B. 法律性

    C. 溯源性　　　　　　　　　　D. 真实性

    答案：AC

三、判断题

1. DL/T 448—2016《电能计量装置技术管理规程》规定，电能计量装置中电压互感器二次回路电压降应不大于其额定二次电压的 0.2%。（　　　）

    答案：√

2. DL/T 448—2016《电能计量装置技术管理规程》规定，电力企业必须设立本网电能计量技术机构。（　　　）

    答案：×

3. DL/T 448—2016《电能计量装置技术管理规程》规定，电能计量装置应能接入电能信息采集与管理系统。（　　　）

    答案：√

4. DL/T 448—2016《电能计量装置技术管理规程》规定，互感器二次回路的连接导线应采用铝质单芯绝缘线。（　　　）

    答案：×

5. DL/T 448—2016《电能计量装置技术管理规程》规定，高压互感器每 5 年现场检验一次，当现场检验互感器误差超差时，应查明原因，制订更换或改造计划，尽快解决，时间不得超过下一次主设备检修完成日期。（　　　）

    答案：×

6. DL/T 448—2016《电能计量装置技术管理规程》规定，Ⅰ、Ⅱ、Ⅲ类电能计量装置宜根据互感器及其二次回路的组合误差优化选配电能表。（　　　）

    答案：×

7. DL/T 448—2016《电能计量装置技术管理规程》规定，运行中的低压电流互感器，宜在电能表更换时进行变比、二次回路及其负荷的检查。（　　　）

    答案：√

8. DL/T 448—2016《电能计量装置技术管理规程》规定，当二次回路负荷超过互感器额定二次负荷或二次回路电压降超差时应及时查明原因，并在 15 天内处理。（　　　）

    答案：×

9. DL/T 448—2016《电能计量装置技术管理规程》规定，500kV 及以上考核用计量装置属于Ⅰ类电能计量装置。（　　　）

    答案：√

10. DL/T 448—2016《电能计量装置技术管理规程》规定，接入非中性点绝缘系统的电压互感器，宜采用 Yy0 方式接线，其一次侧接地方式和系统接地方式相一致。（　　　）

    答案：×

11. DL/T 448—2016《电能计量装置技术管理规程》规定，经互感器接入的贸易结算用电能计量装置应按计量点配置电能计量专用电压、电流互感器或专用二次绕组，只要不影响正确计量，可以接入仪表等二次设备。（　　　）

答案：×

12. DL/T 448—2016《电能计量装置技术管理规程》规定，35kV 以上贸易结算用电能计量装置的电压互感器二次回路，不应装设隔离开关辅助接点，也不可装设空气开关。（　　　）

答案：×

13. DL/T 448—2016《电能计量装置技术管理规程》规定，二次回路接入静止式电能表时，电压互感器额定二次负荷不宜超过 15VA。（　　　）

答案：×

14. DL/T 448—2016《电能计量装置技术管理规程》规定，电流互感器额定二次负荷的功率因数应为 $0.8 \sim 1.0$；电压互感器额定二次负荷的功率因数应与实际二次负荷的功率因数接近。（　　　）

答案：√

15. DL/T 448—2016《电能计量装置技术管理规程》规定，电流互感器额定一次电流的确定，应保证其在正常运行中的实际负荷电流达到额定值的 60% 左右，至少应不小于 20%。否则，应选用高动热稳定电流互感器，以减小变比。（　　　）

答案：×

16. DL/T 448—2016《电能计量装置技术管理规程》规定，现场检验用标准仪器的准确度等级至少应比被检品高两个准确度等级，其他指示仪表的准确度等级应不低于 0.5 级，其量限及测试功能应配置合理。（　　　）

答案：√

四、简答题

1. DL/T 448—2016《电能计量装置技术管理规程》规定，Ⅰ类电能计量装置包括哪些？

答案：包括 220kV 及以上贸易结算计量装置，500kV 及以上考核用计量装置，计量单机容量 300MW 及以上发电机发电量的计量装置。

2. DL/T 448—2016《电能计量装置技术管理规程》规定，电能计量装置投运前验收现场核查内容和要求有哪些？

答案：（1）电能计量器具的型号、规格、许可标志、出厂编号应与计量检定证书和技术资料的内容相符。

（2）产品外观质量应无明显瑕疵和受损。

（3）安装工艺及其质量应符合有关技术规范的要求。

（4）电能表、互感器及其二次回路接线实况应和竣工图一致。

（5）电能信息采集终端的型号、规格、出厂编号、电能表和采集终端的参数设置应与技术资料及其检定证书/检测报告的内容相符，接线实况应和竣工图一致。

3. DL/T 448—2016《电能计量装置技术管理规程》规定，电能计量装置投运前验收试验的内容及要求有哪些？

答案：（1）接线正确性检查。

（2）二次回路中间触点、快速自动断路器、试验接线盒接触情况检查。

（3）电流、电压互感器实际二次负载及电压互感器二次回路压降的测量。

（4）电流、电压互感器现场检验。

（5）新建发电企业上网关口电能计量装置应在验收通过后方可进入 168h 试运行。

五、案例分析题

1. 某用户计量装置为三相三线高压计量，电压互感器变比为 10kV/100V，电流互感器变比为 150/5A 和 300/5A 双变比。供电方案批复的电能计量装置综合倍率为 3000。投产一段时间后通过采集平台监控发现，该用户的电能计量装置二次电流不平衡，现场停电检查后发现，电能表的 A 相电流接线反，C 相电流变比接错为 300/5，且极性接反；接入表尾电压为 U_{ca}。从投运至检查日电能表读数从 0kWh 走至 15kWh，请写出功率表达式，并计算更正系数和差错（从改正后的运行情况得知，该厂的用电负荷平均功率因数约为感性 0.95）。

答案：从题意可知，电能计量装置的 TA 正确变比应为 150A/5A。装置存在的错误接线方式为，C 相电流接反并且电流变比错接成 300A/5A，其实际电流为正确电流的 1/2。

（1）实际接线的电能计量功率表达式如下：

$P_1 = U_{bc} \cdot I_a \cdot \cos(90° - \varphi)$

$P_2 = U_{ac} \cdot (1/2 \cdot I_c) \cdot \cos(30° + \varphi)$

$P = P_1 + P_2$

假设三相电压、电流平衡，则

$P = UI\sin\varphi + UI\cos(30° + \varphi)$

$= 1/4 \cdot UI(\sqrt{3}\cos\varphi + 3\sin\varphi)$

（2）更正系数：

因为 $P_0 = \sqrt{3}U \cdot I\cos\varphi$，故

$K = P_0/P = \sqrt{3}U \cdot I\cos\varphi \div [1/4 \cdot UI(\sqrt{3}\cos\varphi + 3\sin\varphi)]$

$= 4/(1 + \sqrt{3}\tan\varphi)$

将 $\varphi = \arccos(0.95) = 18.19°$代入上式，得

$K = 2.55$

（3）差错电量：

$\Delta W = W_0 - W$

$= (15 - 0) \times (150/5) \times 100 \times (2.55 - 1)$

$= 69750 (kWh)$

即装置少计电量 69750kWh，应补电量 69750kWh。

2. 某用户申请安装一台 1250kVA 变压器用于工业生产，经现场查勘，拟采用高压 10kV 供电，高供高计计量方式，高压侧为中性点绝缘系统。

请问：

（1）确定该用户计量装置接线方式属于哪类计量装置？

（2）该用户电能表、互感器应如何选配？

（3）该用户电能计量装置投运前现场核查内容和要求有哪些？

答案：（1）因高压侧为中性点绝缘系统，因此采用三相三线接线方式；计量采用10kV高供高计，属于Ⅲ类计量装置。

（2）计算电流互感器变比为，实际负荷电流 $= 1250/$（1.732×10）$= 72.2$（A），因此，电流互感器选用变比为75A/5A，准确度等级为0.5S级10kV电流互感器，数量2台；电压互感器选用变比为10kV/100V，准确度等级为0.5级10kV电压互感器，数量2台；电能表选用有功准确度等级为0.5S级、无功2级的三相三线 $3 \times 100V$、3×1.5（6）A的智能表。

（3）该用户电能计量装置投运前现场核查内容和要求如下：

1）电能计量器具的型号、规格、许可标志、出厂编号应与计量检定证书和技术资料的内容相符。

2）产品外观质量应无明显瑕疵和受损。

3）安装工艺及其质量应符合有关技术规范的要求。

4）电能表、互感器及其二次回路接线实况应和竣工图一致。

5）电能信息采集终端的型号、规格、出厂编号，电能表和采集终端的参数设置应与技术资料及其检定证书、检测报告的内容相符，接线实况应和竣工图一致。

3. 某工业用户建有室内变电站一座，供电电压35kV，中性点不接地，供电合同约定容量4500kVA，现要为该用户选配计量装置一套，请根据 DL/T 448—2016《电能计量装置技术管理规程》的要求及电能计量方式的相关规定，回答下列问题：

（1）该用户应配置哪类电能计量装置，采用哪种计量方式？

（2）请问该用户应该配置何种类型的电能表？

（3）该用户应如何正确选择电压互感器？

（4）该用户应如何正确选择电流互感器？

（5）该用户互感器二次连接导线的截面面积应如何选择？

答案：（1）根据《电能计量装置技术管理规程》的规定，该用户应配置Ⅲ类电能计量装置，须采用高供高计计量方式。

（2）采用三相三线电能表1块，有功等级不低于0.5S级，无功等级不低于2级，电压为 $3 \times 100V$，电流为 3×1.5（6）A。

（3）电压互感器变比为35000V/100V，准确度等级不低于0.5级，额定二次功率因数与实际二次负荷功率因数接近，数量为2台；采用 V/v 接线。

（4）按照申请容量计算额定电流 $= 4500/$（1.732×35）$= 74.2$（A）。应选用75A/5A电流互感器，额定二次功率因数为0.8~1.0；准确度等级不低于0.5S级；数量2台，接线方式采用分相接线四线制。

（5）互感器二次回路的连接导线应采用铜质单芯绝缘线。对电流二次回路，连接导线截面面积应按电流互感器的额定二次负荷计算确定，至少应不小于 $4mm^2$。对电压二次回路，连接导线截面面积应按允许的电压降计算确定，至少应不小于 2.5mm^2。

4. 某三相高压用户安装的是三相三线两元件有功电能表，TV、TA 均采用 V 形接线，当 A 相熔断器熔断时测得表头 AB 电压幅值为 25V，CB 电压幅值为 100V，AB 与 CB 电压同相，A 相熔断器熔断期间抄录电量为 100000kWh。

（1）试求应追补的电量（故障期间平均功率因数为 0.88）？

（2）请分析导致计量装置二次压降超差的可能原因？

（3）提出相应的改善计量二次压降的解决方法？

答案：（1）先求更正率 ε：

$$\varepsilon = \{\sqrt{3}UI\cos\varphi/[0.25UI\cos(90°+\varphi)+UI\cos(30°-\varphi)]\} - 1$$
$$= [1.732UI \times 0.88/(-0.1187UI+0.999UI)] - 1 = 0.731$$

故应追补电量为：

$$\Delta W = 0.731 \times 100000 = 73100 \text{（kWh）}$$

（2）导致电压降超差的主要原因如下：

1）电压互感器二次负载重。若电压互感器二次回路接入过多的表计、设备，超出其额定二次负载的 25% ~ 100% 的范围，将导致较大压降误差。

2）电压二次回路接触电阻大。电压二次回路的端子排、开关、熔断器、接线盒内的导线接头、紧接的螺钉、连接片或长期氧化腐蚀、或安装不紧密、或产品质量缺陷而导致接触电阻。

3）电压二次回路长度过长，线径细。

（3）降低二次压降的方法如下：

1）采用专用的计量二次回路，不得接入其他非电能计量器具。

2）减少接触电阻，对于旧设备，则更换长期氧化腐蚀的导线接头、螺钉、端子排、接线盒、熔断器或开关；对于新设备，则检查其紧接的螺钉、连接片等，对其进行拧紧加固；检查是否存在保险、开关的产品质量问题。

3）缩短电压二次回路长度。合理设计拉设电压二次回路的路径，使其长度尽可能短；在实际条件允许的情况下，可以考虑将电能表尽量接近电压互感器，从而缩短使其电压二次回路。

4）加大电压二次回路导线截面。在满足电能计量技术管理规程要求的 2.5mm^2 的基本条件下，根据负载情况适当加大导线截面；或者重新再拉设电压二次电缆，与原电压电缆并接使用。

5）合理配置电压互感器的额定二次负载，使其接入的负载在其额定二次负载的 25% ~ 100% 范围内。

第十一节　电能计量装置安装接线规程

一、填空题

1. DL/T 825—2002《电能计量装置安装接线规程》规定，所有计费用电流互感器的二次接线应采用_____接线方式。

答案：分相

2. DL/T 825—2002《电能计量装置安装接线规程》规定，_____电流互感器应采用固定单一的变比，以防发生互感器倍率差错。

答案：低压穿芯式

3. DL/T 825—2002《电能计量装置安装接线规程》规定，电能计量装置是指为计量电能所必需的_____和_____的总体。

答案：计量器具　辅助设备

4. DL/T 825—2002《电能计量装置安装接线规程》规定，电能计量装置安装接线基本工艺要求是_____、_____；电气连接可靠、接触良好；配线整齐美观；导线无损伤、绝缘良好。

答案：按图施工　接线正确

5. DL/T 825—2002《电能计量装置安装接线规程》规定，电流互感器二次回路每只接线螺钉只允许接入_____根导线。

答案：2

6. DL/T 825—2002《电能计量装置安装接线规程》规定，当导线小于端子孔径较多时，应在接入导线上加_____后再接入。

答案：扎线

二、不定项选择题

1. DL/T 825—2002《电能计量装置安装接线规程》规定，（　　）电压互感器一次侧安装隔离开关，二次侧安装快速熔断器或快速开关。（　　）电压互感器一次侧安装熔断器，二次侧不允许装接熔断器。

A. 35kV 及以上，35kV 以下　　　　　　B. 10kV 以上，10kV 及以下

C. 110kV 以上，110kV 及以下　　　　　D. 35kV 以上，35kV 及以下

答案：D

2. DL/T 825—2002《电能计量装置安装接线规程》规定，室内电能表宜装在（　　）m 的高度（表水平中心线距地面尺寸）。

A. 0.5 ~ 1.5　　　　　　　　　　　　　B. 0.8 ~ 1.8

C. 0.8 ~ 2　　　　　　　　　　　　　　D. 1 ~ 2

答案：B

3. DL/T 825—2002《电能计量装置安装接线规程》规定，0.5 级电子式电能表电压线路功率消耗极限为（　　）。

A. 2W 和 10VA　　　　　　　　　　　　B. 4W 和 15VA

C. 3W 和 12VA　　　　　　　　　　　　D. 4W 和 12VA

答案：A

三、判断题

1. DL/T 825—2002《电能计量装置安装接线规程》规定，为了减少三相三线电能计量装置的合成误差，安装互感器时，宜考虑互感器合理匹配问题，即尽量使接到电能表同一元件的电流、电压互感器比差符号相反，数值相近；角差符号相同，数值相近。当计量感性负荷时，宜把误差小的电流、电压互感器接到电能表的 W 相元件。（　　）

答案：√

2. DL/T 825—2002《电能计量装置安装接线规程》规定，同一组的电流（电压）互感器可使用制造厂不同的互感器。（　　）

答案：×

3. DL/T 825—2002《电能计量装置安装接线规程》规定，35kV 及以下电压互感器一次侧和二次侧都应安装熔断器。（　　）

答案：×

4. DL/T 825—2002《电能计量装置安装接线规程》规定，二次回路接好后，应进行接线正确性检查。（　　）

答案：√

5. DL/T 825—2002《电能计量装置安装接线规程》规定，非计量用电流互感器可采用星形（或不完全星形）接线方式。（　　）

答案：√

四、简答题

根据 DL/T 825—2002《电能计量装置安装接线规程》规定，计量柜（屏、箱）安装要求包括哪些？

答案：（1）63kV 及以上的计费电能表应配有专用的电流、电压互感器或电流互感器专用二次绕组和电压互感器专用二次回路。

（2）35kV 电压供电的计费电能表应采用专用的互感器或电能计量柜。

（3）10kV 及以下电力用户处的电能计量点应采用全国统一标准的电能计量柜（箱），低压计量柜应紧靠进线处，高压计量柜则可设置在主受电柜后面。

（4）居民用户的计费电能计量装置，必须采用符合要求的计量箱。

第六章 电力安全工作规程（配电部分）

一、填空题

1. 《国家电网公司电力安全工作规程（配电部分）（试行）》（国家电网安质〔2014〕265号）规定，负控装置安装、维护和检修工作一般应停电进行，若需不停电进行，工作时应有_____、_____的措施。

答案：防止误碰运行设备　误分闸

2. 《国家电网公司电力安全工作规程（配电部分）（试行）》规定，采集运维人员在用户配电室工作时，保证安全的组织措施是_____、_____、_____、_____、_____、_____。

答案：现场勘查制度　工作票制度　工作许可制度　工作监护制度　工作间断、转移制度　工作终结制度

3. 《国家电网公司电力安全工作规程（配电部分）（试行）》规定，配电作业人员具备必要的安全生产知识，学会紧急救护法，特别要学会_____。

答案：触电急救

4. 《国家电网公司电力安全工作规程（配电部分）（试行）》规定，进入作业现场应_____，现场作业人员还应穿全棉长袖工作服、_____。

答案：正确佩戴安全帽　绝缘鞋

5. 《国家电网公司电力安全工作规程（配电部分）（试行）》规定，作业人员对本规程应每年考试一次。因故间断电气工作连续_____个月及以上者，应重新学习本规程，并经考试合格后，方可恢复工作。

答案：3

6. 《国家电网公司电力安全工作规程（配电部分）（试行）》规定，凡装有攀登装置的杆、塔，攀登装置上应设置"_____"标示牌。

答案：禁止攀登，高压危险

7. 《国家电网公司电力安全工作规程（配电部分）（试行）》规定，装设于地面的配电变压器应设有安全围栏，并悬挂"_____"等标示牌。

答案：止步！高压危险

8. 《国家电网公司电力安全工作规程（配电部分）（试行）》规定，在配电线路和设备上工作保证安全的技术措施有停电、验电、接地、_____和_____。

答案：悬挂标示牌　装设遮栏（围栏）

9. 《国家电网公司电力安全工作规程（配电部分）（试行）》规定，单梯的横档应嵌在支柱上，并在距梯顶1m处设限高标志。使用单梯工作时，梯与地面的斜角度约为_____。

答案：60°

10.《国家电网公司电力安全工作规程（配电部分）（试行）》规定，带电作业应有人监护。监护人不得直接操作，监护的范围不得超过一个_____。

答案：作业点

二、不定项选择题

1.《国家电网公司电力安全工作规程（配电部分）（试行）》规定，作业人员应被告知其作业现场和工作岗位存在的（　　）。

A. 危险因素　　　　　　　　　　B. 设备缺陷

C. 防范措施　　　　　　　　　　D. 事故紧急处理措施

答案：ACD

2.《国家电网公司电力安全工作规程（配电部分）（试行）》规定，在多电源和有自备电源的用户线路的（　　）处，应有明显断开点。

A. 低压系统接入点　　　　　　　B. 分布式电源接入点

C. 高压系统接入点　　　　　　　D. 产权分界点

答案：C

3.《国家电网公司电力安全工作规程（配电部分）（试行）》规定，（　　）的二次绕组应有一点且仅有一点永久性的、可靠的保护接地。工作中，禁止将回路的永久接地点断开。

A. 电流互感器　　　　　　　　　B. 电压互感器

C. 继电保护装置　　　　　　　　D. 配电自动化装置

答案：AB

4.《国家电网公司电力安全工作规程（配电部分）（试行）》规定，计量、负控装置工作时，应有防止（　　）、电弧灼伤的措施。

A. 电流互感器二次侧开路　　　　B. 电压互感器二次侧短路

C. 相间短路　　　　　　　　　　D. 相对地短路

答案：ABCD

5.《国家电网公司电力安全工作规程（配电部分）（试行）》规定，电压互感器的二次回路通电试验时，应（　　），防止由二次侧向一次侧反送电。

A. 电压互感器停电

B. 取下电压互感器高压熔断器或拉开电压互感器一次刀开关

C. 将二次回路断开

D. 断开电压互感器二次侧永久性接地点

答案：BC

6.《国家电网公司电力安全工作规程（配电部分）（试行）》规定，负控装置安装、维护和检修工作一般应停电进行，若需不停电进行，工作时应有防止（　　）的措施。

A. 感应电　　　　　　　　　　　B. 误碰运行设备

C. 误分闸　　　　　　　　　　　D. 误合闸

答案：BC

7.《国家电网公司电力安全工作规程（配电部分）（试行）》规定，（   ）有权拒绝违章指挥和强令冒险作业；在发现直接危及人身、电网和设备安全的紧急情况时，有权停止作业或在采取可能的紧急措施后撤离作业场所，并立即报告。

A. 工作人员 　　　　　　　　　B. 管理人员

C. 作业人员 　　　　　　　　　D. 任何人

答案：C

8.《国家电网公司电力安全工作规程（配电部分）（试行）》规定，工作任务单一式两份，由工作票签发人或工作负责人签发，一份由（   ）留存，一份交小组负责人。

A. 工作许可人 　　　　　　　　B. 工作负责人

C. 专责监护人 　　　　　　　　D. 工作票签发人

答案：B

9.《国家电网公司电力安全工作规程（配电部分）（试行）》规定，经常有人工作的场所及施工车辆上宜配备急救箱，存放急救用品，并应指定专人经常（   ）。

A. 检查 　　　　　　　　　　　B. 清理

C. 补充 　　　　　　　　　　　D. 更换

答案：ACD

10.《国家电网公司电力安全工作规程（配电部分）（试行）》规定，当发现配电箱、电表箱箱体带电时，应（   ），查明带电原因，并作相应处理。

A. 检查接地装置 　　　　　　　B. 断开上一级电源

C. 通知用户停电 　　　　　　　D. 先接地

答案：B

11.《国家电网公司电力安全工作规程（配电部分）（试行）》规定，在带电的电流互感器二次回路上工作，应采取措施防止电流互感器二次侧（   ）。

A. 开路 　　　　　　　　　　　B. 短路

C. 接地 　　　　　　　　　　　D. 反送电

答案：A

12.《国家电网公司电力安全工作规程（配电部分）（试行）》规定，低压装表接电时，（   ）。

A. 应先安装计量装置后接电 　　B. 应先接电后安装计量装置

C. 计量装置安装和接电的顺序无要求 D. 计量装置安装和接电应同时进行

答案：A

13.《国家电网公司电力安全工作规程（配电部分）（试行）》规定，电源侧不停电更换电能表时，（   ）后进行。

A. 直接接入的电能表应将出线负荷断开

B. 经电流互感器接入的电能表应将电流互感器二次侧短路

C. 拉开负荷侧开关

D. 降低负荷电流

答案：AB

14. 《国家电网公司电力安全工作规程（配电部分）（试行）》规定，工作票所列人员中的工作负责人还应熟悉工作班成员的工作（　　　）。

A. 能力　　　　　　　　　　　B. 习惯

C. 条件　　　　　　　　　　　D. 业务知识

答案：A

三、判断题

1. 《国家电网公司电力安全工作规程（配电部分）（试行）》规定，带电作业工作票可以延期。（　　）

答案：×

2. 《国家电网公司电力安全工作规程（配电部分）（试行）》规定，工作负责人、专责监护人应始终在工作现场。（　　）

答案：√

3. 《国家电网公司电力安全工作规程（配电部分）（试行）》规定，室外低压配电线路和设备验电宜使用接触式验电器。（　　）

答案：×

4. 《国家电网公司电力安全工作规程（配电部分）（试行）》规定，地震、台风、洪水、泥石流等灾害发生时，应加强对灾害现场的巡视。（　　）

答案：×

5. 《国家电网公司电力安全工作规程（配电部分）（试行）》规定，低压电气设备为电压等级 1000V 及以下者。（　　）

答案：√

6. 《国家电网公司电力安全工作规程（配电部分）（试行）》规定，供电单位或施工单位到用户配电站内检修（施工）时，工作票应由有权签发的用户单位、施工单位或供电单位签发。（　　）

答案：√

7. 《国家电网公司电力安全工作规程（配电部分）（试行）》规定，待用间隔（已接上母线的备用间隔）可暂不用名称、编号，但应纳入调度控制中心管辖范围。（　　）

答案：×

8. 《国家电网公司电力安全工作规程（配电部分）（试行）》规定，禁止在只经断路器（开关）断开电源且未接地的高压配电线路或设备上工作。（　　）

答案：√

9. 《国家电网公司电力安全工作规程（配电部分）（试行）》规定，电气设备分为高压和低压两种，高压电气设备为电压等级 1000V 及以上者。（　　）

答案：×

10. 《国家电网公司电力安全工作规程（配电部分）（试行）》规定，触电急救，首先要使触电者迅速脱离电源，越快越好。因为电流作用的时间越长，伤害越重。（　　）

答案：√

11.《国家电网公司电力安全工作规程（配电部分）（试行）》规定，有断路器（开关）和插拔式熔断器的回路停电，应先断开断路器（开关），并在负荷侧A相验明确无电压后，方可取下熔断器。（   ）

答案：×

12.《国家电网公司电力安全工作规程（配电部分）（试行）》规定，高压回路上使用钳形电流表的测量工作，至少应两人进行。非运维人员测量时，应填用配电第一种工作票。（   ）

答案：×

四、简答题

1.《国家电网公司电力安全工作规程（配电部分）（试行）》规定，电网管理单位与分布式电源用户签订的并网协议中，在安全方面至少应明确哪些内容？

答案：并网协议至少应明确下述内容：

（1）并网点开断设备（属于用户）操作方式。

（2）检修时的安全措施。双方应相互配合做好电网停电检修的隔离、接地、加锁或悬挂标示牌等安全措施，并明确并网点安全隔离方案。

（3）由电网管理单位断开的并网点开断设备，仍应由电网管理单位恢复。

2.《国家电网公司电力安全工作规程（配电部分）（试行）》规定，根据工作票制度，在配电线路和设备上工作，按哪些方式进行？

答案：在电力线路上工作，应按下列方式进行：

（1）填用配电第一种工作票。

（2）填用配电第二种工作票。

（3）填用配电带电作业工作票。

（4）填用低压工作票。

（5）填用配电故障紧急抢修单。

（6）使用其他书面记录或按口头、电话命令执行。

五、案例分析题

应业扩报装用户要求，客服中心临时安排客户专责吕××组织对新安装的800kVA箱变进行验收。吕××带领验收人员计量中心吴×、李×（死者）、生技部熊××和施工单位李××等4人前往现场。到达现场后，吕××电话联系客户负责人，到现场协助验收事宜。稍后，现场人员听见"哎呀"一声，便看到计量中心李×跪倒在箱变高压计量柜前的地上，身上着火，经现场施救后送往医院抢救无效死亡。

经调查，9月17日，施工人员施工完毕并试验合格，因用户要求送电，施工人员在请示施工单位经理同意后，未经供电公司营销部门许可，擅自对箱变进行搭火。9月26日验收过程中，计量中心李×独自一人到箱变高压计量柜处（工作地点），没有查验箱变是否带电，强行打开具有带电闭锁功能的高压计量柜门，进行高压计量装置检查，触及带电的计量装置10kV C相桩头，触电死亡。请分析事故原因要点。

答案：事故原因要点如下：

（1）施工单位在设备未经验收、营销管理部门批准的情况下，仅应用户要求擅自将箱变高压电缆搭火，造成设备在验收前即已带电，且在箱变送电后没有在箱变及计量箱上挂"止步，高压危险！"标示牌。派出配合验收的人员对现场设备状况不清，未交代设备已经带电。

（2）供电公司客户服务中心验收工作组织混乱，临时变动安排验收工作，现场未认真交代验收有关注意事项，安全措施不到位。

（3）供电公司计量中心工作人员到现场验收时，未了解客户设备接线情况，未采取必要的安全防护措施，在未经许可、在无人监护，未认真检查设备是否带电（有带电显示装置）的情况下，强行打开高压计量柜门，擅自开始工作。

（4）李×在明知计量柜门被闭锁情况下，未经许可擅自解锁打开计量柜箱门。

（5）生产厂家装配的电磁锁产品质量较差，锁具强度不够，不能在设备带电时有效闭锁。

第七章 企业文化及服务规范

第一节　企业文化

一、填空题

1. 中国共产党第十九次全国代表大会，是在全面建成小康社会决胜阶段、中国特色社会主义进入_____的关键时期召开的一次十分重要的大会。

答案：新时代

2. 中国特色社会主义最本质的特征是_____。

答案：中国共产党领导

3. 党的_____建设是党的根本性建设，决定党的建设方向和效果。

答案：政治

4. 国家电网有限公司的企业宗旨是_____。

答案：人民电业为人民

5. _____年，国家电网有限公司确立了"具有中国特色国际领先的能源互联网企业"的战略目标。

答案：2020

6. 国家电网有限公司建设能源互联网企业的过程，就是推动电网向能源互联互通、共享互济的过程，也是用_____技术改造提升传统电网的过程。

答案：互联网

7. 国家电网有限公司经营范围覆盖全国_____个省（自治区、直辖市），供电服务人口超过_____亿人。

答案：26　　11

8. 2021 年 8 月，国务院国资委公布了国有重点企业管理标杆创建行动标杆企业、标杆项目和标杆模式名单，国家电网有限公司_____模式被评为"标杆模式"。

答案：管理

9. 区块链本质上是一个去中心化的_____。

答案：数据库

二、不定项选择题

1. （　　）文化是企业经营作风、精神面貌、人际关系的动态体现，也是企业精神、企业价值观的折射。

A. 物质　　　　　　　　　　　　B. 行为

C. 制度   D. 精神

答案：B

2. 企业文化具有凝聚功能是由于（   ）。

A. 利益驱动   B. 感情融合

C. 个人与企业理想目标一致   D. 职业保障

答案：C

3. 国家电网有限公司践行企业宗旨的具体体现有（   ）。

A. 始终坚持做大做优做强   B. 始终坚持以人民为中心的发展思想

C. 深入贯彻科学技术是第一生产力   D. 全面深化国有企业体制改革

答案：B

4. 国家电网有限公司"美好生活服务者"的定位，体现的是（   ）。

A. 作为国有重点骨干企业的属性

B. 作为能源电力企业的属性

C. 作为公用事业企业的属性

D. 引领全球能源革命先锋的属性

答案：C

5. 国家电网有限公司的企业精神是（   ）。

A. 电力铁军精神   B. 吃苦耐劳、艰苦奋斗

C. 努力超越、追求卓越   D. 做大、做优、做强

答案：C

6. 社会主义核心价值观是（   ）。

A. 富强、民主、文明、和谐

B. 自由、平等、公正、法治

C. 爱国、敬业、诚信、友善

D. 自由、民主、科学、公平

答案：ABC

7. 国家电网有限公司"具有中国特色国际领先的能源互联网企业"的战略目标，契合（   ），得到了广大职工强烈反响和一致认同。

A. 企情   B. 网情   C. 国情   D. 人情

答案：ABC

8. 国家电网有限公司"具有中国特色国际领先的能源互联网企业"的战略目标中，"国际领先"坚持（   ）建设并重，着力实现经营实力领先、核心技术领先、服务品质领先、企业治理领先、绿色能源领先、品牌价值领先。

A. 硬实力和软实力   B. 改革和创新

C. 电网和企业   D. 效益和效率

答案：A

9. 关于"具有中国特色国际领先的能源互联网企业"战略目标，以下不属于"具有中国特色"的是（   ）。

A. 中国特色国有企业改革发展道路

B. 符合中国国情的能源转型发展道路

C. 坚持以人民为中心的发展思想

D. 坚持把经济责任放在首位

答案：D

10. 以下关于我国"碳达峰、碳中和"目标表述正确的是（　　　）。

A. 是推动我国从工业文明迈入生态文明的重要转变

B. "碳达峰"是基础前提，"碳中和"是最终目标

C. 是构建人类命运共同体的伟大实践

D. 是保障国家能源安全的重要举措

答案：ABCD

三、判断题

1. 国家电网有限公司"具有中国特色国际领先的能源互联网企业"的战略目标中，"具有中国特色"是根本。（　　　）

答案：√

2. 国家电网有限公司"具有中国特色国际领先的能源互联网企业"战略目标明确回答了走什么路、做到什么程度、干成什么样等重大问题。（　　　）

答案：√

3. 国家电网有限公司积极服务新能源汽车发展，建成了十纵十横两环高速公路快充网络。（　　　）

答案：√

4. 特高压由 1000 kV 及以上交流和 ±800 kV 及以上直流输电构成，是目前世界上最先进的输电技术。（　　　）

答案：√

5. 国家电网有限公司以投资建设运营电网为核心业务。（　　　）

答案：√

6. 国家电网有限公司坚持"管住中间、放开两头"的体制架构，坚持电网统一规划、统一调度、统一管理的体制优势，推动构建全国统一电力市场体系，适应人民美好生活需要和电能占终端能源消费比重提高的趋势，着力解决电网发展不平衡不充分问题，提高安全供电和优质服务水平。（　　　）

答案：√

7. 从全面建成小康社会到基本实现现代化，再到全面建成社会主义现代化强国，是新时代中国特色社会主义发展的战略安排。（　　　）

答案：√

8. 社会主义核心价值观是当代中国精神的集中体现，凝结着全体人民共同的价值追求。（　　　）

答案：√

9. 中国特色社会主义道路是实现社会主义现代化、创造人民美好生活的必由之路。（　　）

答案：√

10. 中国特色社会主义文化，源自中华民族五千多年文明历史所孕育的中华优秀传统文化，熔铸于党领导人民在革命、建设、改革中创造的革命文化和社会主义先进文化，植根于中国特色社会主义伟大实践。（　　）

答案：√

四、简答题

1. 国家电网有限公司坚持不懈打造"四优"领导班子是指哪四优？

答案：政治素质优、功能结构优、工作业绩优、作风形象优。

2. 国家电网有限公司践行"人民电业为人民"企业宗旨，具体体现在哪些方面？

答案：牢记国家电网事业是党和人民的事业，始终坚持以人民为中心的发展思想，坚定不移贯彻创新、协调、绿色、开放、共享的发展理念，全面履行经济责任、政治责任、社会责任。

3. 国家电网有限公司承担的社会责任主要包括哪些方面？

答案：促进节能减排，建设生态文明，支持公益事业。

第二节　供电服务规范

一、填空题

1.《国家电网公司供电服务规范》（国家电网生〔2003〕477号）规定，为坚持_____的服务宗旨，认真贯彻优质、方便、规范、真诚的供电服务方针，不断提高供电服务质量，规范供电服务行为，提升供电服务水平，并接受全社会的监督，制定《国家电网公司供电服务规范》。

答案：人民电业为人民

2.《国家电网公司供电服务规范》规定，供电企业应向客户提供不少于_____种可供选择的缴纳电费方式。

答案：两

3.《国家电网公司供电服务规范》规定，处理客户投诉应以事实和法律为依据，以_____和_____为原则。

答案：维护客户的合法权益　　保护国有财产不受侵犯

4.《国家电网公司供电服务规范》规定，客户对计费电能表的准确性提出异议，并要求进行校验的，经有资质的电能计量技术检定机构检定，在允许误差范围内的，校验费由_____承担；超出允许误差范围的，校验费由_____承担，并按规定向客户退补相应电量的电费。

答案：客户　　供电企业

5.《国家电网公司供电服务规范》规定，到客户现场服务前，有必要且有条件的，应与客户预约时间，讲明_____和_____，请客户予以配合。

答案：工作内容　　工作地点

6.《国家电网公司供电服务规范》规定，本规范是电网经营企业和供电企业在电力供应经营活动中，为客户提供供电服务时应达到的_____和_____。

答案：基本行为规范　　质量标准

二、不定项选择题

1.《国家电网公司供电服务规范》规定，供电设备计划检修时，对10kV电压等级供电的客户，每年不应超过（　　）次。

A. 1　　　　　　　　　　　　B. 2

C. 3　　　　　　　　　　　　D. 4

答案：C

2.《国家电网公司供电服务规范》规定，在电力系统非正常状况下，10kV及以下三相供电的，客户受电端的供电电压允许偏差为额定值的（　　）。

A. 10%　　　　　　　　　　　B. +7%、−10%

C. ±10%　　　　　　　　　　D. ±7%

答案：C

3.《国家电网公司供电服务规范》规定，供电设施因临时检修需要停电的，应提前（　　）h通知重要用户或进行公告。

A. 12　　　　　　　　　　　　B. 24

C. 48　　　　　　　　　　　　D. 72

答案：B

4.《国家电网公司供电服务规范》规定，拆回的电能计量装置应在表库至少存放（　　），以便客户提出异议时进行复核。

A. 1个月　　　　　　　　　　B. 2个月

C. 3个月　　　　　　　　　　D. 15天

答案：A

5.《国家电网公司供电服务规范》规定，现场服务规范中指出，受理居民客户申请用电后，（　　）个工作日内送电。

A. 3　　　　　　　　　　　　B. 5

C. 7　　　　　　　　　　　　D. 10

答案：B

6.《国家电网公司供电服务规范》规定，办理居民客户收费业务的时间一般每件不超过（　　）min，办理客户用电业务的时间一般每件不超过（　　）min。

A. 3，10　　　　　　　　　　B. 5，10

C. 10，20　　　　　　　　　　D. 5，20

答案：D

7.《国家电网公司供电服务规范》规定，受理居民客户申请用电后，（　　）个工作日内送电；其他客户在受电装置验收合格并签订供用电合同后，（　　）个工作日内送电。

A. 3，5　　　　　　　　　　　B. 5，3
C. 3，3　　　　　　　　　　　D. 5，5

答案：D

8.《国家电网公司供电服务规范》规定，接到客户投诉或举报时，应向客户致谢，详细记录具体情况后，立即转递相关部门或领导处理。投诉在（　　）天内、举报在（　　）天内答复。

A. 3，5　　　　　　　　　　　B. 5，3
C. 5，10　　　　　　　　　　　D. 10，5

答案：C

9.《国家电网公司供电服务规范》规定，在公共场所施工应有安全措施，悬挂（　　），并配有礼貌用语。

A. 告示牌　　　　　　　　　　B. 施工单位标志
C. 警示标志　　　　　　　　　D. 安全标志

答案：BD

10.《国家电网公司供电服务规范》规定，下面（　　）不是营业场所内应公布的信息。

A. 服务承诺　　　　　　　　　B. 供电服务项目
C. 电价表　　　　　　　　　　D. 业务办理程序
E. 业务联系电话　　　　　　　F. 岗位纪律
G. 服务及投诉电话　　　　　　H. 收费项目及收费标准

答案：E

11.《国家电网公司供电服务规范》是电网经营企业和供电企业在电力供应经营活动中，为客户提供供电服务时应达到的（　　）。

A. 基本行为准则　　　　　　　B. 基本行为规范
C. 质量标准　　　　　　　　　D. 行为标准

答案：BC

12. 下面（　　）内容属于《国家电网公司供电服务规范》中规定的现场服务内容。

A. 客户侧计费电能表电量抄见　　B. 故障抢修
C. 客户侧停电、复电　　　　　　D. 客户侧用电情况的巡查

答案：ABCD

13.《国家电网公司供电服务规范》规定，下面关于对供电服务人员行为举止规范要求叙述不准确的是（　　）。

A. 站立时，双手交叠自然下垂，双脚并拢，脚跟相靠，脚尖微开，不得双手抱胸、叉腰

B. 坐下时，上身自然挺直，两肩平衡放松，后背与椅背不得留有间隙，不用手托腮或趴在工作台上，不抖动腿和跷二郎腿

C. 走路时，步幅适当，节奏适宜，不奔跑追逐，不边走边大声谈笑喧哗

D. 避免在客户面前打哈欠、打喷嚏，难以控制时，应侧面回避，并向对方致歉

答案：AB

三、判断题

1.《国家电网公司供电服务规范》规定，无论产权是否属于供电企业，应坚持以客户为中心，对电力设施进行维护和抢修实行无偿服务的原则。（　　）

答案：×

2.《国家电网公司供电服务规范》规定，城市居民客户端电压合格率不低于97%，农网居民客户端电压合格率不低于95%。（　　）

答案：×

3.《国家电网公司供电服务规范》规定，供电服务人员上岗必须统一着装，并佩戴工号牌。（　　）

答案：√

4.《国家电网公司供电服务规范》规定，到客户现场工作时，应携带必备的工具和材料，不得借用客户物品。（　　）

答案：×

5.《国家电网公司供电服务规范》规定，供电部门确需调整抄表时间的，应事先通知客户。（　　）

答案：√

6.《国家电网公司供电服务规范》规定，对客户送审的受电工程设计文件和有关资料答复时限：高压供电的最长不超过3个月；低压供电的最长不超过15天。（　　）

答案：×

7.《国家电网公司供电服务规范》规定，严格遵守国家法律、法规，诚实守信、恪守承诺。爱岗敬业，乐于奉献，廉洁自律，秉公办事。（　　）

答案：√

8.《国家电网公司供电服务规范》规定，在电力系统正常状况下，客户受电端的供电电压允许偏差为，220V单相供电的，为额定值的 $+7\%$、-10%。（　　）

答案：√

四、简答题

1.《国家电网公司供电服务规范》中的基本道德和技能规范是什么？

答案：（1）严格遵守国家法律、法规，诚实守信、恪守承诺。爱岗敬业，乐于奉献，廉洁自律，秉公办事。

（2）真心实意为客户着想，尽量满足客户的合理要求。对客户的咨询、投诉等不推诿，不拒绝，不搪塞，及时、耐心、准确地给予解答。

（3）遵守国家的保密原则，尊重客户的保密要求，不对外泄露客户的保密资料。

（4）工作期间精神饱满，注意力集中。使用规范化文明用语，提倡使用普通话。

（5）熟知本岗位的业务知识和相关技能，岗位操作规范、熟练，具有合格的专业技术水平。

2.《国家电网公司供电服务规范》规定，抄表服务规范有哪些？

答案：（1）供电企业应在规定的日期准确抄录计费电能表读数。因客户的原因不能如期抄录计费电能表读数时，可通知客户待期补抄或暂按前次用电量计收电费，待下一次抄表时一并结清。确需调整抄表时间的，应事先通知客户。

（2）供电企业应向客户提供不少于两种可供选择的缴纳电费方式。

（3）在尊重客户、有利于公平结算的前提下，供电企业可采用客户乐于接受的技术手段、结算和付费方式进行抄表收费工作。

3.《国家电网公司供电服务规范》规定，到客户现场工作时，对工具和材料的使用有何规定？

答案：到客户现场工作时，应携带必备的工具和材料。工具、材料应摆放有序，严禁乱堆乱放。如需借用客户物品，应征得客户同意，用完后先清洁再轻轻放回原处，并向客户致谢。

4.《国家电网公司供电服务规范》规定，现场服务内容包括哪些？

答案：（1）客户侧计费电能表电量抄见。

（2）故障抢修。

（3）客户侧停电、复电。

（4）客户侧用电情况的巡查。

（5）客户侧用电报装工程的设施安装、验收、接电前检查及设备接电。

（6）客户侧计费电能表现场安装、校验。

5.《国家电网公司供电服务规范》规定，在公共场所施工及现场工作结束后，有何注意事项？

答案：在公共场所施工，应有安全措施，悬挂施工单位标志、安全标志，并配有礼貌用语。在道路两旁施工时，应在恰当位置摆放醒目的告示牌。

现场工作结束后，应立即清扫，不能留有废料和污迹，做到设备、场地清洁。同时应向客户交代有关注意事项，并主动征求客户意见。电力电缆沟道等作业完成后，应立即盖好所有盖板，确保行人、车辆通行。